三地三摇篮 系列丛书

东北抗日联军创建地

刘信君 ◎ 著

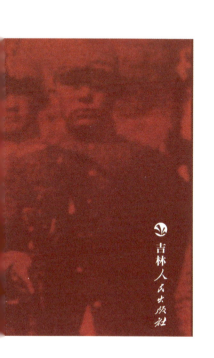

吉林人民出版社

出品人：常　宏
选题策划：吴文阁
责任编辑：孟广霞　葛　琳
封面设计：上层品牌

图书在版编目（CIP）数据

东北抗日联军创建地 / 刘信君著. -- 长春 : 吉林
人民出版社, 2023.12
（"三地三摇篮"系列丛书）
ISBN 978-7-206-20750-1

Ⅰ. ①东… Ⅱ. ①刘… Ⅲ. ①东北抗日联军—史料
Ⅳ. ①K264.306

中国国家版本馆CIP数据核字(2023)第232206号

东北抗日联军创建地

DONGBEI KANGRI LIANJUN CHUANGJIANDI

著　　者：刘信君
出版发行：吉林人民出版社
　　　　　（长春市人民大街7548号 邮政编码：130022）
印　　刷：长春第二新华印刷有限责任公司
开　　本：720mm×1000mm　1/16
印　　张：33.25
字　　数：480千字
标准书号：978-7-206-20750-1
版　　次：2023年12月第1版
印　　次：2024年4月第2次印刷
定　　价：78.00元

赓续红色血脉
激发奋进力量

　　红色是中国共产党最鲜亮的底色，红色资源是中国共产党艰辛而辉煌奋斗历程的见证，是最宝贵的精神财富和精神力量。党的十八大以来，习近平总书记反复强调要用好红色资源，赓续红色血脉，努力创造无愧于历史和人民的新业绩。2020年，习近平总书记在视察吉林时指出："吉林有着光荣的革命传统。抗日战争时期，在极其恶劣的条件下，杨靖宇将军领导抗日武装冒着零下四十摄氏度的严寒，同数倍于己的敌人浴血奋战。牺牲时，胃里全是枯草、树皮、棉絮，没有一粒粮食，其事迹震撼人心。解放战争时期，'三下江南''四保临江''四战四平''围困长春'，党领导人民军队在这里奏响一曲曲胜利凯歌。在抗美援朝战争中，吉林人民也做出了重大贡献。要把这些红色资源作为坚定理想信念、加强党性修养的生动教材,组织广大党员、干部深入学习党史、新中国史、改革开放史、社会主义发展史,教育引导广大党员、干部永葆初心、永担使命,自觉在思想上政治上行动上同党中央保持高度一致,矢志不渝为实现中华民族伟大复兴而奋斗。"① 这是习近平总书记对吉林为中国革命做出巨大牺牲和伟大贡献的充分肯定,也为我们弘扬践行伟大革命精神,指明了前进方向,增添了奋进动力。

100多年来,在中国共产党的坚强领导下,吉林人民为保卫和建设这块红色热土,前赴后继、不怕牺牲,进行了波澜壮阔、艰苦卓绝的英勇斗争,谱写了一曲曲感天动地、气壮山河的英雄赞歌,涌现出无数可歌可泣、真挚动人的红色故事,留下了大量不可复制、不可替代的革命文物与红色遗址遗迹。按照党史学习教育领导小组的安排部署,我多次到吉林省参与指导党史学习教育工作,其间走访参观了省内颇具代表性的红色遗址遗迹、纪念馆、博物馆等,对吉林的红色资源、红色文化有了更深刻更直观的感受,也深切体会到吉林省时刻牢记习近平总书记的重托,以强烈的"答卷意识"和"赶考精神",充分用好丰富鲜活的红色资源,创造性开展各项学习教育活动,着力汇聚起推动吉林全面振兴全方位振兴的磅礴力量。特别是吉林省

---

① 习近平:《用好红色资源,传承好红色基因,把红色江山世世代代传下去》,载《求是》2021年第10期,第17页。

提炼概括的"东北抗日联军创建地、东北解放战争发起地、抗美援朝后援地，新中国汽车工业的摇篮、新中国电影事业的摇篮、中国人民航空事业的摇篮"六大红色标识，更是为传承红色基因、赓续红色血脉提供了最直接最生动最鲜活的教材。

"三地三摇篮"红色标识集中体现了吉林红色资源的鲜明特色、独特品质、丰富内涵，凝聚着吉林人民艰苦奋斗、牺牲奉献、开拓进取的伟大品格。读史明智，知古鉴今。组织编写"三地三摇篮"六卷本丛书，是尊重革命历史、传承红色文化的需要，是从党的历史中汲取智慧、启示和力量的需要，更是用党的历史教育广大人民群众的需要。

阅读这套丛书，我们可以看到，九一八事变后，为了挽救民族危亡，在中国共产党的领导下，东北抗日联军爬冰卧雪、吞糠食草，英勇战斗、前赴后继，在白山松水、林海雪原中，以挑战人类生存极限的顽强意志与日本侵略者殊死搏斗 14 年，沉重打击了日本侵略者的嚣张气焰，挺起中华民族不屈的脊梁，用鲜血和生命谱写了惊天地、泣鬼神的爱国主义篇章，铸就了具有"忠诚于党的坚定信念，勇赴国难的民族大义，血战到底的英雄气概"的东北抗联精神，成为中国共产党人精神谱系的重要组成部分。我们可以看到，抗战胜利后，东北成为国共两党争夺的焦点，中国共产党领导的东北民主联军（后称东北人民解放军），在两种命运、两个前途的决战中，来不及拂去满身征尘，来不及揩干伤口血迹，便用吉林大地上一系列重大战役吹响了全国解放的号角，谱写出一曲曲新民主主义革命的胜利凯歌。我们可以看到，在抗美援朝战争期间，吉林人民凭着对党的忠诚和必胜的信念，无私奉献、舍生忘死，举全省之人力、物力、财力提供战勤保障，保证了抗美援朝战争的最后胜利，践行了伟大的抗美援朝精神，成为抗美援朝的"钢铁后方"。我们可以看到，作为重要的老工业基地，吉林省见证了新中国工业的成长，为新中国经济建设做出了不可磨灭的贡献，特别是国家"一五"计划重点建设项目之一的中国第一汽车制造厂，以第一辆"解放"牌卡车的诞生，结束了中国不能制造汽车的历史，中国汽车工业从此翻开了崭新的一页。我们可以看到，作为新中国第一家电影制片厂，长春电影制片厂（简称"长影"）为时代立像、为人民放歌、为民族铸魂，长影的影片影响和激发了几代中国人的电影情结和爱国情怀，从长影走出去的艺术家遍布全国，长影的发展史，就是新中国电影的发展史。我们可以看到，在烽火硝烟中成立的东北民主联军航空学校，是中国共产党领导下的人民军队创办的第一所航空学校，培育出了新中国第一代空战精英，为中国空军的不断发展壮大孕育了第一批精良的种子，在人民空军的历史上写下了光辉的一页，并形成了以"团结奋斗、艰苦创业、勇于献身、开拓新路"为核心内容的东北老航校精神。

阅读这套丛书，重温百年以来吉林大地所经历的风云激荡的革命、建设和改革历程，人们会感受到清晰的历史足音、有力的时代脉动、澎湃的革命精神，有利于激发斗志、凝聚人心、增添干劲，引领吉林人民为在中国式现代化进程中推动吉林全面振兴取得新突破而攻坚克难、砥砺前行，取得一个又一个胜利。

潮涌催人进，扬帆再启航。当前，我们已经踏上了实现第二个百年奋斗目标新的赶考之路，能否向历史、向人民交出一份优异的答卷，坚定的历史自信极为重要。红色资源向我们所传递的，不仅是党的百年辉煌成就和历史经验，更是激励我们秉承历史荣光、创造新的伟业的号召。弘扬以伟大建党精神为源头的中国共产党人精神谱系，必将鼓舞我们更加自觉地坚定历史自信、筑牢历史记忆，继承革命传统、传承红色基因，赓续吉林文脉，踔厉奋发、勇毅前行，为全面建设中国式现代化新吉林、推进新时代吉林全面振兴率先实现新突破而团结奋斗。

朱虹

2023 年 7 月

2020 年 7 月 24 日，习近平总书记在吉林视察工作结束时发表重要讲话："吉林有着光荣的革命传统。抗日战争时期，在极其恶劣的条件下，杨靖宇将军领导抗日武装冒着零下四十摄氏度的严寒，同数倍于己的敌人浴血奋战。牺牲时，胃里全是枯草、树皮、棉絮，没有一粒粮食，其事迹震撼人心……要把这些红色资源作为坚定理想信念、加强党性修养的生动教材……"为此，中共吉林省委宣传部把"东北抗日联军创建地"（以下简称"创建地"）放在吉林省红色文化资源"三地三摇篮"的首位加以宣传、弘扬。作为"创建地"，吉林省以其重要的战略地位，旗帜领航、率先垂范、开拓创新、功勋卓著，为抗日战争的胜利做出重大的历史贡献。主要体现在四个方面：

第一，高举旗帜，率先建立中共领导下的抗日武装。

1931 年九一八事变后，山河变色，国土沦丧。在这场严重的民族危机面前，国民党先是命令东北军采取"不抵抗主义"，致使东北军和警察大部分不战而降，或退往关内；后又把希望寄托于"李顿调查团"，企图利用帝国主义的争斗，达到"以夷制夷"的目的。国民党这种举止失措的政策使东北民众自发的抗日斗争处于群龙无首的境地，抗日力量受到严重的损害。在此关键时刻，中国共产党挺身而出，高瞻远瞩，制定了东北抗战的指导思想，组建东北抗日武装，成为东北抗战的中流砥柱。

九一八事变后，中共中央做出了《关于日本帝国主义强占满洲事变的决议》，中共满洲省委通过或做出了《中共满洲省委关于反对日本帝国主义占领满洲的宣言》《对士兵工作的紧急决议》《接受中央关于上海事件致各级党部信的决议》，确立了东北抗战的指导思想，即号召东北民众组织起来，开展各种形式的反日斗争，尤其是开展武装游击战争，直接打击日本侵略者。

鉴于吉林省是日伪统治的核心地区，长春是伪满洲国的"首都"，为了沉重打击日本侵略者，中国共产党率先在吉林省建立了自己领导之下的抗日武装。1931年12月，中共磐石中心县委在劳农赤卫队和特务队的基础上，组建了中国共产党领导下的东北第一支抗日武装——磐石赤色游击队，李红光任队长，李松波任政委。后改名为磐石工农反日义勇军、中国工农红军第三十二军东北游击队、中国工农红军第三十二军南满游击队，成为南满地区一支重要的抗日力量。1932年8月，中共海龙中心县委成立了海龙工农义勇军。1933年1月，改称为中国工农红军第三十七军海龙游击队。8月，海龙游击队北上，与南满游击队会合。在此基础上，9月18日，南满游击队改编为东北人民革命军第一军独立师，杨靖宇任师长兼政委。1932年春夏之间，在中共东满特委的领导下，成立了延吉、和龙、汪清、珲春、安图反日游击队。根据中共满洲省委的指示，1934年3月下旬，延吉游击大队、和龙游击大队改编成东北人民革命军第二军第一独立师。

鉴于各支反日游击队和东北人民革命军独立师的发展，中共满洲省委于1934年11月7日率先成立了东北人民革命军第一军，杨靖宇任军长兼政委。1935年5月30日，又成立了东北人民革命军第二军，王德泰任军长，魏拯民兼任政委。

根据"八一宣言"指示精神，1936年6月，东北人民革命军第一军改编成东北抗日联军第一军，杨靖宇任军长兼政委；3月上旬，东北人民革命军第二军改编成东北抗日联军第二军，王德泰任军长，魏拯民任政委。7月上旬，中共南满省委成立，魏拯民任书记。同时，东北抗联第一、

第二军合编为东北抗联第一路军，杨靖宇任总司令，王德泰任副总司令，魏拯民任总政治部主任。

由此可见，东北抗联的前身是东北党组织创建和领导的反日游击队，磐石赤色游击队是中共在东北最早建立的抗日武装；东北人民革命军第一军是中共在东北最早建立的军级建制的抗日武装；东北抗联第一路军也是中共在东北最早建立的"路军"。东北抗联经历反日游击队、东北人民革命军、东北抗日联军三个发展阶段，每个发展阶段的开端都在吉林省。尤其是中共南满省委和东北抗联第一路军的成立，标志着东北党组织和东北抗联首先在吉林省实现了党的领导和军事指挥的统一，同时对吉东和北满起到榜样和示范作用。吉东省委成立于 1937 年 3 月，第二路军成立于 1937 年 10 月 10 日，北满临时省委成立于 1936 年 9 月 18 日，北满省委成立于 1939 年 4 月，第三路军成立于 1939 年 5 月 30 日。

第二，首创首行，最早践行抗日民族统一战线方针。

执行党的抗日民族统一战线政策，建立东北抗日民族统一战线组织是东北党组织和东北抗联的历史性功绩。吉林省是东北抗日民族统一战线最早形成的地方，并对活动在黑龙江省的其他抗联各军起到引领作用。

九一八事变后，日伪军展开大规模残酷"讨伐"，东北抗战陷入严重危机。中国共产党挺身而出，开创性地提出建立东北抗日民族统一战线的号召，指明了东北抗战的方向。中国共产党先后发出了"一·二六指示信""六三指示信""八一宣言"，完整地阐述了中共的抗日民族统一战线的策略战略，提出了组织"全中国统一的国防政府""全中国统一的抗日联军""统一的抗日联军总司令部"广泛开展抗日游击战争的主张。

中国共产党提出的建立抗日民族统一战线的战略策略率先在吉林得到贯彻与实践。1933年5月22日，杨靖宇在磐石成立南满抗日军军事委员会，下设总司令部、总政治部、总参谋部。1933年7月下旬，杨靖宇联合反日义勇军建立了抗日军联合参谋部，任政治委员长。1934年2月，杨靖宇组建了下辖17支抗日武装4000余人的"东北抗日联军总指挥部"，成立东北抗日联军8个支队，并当选为总指挥。这是我军历史上首次出现"东北抗日联军"的名称。同年秋，在王德泰倡议下，东北人民革命军第二军独立师与10余支抗日武装召开大会，组建了东满抗日联合军总指挥部，推举王德泰为指挥。同一时期，北满地区也成立了统一战线性质的组织，李延禄任军长的东北人民抗日革命军成立于1933年7月下旬，周保中任主任的反日同盟军联合办事处成立于1934年2月，赵尚志任总司令的东北反日联合军总司令部成立于 1934 年 3 月。可见，杨靖宇任政治委员长的抗日军联合参谋部成立还是比较早的。尤其是杨靖宇建立的"东北抗日联军总指挥部"，是我军历史上首次出现"东北抗日联军"的名称。

1936 年 3 月至 1937 年 10 月，中国共产党相继组建东北抗日联军第一至十一军，最盛时人数为 3 万余人。东北抗日联军的编成，标志着东北抗日民族统一战线最终形成。在此过程中，杨靖宇、魏拯民、王德泰做出了表率和贡献。

第三，开拓创新，最早创建抗日游击根据地，灵活开展抗日游击战争。

关于抗日游击根据地问题，毛泽东曾明确指出："游击战争的根据地是什么呢？它是游击战争赖以执行自己的战略任务，达到保存和发展自己、消灭和驱逐敌人之目的的战略基地……然而，没有根据地，游击战争是不能够长期地生存和发展的，这种根据地也就是游击战争的后方。"从 1932 年至 1941 年，中国共产党领导的抗日武装在南满、东满等地创建了众多的抗日游击根据地。在南满，杨靖宇先后建立以红石砬子、玻璃河套为中心的磐石游击根据地，以金川（今划归柳河、辉南）与临江、濛江（今吉林省靖宇县）交界的河里抗日游击根据地，以濛江县北部龙岗山脉那尔轰河上游地区为中心的那尔轰抗日游击根据地，以桓仁、本溪、兴京（今新宾县）交界的老秃顶子、和尚帽子为中心的桓本兴抗日游击根据地。在东满，王德泰、魏拯民等建立了安图车厂子、奶头山，汪清罗子沟以及长白山抗日游击根据地。在中国共产党建立的抗日游击根据地中，磐石抗日根据地建立得最早。1932年冬，磐石党组织和南满游击队即开始创建抗日游击队的工作，在磐石西部红石砬子附近的山林地带，建立方圆数十公里的抗日游击根据地。后范围逐渐扩大，形成以红石砬子、玻璃河套、石虎沟、驿马泊子为中心的磐石抗日游击根据地。

在东北抗日斗争的后期，东北抗联第一路军在深山密林中地势险要、易守难攻、便于生活的地方，广建密营，开展原始森林游击战，挑战人类生存极限。密营是东北抗联建立的一种特殊形式的根据地。毛泽东在《抗日游击战争的战略问题》一文中所说的"长白山根据地"，就是指东北抗联第一路军所开创的抗日游击根据地。

东北抗联第一路军依托抗日游击根据地，进行了独立自主的抗日游击战争，取得了辉煌的胜利。如举行两次西征、奇袭老岭隧道、诱歼伪军索旅、巧夺辉南城、破袭通辑路、攻打大蒲柴河、大战寒葱岭等。据统计，1932—1940年抗联一路军主要战斗次数348次，致敌死伤日军2329人、伪军 4919 人，俘虏 2324 人，我军阵亡 721 人。[①]

在实际斗争中，杨靖宇根据敌强我弱的形势形成了自己独特的军事原则，如"四不打原则""三大绝招""四快"，以求打击敌人，保存自己，发展自己。因此，杨靖宇被称为"东三省第一个执行游击战术的人"。杨靖宇的战略战术是在对日作战中摸索出来的，是在逐渐与中共中央、中共驻共产国际代表团失去联系后和中共满洲省委撤销后独立自主形成的，体现实事求是、勇于创新、不拘一格、灵活机动的特点。

对于东北抗日联军的作用，毛泽东给予高度评价："东三省的游击战争……在抗战起来以后，配合的意义就明显地表现出来了。那里的游击队多打死一个敌兵，多消耗一个敌弹，多钳制一个敌兵使之不能入关南下，就算对整个抗战增加了一分力量。至其给整个敌军敌国以精神上的不利影响，给予整个我军和人民以精神上的良好影响，也是显而易见的。"[②]

第四，丰碑永存，杨靖宇成为东北抗联的旗帜性人物。

习近平总书记曾说过："中华民族是崇尚英雄、成就英

---

① 中央档案馆、辽宁省档案馆、吉林省档案馆、黑龙江省档案馆编：《东北地区革命历史文件汇集》甲 60，1992 年版，第 248 页。
②《毛泽东选集》第二卷，人民出版社 1991 年版，第 416 页。

雄、英雄辈出的民族。"正所谓"诚既勇兮又以武，终刚强兮不可凌。身既死兮神以灵，魂魄毅兮为鬼雄"。在东北抗日斗争中，牺牲在吉林大地上的民族英雄杨靖宇、魏拯民、童长荣、王德泰、陈翰章、曹国安、曹亚范，犹如一颗颗璀璨的明星，照亮了黑暗的夜空，成为人们"救亡图存"的航灯。而杨靖宇则是东北抗联的旗帜性人物。

杨靖宇作为东北抗联的缔造者、指挥者之一，他曾担任中共满洲省委代理军委书记、东北人民革命军第一军第一独立师师长兼政委、东北人民革命军第一军军长兼政委、东北抗日联军第一军军长兼政委、东北抗联第一路军总司令，同时作为中华苏维埃共和国中央执行委员、中共第七次全国代表大会准备委员会委员、东方各民族反法西斯大会33人名誉主席团成员之一、100位为新中国成立做出突出贡献的英雄模范之一、习近平总书记提到最多的抗日英烈之一，在党内具有崇高的地位。

杨靖宇率领所部在日本侵略者残酷统治下的南满、东满地区，一直开展着英勇顽强的、艰苦卓绝的游击战争，直至牺牲自己的宝贵生命。杨靖宇用自己的鲜血和生命，践行了东北抗联精神。

习近平总书记曾深刻指出："一个有希望的民族不能没有英雄，一个有前途的国家不能没有先锋。""实现我们的目标，需要英雄，需要英雄精神。"可以说，杨靖宇等抗日民族英雄和他们身上体现的东北抗联精神是中国共产党人精神谱系的重要组成部分。其基本内涵是：忠诚于党的坚定信念，勇赴国难的民族大义，血战到底的英雄气概。东北抗联精神是振兴东北老工业基地、培育和践行社会主义核心价值观的精神动力之一。

总之，吉林省作为东北抗联的创建地，以其最早建立中国共产党领导的抗日武装、率先创建东北人民革命军、最早建立东北抗联第一路军、最先实行抗日民族统一战线、产生旗帜性人物等对东北抗日斗争起到引领和示范的作用，其历史贡献必将彪炳史册，光耀千秋。

以上所述，只是我的一孔之见，欢迎各位专家学者批评指正。

刘信君

2023 年 1 月 10 日

目 录
Contents

第一章

东北抗日联军创建的历史背景

一、中国共产党的建立与早期活动

近代以来，中华民族饱经苦难与沧桑。为了拯救民族危亡、实现民族复兴，无数仁人志士前赴后继、上下求索，付出了沉重的代价。各种救国方案轮番出台，但无不以失败而告终。直到中国共产党诞生，中国革命的面貌才焕然一新。中国共产党成立后，十分重视东北的建党工作。在中国共产党的坚强领导下，吉林党组织初步建立，吉林地区早期革命活动得到初步发展。

（一）中国共产党的建立及其对东北建党工作的指导

1921年中国共产党的诞生，标志着中国人民的革命斗争进入一个新的历史时期，从此，东北和吉林人民的革命斗争史翻开新的一页。[①]

1. 中国共产党的建立

鸦片战争后，中国逐渐堕入半殖民地半封建社会的深渊，山河破碎，生灵涂炭，惶恐和绝望笼罩着全国城乡。中华民族遭受前所未有的苦难，面临着亡国灭种的危险。从那时起，"救亡图存"就成了无数爱国先驱前仆后继、执着追求的事业。可是，历次反侵略战争也好，历次"救亡图存"的运动也好，由于没有科学理论的指导、正确道路的指

---

① 中共吉林省委组织部、中共吉林省委党史研究室、吉林省档案馆编：《中国共产党吉林省组织史资料》，吉林人民出版社1994年版，第13页。

引、人民群众的支持，都以失败告终了，无数仁人志士为此抱恨终天，赍志而殁。

辛亥革命爆发后建立的中华民国没有为中华民族求得独立，为中国人民求得解放。一些先进的知识分子经历短暂的失望后，重新振作起来，寻找新的出路。新文化运动促进中国人民的思想解放，但它仍是以资产阶级民主革命为救国方案的，使得中国先进分子产生一系列疑问，再次走到十字路口，不知如何选择。恰在此时，俄国"十月革命一声炮响，给我们送来了马克思列宁主义"[1]，这给苦苦探求救国真理的中国先进分子带来无限曙光。中国先进分子从中国具体实际出发，很快得出"走俄国人的路"[2]的结论。

1919年五四运动期间，中国涌现出一批信仰马克思主义、矢志民族复兴的新的先进分子。随着条件日益成熟，建立中国共产党的任务被提上日程。在陈独秀和李大钊的探索和发动下，上海、北京等地先后建立共产党早期组织，为中国共产党的成立做了思想上、组织上、干部上的准备。

1921年7月23日，中国共产党第一次全国代表大会在上海法租界望志路106号（今兴业路76号）召开。大会

---

① 《毛泽东选集》第四卷，人民出版社1991年版，第1471页。
② 《毛泽东选集》第四卷，人民出版社1991年版，第1471页。

最后一天转移到浙江嘉兴。大会通过中国共产党党纲，确定党的名称为中国共产党，规定党的纲领是：革命军队必须与无产阶级一起推翻资本家阶级的政权；承认无产阶级专政，直到阶级斗争结束，即直到消灭社会的阶级区分；消灭资本家私有制，没收机器、土地、厂房和半成品等生产资料，归社会共有。大会选举产生党的领导机构——中央局，陈独秀为书记，李达、张国焘分管宣传和组织工作。大会讨论实际工作计划，决定集中精力领导工人运动。中国共产党第一次全国代表大会的召开标志着中国共产党正式成立，这是近代中国社会进步和革命发展的客观要求，是开天辟地的大事。自从有了中国共产党，中国革命的面目就焕然一新了。

2. 中国共产党建立初期对东北建党工作的指导

中国共产党十分重视东北的建党工作，多次筹划在东北建立党组织，积极派遣共产党员到东北开展工作。1921年8月，中国共产党组建中共北京地方委员会①，负责领导

---

① 建党之初和大革命时期，中国共产党在北京建立的地方领导机关，负责领导北方地区（包括东北地区）党的各项工作。1921年8月，中共北京地方委员会（简称"北京地委"）成立，李大钊任书记。1922年7月，北京地委改组为中共北京地方执行委员会（简称"北京地执委"），范鸿劼任委员长。1923年7月，中共北京区执行委员会兼中共北京地方执行委员会（简称"北京区执委兼北京地执委"）成立，何孟雄、范鸿劼、李大钊、赵世炎等先后任委员长。1925年10月，北京区执委兼北京地执委改组为中共北方区执行委员会（简称"北方区执委"），李大钊任书记。

北方地区（包括东北地区）党的各项工作。11 月，中国共产党中央局①发出通告，要求全国各地加强党团组织建设。

  1921 年 11 月，北京地委派地委组织负责人、北京马克思学说研究会负责人、时任中国劳动组合书记部北方分部主任的罗章龙"先到东北考察联络"，要求罗章龙考察东北工运情况，宣传阶级革命，在一些重要地方组建工会。根据北京地委的指示，罗章龙奔赴东北，考察沈阳、大连、哈尔滨等地的情况，积极开展党的宣传和组织工作，为东北地区的建党工作做了重要准备。在此基础上，罗章龙写了一份考察报告。1922 年，罗章龙返回北京，将其所写报告提交给北京地委，并将其在东北的具体考察情况向北京地委的同志们做了详细汇报。罗章龙认为，中国共产党建立东北地区党组织的优、缺点并存。优点是：东北工业发达，产业工人数量多且集中、革命性强、敢于斗争；东北工人较早受到马列主义、俄国共产党、十月革命的影响，思想觉悟比较高；东北工人运动基础好；中国共产党人已在东北开展一些宣传和组织工作，东北的建党工作和工运工作均有一定的基础。缺点是：东北各地工运基础不一，发

---

① 简称"中局"或"中央局"，中国共产党第五次全国代表大会以前中共中央的常设机构，"以中央执行委员会名义行使职权"。参见中共中央组织部、中共中央党史研究室、中央档案馆编：《中国共产党组织史资料》第八卷，中共党史出版社 2000 年版，第 20—21 页。

展不平衡；东北工运未与全国工运连为一体；东北革命斗争没有明确的纲领；东北革命斗争缺乏统一性组织，没有坚强的组织领导。有鉴于此，罗章龙建议上级党组织"派专人去东北正式着手筹建党"。上级党组织接受了罗章龙的建议，决定派专人前往东北筹建中共东北地区党组织。[①]

最先到东北开辟工作的共产党员是李震瀛（洛森）和陈为人（陈洪涛）。1923 年春，李震瀛和陈为人受北京地执委的委派前往哈尔滨。在哈尔滨，李震瀛和陈为人积极开展宣传和组织工作，付出很多努力，迅速建立起党团组织。1923 年 7 月，李震瀛、陈为人在哈尔滨成立中国社会主义青年团哈尔滨支部。10 月，成立中共哈尔滨组（也称"中共哈尔滨独立组"），陈为人为负责人。这是中国共产党在东北地区建立的最早的党组织。在中共中央的高度重视下，东北革命斗争形势迅速发展，东北各地的党组织陆续建立。

（二）吉林党组织的初步建立及其早期革命活动

1.吉林党组织的初步建立

吉林省革命基础好，很早便有了中国共产党的活动。中国共产党非常重视吉林革命力量的发展和吉林党组织的

[①] 罗章龙：《我到东北考察工运》，载中共黑龙江省委党史工作委员会编《黑龙江党史资料》第四辑，1985 年版，第 24—32 页。

创建工作。李震瀛和陈为人在东北打开局面后，中国共产党曾多次派共产党员、共青团员到吉林省开展工作，积极开展宣传和组织工作，为建立和发展吉林党组织做准备。

在吉林境内开展早期革命活动的共产党员有马骏、刘旷达、楚图南、杜继曾（杜省吾）等。中国共产党成立后，马骏、楚图南等人在上级党组织的安排下，经常往返吉林省及周边地区。他们在吉林省积极传播马列主义，宣传革命真理，开展党的工作，为吉林党组织的建立和发展做出了突出贡献。在他们的积极努力下，吉林党组织初步建立。

第一，吉林省第一个党支部——中共长春支部的建立。

1922 年，罗章龙受北京地委委派考察东北之后，便"决定把长春定为开展工作的十六个重点城市之一"①。为方便北京区执委兼北京地执委同哈尔滨党组织进行联系，1924 年 8 月，中共哈尔滨组派张锦春前往东北重要交通枢纽长春建立秘密通讯站。张锦春到长春后，组建中国共产党在吉林省的最早组织——长春二道沟邮局通讯站。长春二道沟邮局依托天然的环境优势，对掩护通讯站工作起到了重要作用，为东北党组织的发展和吉林党组织的建立做出突出贡献。张锦春积极开展党的宣传和组织工作，发展了长春的

① 中共吉林省委组织部、中共吉林省委党史研究室、吉林省档案馆编：《中国共产党吉林省组织史资料》，吉林人民出版社 1994 年版，第 13 页。

第一批共产党员——省立第二师范学校学生韩守本、王溱等人，推动长春党组织进一步发展。

1925 年 10 月，中国共产党通过《组织问题议决案》，对组织问题做出规定。《组织问题议决案》指出："在北部应当巩固京区的组织管理直隶山西及东三省①，北京地委单独组织，不由京区兼。"② 据此，北京区执委及北京地执委改组为北方区执委，继续承担管理东三省党组织的任务。

1926 年春，中共哈尔滨特别支部根据北方区执委的指示召开扩大会议，决定在北满地区成立新的强有力的党组织。2 月，中共北满地方执行委员会（简称"中共北满地委"）成立，吴丽石任书记。中共北满地委作为中共北满地区的核心组织，直接领导包括哈尔滨、长春在内的北满各地的党组织。6 月，共青团北满地方委员会（简称"团北满地委"）成立，杨韦坚（杨宁涛）任书记。在吉林省从事早期革命活动的共产党员与共青团员最初由北京地委等上级党组织领导。中共北满地委和团北满地委成立后，长春、吉林等地的党团组织改由北满党团组织领导。

1926 年初，为更好地开展学生工作和领导学生运动，

---

① 东三省指当时中国东北部的辽宁、吉林、黑龙江三省。
② 中共中央组织部、中共中央党史研究室、中央档案馆编：《中国共产党组织史资料》第八卷（上），中共党史出版社 2000 年版，第 67 页。

哈尔滨党组织领导建立长春第二个秘密通讯站——中共吉林省立第二师范学校通讯站，韩守本为负责人。9 月，中共北满地委在长春两个秘密通讯站的基础上建立吉林省第一个党支部——中共长春支部，韩守本任书记。10 月，中共长春支部改组为中共长春特别支部。中共长春特别支部在开展革命工作上表现十分出色，"成为当时最有力量的支部"①。1927 年 3 月 2 日，韩守本等长春党组织的重要成员被捕，中共长春特别支部被破坏。

第二，中共吉林县支部的建立。

中共北满地委十分重视省城吉林党组织工作的开展，在省城吉林大力发展党员。吉林省立第五中学的优秀教员张玉玢（张渔滨）就是在此期间入党的。不久，中共北满地委便委派张玉玢在省城吉林建立通讯站。1926 年 3 月，张玉玢建立中共吉林通讯站，积极传递党的文件，加强组织建设，发展共产党员，支援革命斗争，工作卓有成效。中共吉林通讯站的建立和发展，为中国共产党在省城吉林建立党组织奠定了坚实的基础。

1927 年 3 月，中共北满地委派中共北满地委秘书杜继曾前往省城吉林。杜继曾到达省城吉林后，很快便与张玉

---

① 中共吉林省委组织部、中共吉林省委党史研究室、吉林省档案馆编：《中国共产党吉林省组织史资料》，吉林人民出版社 1994 年版，第 16 页。

玢接上组织关系。在张玉玢的帮助下，杜继曾于3月组建中共吉林县支部，自任书记。中共吉林县支部建立后，积极开展党的工作，发展共产党员。到1927年7月，已有党员9人[①]。8月，中共北满地委决定派杜继曾前往牡丹江开展党的工作，建立党团组织，中共吉林县支部书记一职由陈益仁接任。11月，中共吉长区委成立，中共吉林县支部成为中共吉长区委的下属支部。此后，省城吉林、长春地区党的工作均由中共吉长区委统一领导，吉林党组织发展进入新的阶段。

第三，中共柳河小组、支部的建立。

1926年2月，共产党员孙绂生在奉天省[②]复县暴露身份。随后，他借柳河、辉南两县招考之机，考取并被录用为柳河、辉南县教育视学。孙绂生与党组织重新接上关系后，继续在柳河县开展党的宣传和组织工作。在此期间，孙绂生先后介绍李别天、马向奎、徐作猷等人加入中国共产党。孙绂生在柳河县积极宣传革命思想，发展共产党员，加强组织力量，为柳河县党组织的建立做了干部准备。

1926年12月，吴丽石赴柳河考察，组建中共柳河小

---

① 中共吉林省委组织部、中共吉林省委党史研究室、吉林省档案馆编：《中国共产党吉林省组织史资料》，吉林人民出版社1994年版，第17页。
② 奉天省，辖境为今辽宁省以及内蒙古自治区通辽市一部分、吉林省西南一部分。

组，隶属中共奉天特别支部[①]。中共柳河小组成立后，积极开展群众工作，领导革命斗争，推动柳河地区革命的发展。

1927年9月，为推动革命进一步发展，中共奉天市委在中共柳河小组的基础上建立中共柳河支部，支部书记为孙绂生。10月，中共满洲省临时委员会（简称"中共满洲省临委"）成立后，中共柳河支部改由中共满洲省临委领导。

从1921年中国共产党成立后到1927年中共满洲省临委建立前，吉林地区先后建立起的党组织有中共长春支部、特别支部，中共吉林县支部，中共柳河小组、支部。这些党组织建立后，积极开展党的宣传和组织工作，领导吉林人民同反革命势力进行坚决斗争，扩大中国共产党的影响，开创吉林地区革命发展的新局面。

[①] 1925年9月，中共奉天支部正式成立。1926年9月，中共奉天支部改为中共奉天特别支部。

党的创建和大革命时期
中共吉林省地方组织和党员统计表 [①]

组织名称	建立与终结时间	负责人	地址	党员数目	隶属关系	备注
长春二道沟邮局通讯站	1924.8—1926.12	张锦春	长春二道沟邮局	5	中共哈尔滨组、中共哈尔滨特支、北满地委	
吉林省立二师（长春）通讯站	1926春—1926.9	韩守本	长春省立二师	3	中共北满地委	
吉林通讯站	1926.3—1927.3	张玉玢	吉林东关昌邑屯	4	中共北满地委	
中共长春支部	1926.9—1926.10	韩守本	长春省立二师	5	中共北满地委	
中共长春特别支部	1926.10—1927.3	韩守本	长春省立二师	5	中共中央	
中共吉林县支部	1927.3—1927.8	杜继曾	吉林东关维昌街	9	中共北满地委	组织延续至土地革命时期
中共柳河小组	1926.12—1927.8	孙绂生	柳河县城内	6	中共奉天特支	组织延续至土地革命时期

[①] 中共吉林省委组织部、中共吉林省委党史研究室、吉林省档案馆编：《中国共产党吉林省组织史资料》，吉林人民出版社1994年版，第18页。

2. 积极领导工人运动

吉林人民有着炽热的爱国情怀和敢于斗争的光荣传统。近代以来,苦难深重的吉林人民同全国人民一样,饱受欺凌。为了争取民族独立、人民解放,他们前仆后继,持续斗争。20 世纪初期,受十月革命的影响和五四运动的推动,吉林人民逐渐觉醒,思想觉悟得到提高。中国共产党积极动员吉林民众,领导工人运动,对吉林省革命斗争的发展产生深远影响。

中国共产党创建之初即十分重视东北革命力量的壮大和东北工人运动的发展。1921 年罗章龙受李大钊委派到达东北后,重点考察了东北的工人运动。罗章龙返京后便提议,派专人前往东北建立党组织,以实现中国共产党对东北工人运动的领导。尔后,中国共产党委派马骏、楚图南等人前往吉林从事革命活动,领导革命运动。

在马骏、楚图南等人的努力下,中共吉林地区党组织逐渐建立。在中共吉林地区党组织的影响和领导下,吉林地区持续掀起反帝怒潮,显示工人力量,锻炼工人阶级,培养工运干部,扩大

马骏

斗争影响，在中国工运史上留下了光辉的一页。

3. 推动国民革命运动的发展

第一，第一次国共合作在吉林的实现。

吉林的国共合作与吉林党组织的建立是紧密联系的。第一次国共合作为吉林党组织的建立提供了契机，吉林党组织的建立又推动吉林国共合作局面的形成。

吉林国共合作局面的形成，经历比较复杂的发展过程。一方面，以加入国民党的共产党员、共青团员为主要力量的国民党左派，同国民党右派进行持续的复杂斗争，推动了吉林国民革命运动的高涨；另一方面，吉林党组织在高涨的国民革命运动中得到了充分锻炼，斗争能力显著提高。

1924 年第一次国共合作实现后不久，李大钊和国民党左派人士在北京组建国民党北京执行部（简称"北京执行部"）。北京执行部领导北京、山西、吉林、奉天、黑龙江等十几个省市国民党部的工作，是北方地区的领导中枢。北京执行部的建立，保证了第一次国共合作在北方地区的顺利推进，极大地促进了北方地区国民革命运动的高涨。"到1925 年 10 月，国民党北京执行部所属党员有 1.4 万人"①，为北方地区国民革命运动的发展打下坚实的群众基础和组

---

① 茅家琦等：《中国国民党史》上册，江苏人民出版社 2018 年版，第 228 页。

织基础。

吉林省地处东北地区中部，战略位置重要，物产资源丰富，是各派军阀竞相争夺的战略要地。当时，吉林省被奉系军阀牢牢控制着，外部势力很难渗入。因而，国共两党在吉林省的基础都比较薄弱。中国共产党虽然已经在吉林省进行了一些革命活动，但还没有建立起党组织；国民党还没有在吉林系统地开展组织活动。

李大钊认为：“国民党从前的政治革命的运动所以没有完全成功的缘故，就是因为国民党在中国中部及北部没有在社会上植有根底的组织。”[1] 国民党一大以后，北京区执委兼北京地执委、北方区执委根据中共中央指示精神，派遣共产党员前往吉林省，帮助国民党在吉林各地建立地方党部。在中共中央的领导和北京区执委兼北京地执委、北方区执委的指导下，吉林地区的共产党员领导人民群众迅速投入国民革命运动的浪潮中。

1924 年 11 月，孙中山北上，趁宣传国民促进会之机，指派朱霁青、傅汝霖、李梦庚等人为东北临时宣传员，到东北宣扬三民主义，开展革命工作。朱霁青等人到达吉林省后，开展一系列革命活动，发展一批国民党党员，在一定程

---

①T.C.L.（李大钊）：《普遍全国的国民党》，《向导》1923 年 4 月 18 日。

度上增强了国民党的组织力量。但朱霁青等人在吉林省发展国民党党员时沿用国民党传统的活动方式，导致国民党抢先在吉林省建立起来的临时国民党党部组织涣散、徒有虚名。

1925 年 3 月 12 日孙中山于北京病逝后，中国共产党于 4 月 4 日发出《中央通告第十九号》，要求各地"宣传孙中山遗言，发展国民党左派力量"①。5 月 5 日，中国共产党又发出《中共中央、共青团中央通告第三十号》，就中共中央、共青团中央如何"加强对国民党工作"做出系列指示，特别强调"各处县市党部应即速正式成立""各省正式省党部至迟亦必在七月一号以前成立"②。吉林省的共产党员遵循通告精神，积极组织和领导各界民众举行悼念活动，宣传孙中山的历史功绩和革命精神，引起极大反响。通过举行悼念活动，反帝反封建的革命思想更加深入人心。与此同时，吉林省的共产党员积极组织和发展吉林省的国民党党部，取得一定进展。刘旷达、韩守本等共产党员加入国民党后，积极宣传新三民主义，发展国民党员，为吉林省国民党领导机构的建立做了重要准备。

在国共合作的旗帜下，经过活跃于吉林省的共产党员

---

① 中央档案馆编：《中共中央文件选集》第一册（1921—1925），中共中央党校出版社 1989 年版，第 404 页。
② 中央档案馆编：《中共中央文件选集》第一册（1921—1925），中共中央党校出版社 1989 年版，第 412 页。

的积极组织和精心筹备，国民党长春市临时党部于 1926 年 10 月 10 日成立，刘旷达、谢惠侨、黄子元任常委，韩守本任工人部部长，杜继曾任青年部部长。1927 年 2 月 20 日，在共产党员的有力帮助下，国民党吉林省党部召开代表会，推选董海平为主席委员，董海平、韩守本、赵尚志为常务委员。国民党吉林省党部分设组织、宣传等部，董海平任组织部部长，韩守本任宣传部部长，刘龙田任调查部部长，赵尚志任青年部部长，刘玉梅任工人部部长，吕英民任农民部部长，王培之任商民部部长，田成玉任妇女部部长，王寒生任军人部部长。国民党吉林省党部代表会的召开，标志着国民党吉林省党部正式成立，这是吉林省国共合作中的一件大事。然而，董海平等国民党人在依靠中国共产党的力量建立起国民党吉林省党部后，蛮横地把持着权力，全然不顾革命大局，这为吉林省国共合作的破裂埋下祸根。

1927 年，继蒋介石、汪精卫相继发动政变背叛革命后，以张作霖为首的奉系军阀在北京、东北等地与南京国民政府遥相呼应，大肆捕杀革命者和共产党员，并于 4 月 28 日杀害北方区执委书记李大钊等革命者。东北地方当局遵照张作霖的命令，疯狂逮捕东北地区的共产党员和革命者，致使中共东北地区党组织遭到前所未有的破坏。吉林省同其他各地一样被白色恐怖笼罩着，长春、吉林两市的党组织均遭到严重破坏。

第一次国共合作极大地推动了中国革命的发展。在汹涌的国民革命运动浪潮中，国共两党壮大了组织力量，扩大了政治影响。

第二，声援五卅反帝爱国运动。

1925年6月，吉林各界群众掀起声援五卅反帝爱国运动的浪潮。在此过程中，吉林的国民革命运动掀起了高潮。

1925年5月，全国工人运动高涨，引起帝国主义和北洋政府的极大恐慌。5月15日，日本资本家在上海枪杀纱厂工人、共产党员顾正红，激起工人反抗。中国共产党于5月16日、19日接连发出《中央通告第三十二号》《中央通告第三十三号》，指出："各地同志对于此事，应即号召工会，农会，学生会，以及各种会社团体一致援助""应该号召一个反对日本的大运动。"[①]5月30日，上千名上海学生走上街头，散发传单，聚众演讲，痛斥日本暴行，声援反帝斗争，有100多人被捕。广大民众强烈要求巡捕房释放被捕学生。英国巡捕以维持秩序为由，开枪射击在场群众，打死学生、工人等13人，伤者难以数计[②]，制造了震惊中外

---

① 中央档案馆编：《中共中央文件选集》第一册（1921—1925），中共中央党校出版社1989年版，第415、417页。
② 中共中央党史和文献研究院：《中国共产党的一百年》第一册，中共党史出版社2022年版，第59页。

的五卅惨案。五卅惨案点燃了全国民众的怒火，反帝怒潮在"打倒帝国主义"等口号的鼓动下迅速席卷全国。

五卅惨案的消息传到吉林省，激起了吉林广大民众的极大愤慨。吉林的共产党员及广大群众决心以实际行动支持和援助上海工人斗争。在马骏、刘旷达等共产党员和韩守本、韩桂琴（韩幽桐）等进步学生的发动组织下，吉林省掀起了规模空前的反帝爱国运动。吉林、长春两市学生首先奋起，吉林各界群众纷纷响应，连日集会宣传、游行示威、募捐声援。在声援五卅运动的过程中，吉林人民还开展了抵制日货、提倡国货的爱国运动，使日货遭到抵制，国货一时大振。

吉林省民众声援五卅运动的斗争，是在中国共产党领导下进行的，是一次有组织的爱国斗争。这场斗争唤起了吉林广大民众的爱国热情，"并从此揭开了中国共产党直接领导吉林人民进行革命斗争的历史新篇章"[①]。

第三，推动和领导反帝斗争。

在国民革命运动的影响和推动下，吉林广大民众持续掀起反帝斗争。拒日临江设领斗争是吉林各界群众反对日本帝国主义的代表性斗争，掀起了吉林反日爱国斗争的又

---

① 中共吉林省委党史研究室：《中国共产党吉林历史》第一卷，中共党史出版社 2021 年版，第 48 页。

一高潮。

日本对在临江设立领事分馆一事蓄谋已久。1922年，日本即企图在临江设立所谓"保护侨民"的保民会，遭到严词拒绝。之后，日本还屡次尝试在临江设立领事分馆，亦被拒绝。1926年，日本在临江周围进行一系列阴谋策划活动。1927年，日方先是诈称日本已经获得在临江设立领事分馆的许可，又企图以邮寄公函的形式制造临江领事分馆业已成立的所谓"事实"，遭到东边道道尹公署的严词拒绝。临江县知事张克湘意识到问题的严重性，立即号召各界反对日本的无耻行径，保卫国土。临江各界民众获悉后，立即奋起抵制。拒日临江设领斗争迅速波及东北各地。消息传到柳河后，中共柳河小组立即召开会议，发起行动，揭露日本阴谋，呼吁民众反日，有力地声援了临江人民的反日斗争。同时也得到了全国各地的声援和各阶层民众的支持。

坚持半年后，拒日临江设领斗争取得胜利。这次斗争沉重打击了日本侵略者的嚣张气焰，大长了吉林人民的爱国斗志，显示了中华民族团结御侮的巨大力量。

第四，推动和领导反军阀斗争。

1925年，奉系军阀对东北民众革命斗争的镇压日甚一日，激化了广大民众的不满情绪，东北爆发了大规模的反奉运动，奉系军阀内部剧烈分化。

中国共产党十分关注北方地区的反奉形势。1925 年 10 月 20 日，中国共产党发表《中国共产党中国共产主义青年团对反奉战争宣言》，指出"反奉战争已经开始了""反奉的空气比去年反直的空气浓厚百倍""反奉运动是全国民众的""爱国的民众是反奉大潮中之主潮"，号召全国民众"站在反奉运动之主体的地位，组织人民自卫军，积极地参加战争"①。

中国共产党十分重视郭松龄反奉事件。在轰轰烈烈的国民革命运动的影响下，奉系军阀中具有进步思想的先进分子——少壮派将领郭松龄公开举起反奉旗帜，同冯玉祥部停战，倒戈反奉，直逼沈阳。1925 年 12 月 1 日，中国共产党发表《中国共产党中国共产主义青年团告全国民众》，指出"现在已经到了紧急的难关了"，号召"全国革命的民众及革命的国民党不犹豫的起来夺取政权"②。12 月 2 日，中国共产党发出《中央通告第六十六号》，指出"奉军内变，时局将急转""目下各地民众的示威运动非常重要"③。12 月 20 日，中国共产党发表《中共中央、共青团中央为日本出

① 中央档案馆编：《中共中央文件选集》第一册（1921—1925），中共中央党校出版社 1989 年版，第 518—519 页。
②《中国共产党中国共产主义青年团告全国民众》，《向导》1925 年 12 月 10 日。
③ 中央档案馆编：《中共中央文件选集》第一册（1921—1925），中共中央党校出版社 1989 年版，第 531 页。

兵干涉中国告全国民众书》，指出："全中国人，任何阶级的中国人，都应该起来参加此次由反奉而反日的运动，以保全中国国家的领土主权与民族自由。"①

郭松龄反奉事件发生前，中国共产党已经为动员郭松龄反奉做了很多工作。郭松龄反奉事件发生后，北方区执委遵从中共中央指示，为策应郭松龄反奉做了大量工作。北方区执委派朱霁青秘密回东北开展宣传和组织工作，以配合郭松龄反奉。朱霁青到达东北后，很快与中共东北地区党组织取得联系。在中共东北地区党组织的支持下，朱霁青很快便组建了东北国民自治军司令部，并吸收吉林城防司令李忠选等奉军将校加入其中。中共东北地区党组织还通过舆论宣传、政治动员、军事侦察、募捐援助等方式给郭松龄部以支持。在郭松龄挥师沈阳之际，中共东北地区党组织和东北国民自治军司令部在奉天、吉林、黑龙江积极组织暴动，阻碍奉军行动，支援郭军作战。在郭军步步胜利、奉军节节败退之际，日本出兵援助张作霖，最终打败郭松龄。

郭松龄反奉行动失败后，张作霖立即残酷镇压革命运动，大肆搜捕参加反奉斗争的共产党员和国民党员。朱霁

① 中共中央文献研究室、中央档案馆编：《建党以来重要文献汇编》第二册（1921—1949），中央文献出版社2011年版，第627页。

青闻讯撤离，陈作霖、陈晦生、任国桢等共产党员被捕入狱，许多共产党员被通缉，中共东北地区党组织遭受严重挫折。

（三）吉林党组织的壮大

大革命失败后，东北的革命形势同全国一样转入低潮，中共东北党组织在奉系军阀的血腥镇压下，屡遭重创，损失惨重。但是，东北地区的共产党人并没有被艰难的斗争形势所吓倒，他们积极发动人民群众，努力积蓄革命力量，坚持领导革命运动，着力开展武装斗争，同敌人进行不屈不挠的英勇斗争，使东北地区革命斗争的星火不灭，红旗不倒。

为适应东北革命斗争需要，中国共产党建立了中共满洲省临委（1928 年 9 月改为中共满洲省委员会[①]），在发动工农运动、开展反日斗争等方面进行了积极探索和大胆尝试。在中共满洲省临委、中共满洲省委的领导下，吉林党组织得到了发展，壮大了力量，扩大了影响。

1.中共满洲省临委的建立

中共中央很早就要求在东北建立党的统一领导机构。李大钊牺牲、北方区执委被破坏、中共东北地区党组织失去统一领导后，这种要求变得更加迫切。

1927 年 5 月 18 日,中央政治局常委召开东北工作会议,

---

① 简称"中共满洲省委"。

讨论如何加强东北党务工作的问题。会议决定成立满洲省委,指派邓鹤皋等富有斗争经验的干部前往东北开展工作。邓鹤皋到达东北后,立即为建立满洲省委做准备。7月,邓鹤皋不幸被捕,筹建满洲省委的工作被迫搁置。

八七会议后,中共中央决定成立中共中央北方局(简称"北方局"),领导山西、顺直、满洲等地的党组织。9月,北方局派陈为人前往东北,主持筹建中共满洲省委的相关工作。陈为人到达东北后,立即与吴丽石取得联系。在陈为人与吴丽石的精心筹划下,东北地区党的活动分子会议(即东北地区第一次党员代表大会)于10月24日在哈尔滨正式召开。大会重点传达八七会议精神,通过了《我们在满洲的政纲》《满洲农民运动决议案》《满洲工人运动决议案》等纲领性文件,从工人运动、农民运动、党的建设等方面进行了科学总结,指明了东北革命斗争的发展方向。大会选举产生了中共满洲省临委,陈为人任书记兼宣传部部长,吴丽石任组织部部长兼农运部部长,王立功任工运部部长,胡步三任军委书记,韩慧芝负责妇女工作。中共满洲省临委建立之初由北方局领导。北方局书记王荷波、军委书记段百川等人被捕牺牲后,北方局被迫取消,中共满洲省临委改由中共中央直接领导。

中共满洲省临委一经建立,立即发出《中共满洲省临委临字通告第一号》，要求东北各地同志立即改组、恢复中共东北地区党组织；切实执行中共满洲省临委的决议精神；确定东北党组织"最主要的工作是工农民军事运动"，责成"各地党部必须全体动员，努力此三项工作"①。

中共满洲省临委自建立之日起，即"担负了满洲一切工作的指导"②，成为东北地区革命斗争的领导核心。中共满洲省临委的建立，极大地鼓舞了东北地区共产党员的革命斗志，有力地推动了东北革命运动的发展。

2. 中共满洲省委的建立

1928 年，中共满洲省临委派唐宏经、张任光、朱秀春、于治勋、王福全五人前往莫斯科，参加中共六大。

为切实贯彻中共六大精神，统一中共东北地区党组织的思想和步调，推动东北革命运动的发展，1928 年 9 月，中共满洲省临委组织召开东北地区第三次党员代表大会。唐宏经、张任光传达了中共六大精神。大会系统回顾了中共满洲省临委在政治路线上的实践，强调中共东北地区党组织既要"反对过右的倾向"，又要"反对过左③的倾向"，

---

① 中央档案馆、辽宁省档案馆、吉林省档案馆、黑龙江省档案馆编：《东北地区革命历史文件汇集》甲 1，1988 年版，第 172 页。
② 中央档案馆、辽宁省档案馆、吉林省档案馆、黑龙江省档案馆编：《东北地区革命历史文件汇集》甲 1，1988 年版，第 182 页。
③ 原文如此，"过左"应为"左"。——引者注。

中共满洲省委机关旧址——哈尔滨市南岗区光芒街 40 号
（原小戎街 2 号）

指出"革命高潮之到来是不可免的""目前的中心任务是夺
取成千上万的群众在党的周围，以准备并促进革命高潮之
到来"①。大会决定将中共满洲省临委改组为中共满洲省委，
陈为人任省委书记，唐宏经任宣传部部长，吴丽石、王立功、
韩慧芝的职务不变。大会对中共东北地区党组织的前途充
满信心，认为东北地区"党的基础虽然很小，但分布地方很
多，产业工人的支部已有建立，若能切实工作，党员的数

---

① 中央档案馆、辽宁省档案馆、吉林省档案馆、黑龙江省档案馆编：《东北
地区革命历史文件汇集》甲 2，1988 年版，第 175—176 页。

量和质量发展的前途,不是十分困难的"①。东北地区第三次党员代表大会是中共东北组织史上的一次重要会议,基本统一了中共东北地区党组织的思想和步调,标志着中共东北地区党组织在路线上有了重大转变,东北革命形势逐步由被动转为主动。

中共满洲省委成立后,积极开展革命工作,领导革命斗争,扩大中国共产党的影响,促进东北革命形势的转变。在中共满洲省委的积极努力下,吉林党组织有了新的发展。

3.吉林党组织的进一步发展

第一,中共吉长区委的建立。

中共满洲省临委一经建立,立即开始着手开展"举行改组或恢复组织"②的工作。根据吉林省革命斗争的实际情况,中共满洲省临委决定整顿吉林、长春的党组织,使之成为吉林、长春等地革命斗争的领导中枢。

1927年11月,中共满洲省临委决定筹建统一领导吉林、长春党组织的组织机构,指派中共吉林县支部书记陈益仁前往长春进行准备。经过一段时间的紧张筹备,11月6日,中共吉长区委员会(简称"中共吉长区委")于长春正式建

① 中央档案馆、辽宁省档案馆、吉林省档案馆、黑龙江省档案馆编:《东北地区革命历史文件汇集》甲2,1988年版,第203页。
② 中央档案馆、辽宁省档案馆、吉林省档案馆、黑龙江省档案馆编:《东北地区革命历史文件汇集》甲1,1988年版,第172页。

立，共有成员 5 人，陈益仁任书记。中共吉长区委下设组织部门和宣传部门，刘立名、萧丹峰分别任组织部部长和宣传部部长。中共吉长区委隶属中共满洲省临委，"共有支部四①，同志十九人"②。

中共满洲省临委对中共吉长区委所做的工作非常认可，并给予高度评价。1927 年 12 月，陈为人在向中共中央汇报中共满洲省临委的实际情况时指出："吉长区的同志的好处，就是能负责与积极，同志虽然是少，但在工人中是有相当作用的。"③

第二，中共吉长县委的建立。

1927 年 12 月，陈为人在向中共中央汇报中共满洲省临委的工作情况时便指出："长春、吉林已成立一区委（以后当成立县委）。"④12 月 24 日，中共满洲省临委在《中共满洲省临委关于目前工作计划决议案》中对东北地区党的组织工作做了系列重要部署，指出"长春因要兼指挥吉长沿

---

① 中共吉长区委所属支部数存在争议：陈为人、陈益仁、萧丹峰有"四个支部说"，刘立名有"五个支部说"。
② 中央档案馆、辽宁省档案馆、吉林省档案馆、黑龙江省档案馆编：《东北地区革命历史文件汇集》甲 1，1988 年版，第 208 页。
③ 中央档案馆、辽宁省档案馆、吉林省档案馆、黑龙江省档案馆编：《东北地区革命历史文件汇集》甲 1，1988 年版，第 209 页。
④ 中央档案馆、辽宁省档案馆、吉林省档案馆、黑龙江省档案馆编：《东北地区革命历史文件汇集》甲 1，1988 年版，第 208 页。

路、中东路、吉林省城等地的工作，亦应即改为县委"①，决定将中共吉长区委改组为中共吉长县委。1928 年 1 月，中共吉长区委遵循中共满洲省临委的精神，改组为中共吉长临时县委②，刘立名任书记。中共吉长临时县委仍然隶属中共满洲省临委。

中共吉长临时县委建立不久便遭到严重破坏。1928 年 1 月底，刘立名受中共满洲省临委委派前往上海参加全国工人代表大会，不幸被捕。2 月初，刘立名无耻叛变，将其所掌握的有关中共东北地区党组织的核心机密向敌人和盘托出。敌人依据他的口供，对吉林、长春、哈尔滨、奉天等地进行了大肆搜捕和疯狂破坏。中共吉长临时县委遭受严重挫折，被迫停止活动。

第三，中共东南特委的建立。

在奉系军阀的残酷统治和无情打击下，农民走投无路，被迫进行反抗。东边道③地区的大刀会农民运动就是在此背景下兴起的。

---

① 中央档案馆、辽宁省档案馆、吉林省档案馆、黑龙江省档案馆编：《东北地区革命历史文件汇集》甲 1，1988 年版，第 228—229 页。
② 中共吉长临时县委即中共吉长县委。参见《中共吉长县委新决议案》，载中央档案馆、辽宁省档案馆、吉林省档案馆、黑龙江省档案馆编《东北地区革命历史文件汇集》甲 1，1988 年版，第 334 页。
③ 奉系军阀统治时期，东边道辖海龙（今梅河口）、辉南、柳河、通化、临江、长白、安图、抚松、辑安（今集安）、安东（今丹东）、桓仁、兴京、宽甸、凤城、抚顺、本溪、岫岩、庄河、复县、金县等 20 县，属奉天省。

中共满洲省临委认为大刀会是"农民自卫的原始的组织"①，十分关注大刀会农民运动的发展，要求中共东北地区党组织"必须加以指导""万不可袖手旁观"②，责成东边道一带的同志们积极"建立党的指导机关与发展党支部的组织""发展农民广大的组织，发展党的广大组织"③。

鉴于"东边道工作急迫而且重要"，1928 年 1 月，中共满洲省临委组织召开东北地区第二次党员代表大会，决定"成立特委""指导农运、匪运④ 发展党的各种工作"⑤。2 月，中共满洲省临委派苏子元与李大畏前往柳河组建特委。他们到达柳河后，很快便与中共柳河县特支的甄绍泉、李别天等人接上组织关系。随后，苏子元等人在中共满洲省临委的指示下，以柳河特支为基础，建立了中共东南特别委员会（简称"中共东南特委"）。5 月苏子元离开后，中共东南特委内部变得松散。7 月，中共满洲省临委决定撤销中共东南特委。8 月，中共东南特委正式被撤销。

① 中央档案馆、辽宁省档案馆、吉林省档案馆、黑龙江省档案馆编：《东北地区革命历史文件汇集》甲 1，1988 年版，第 183 页。
② 中央档案馆、辽宁省档案馆、吉林省档案馆、黑龙江省档案馆编：《东北地区革命历史文件汇集》甲 1，1988 年版，第 183 页。
③ 中央档案馆、辽宁省档案馆、吉林省档案馆、黑龙江省档案馆编：《东北地区革命历史文件汇集》甲 2，1988 年版，第 56、59 页。
④ 东边道一带的土匪多数是走投无路的破产农民，当时称对这一群体的争取改造工作为"匪运"。
⑤ 中央档案馆、辽宁省档案馆、吉林省档案馆、黑龙江省档案馆编：《东北地区革命历史文件汇集》甲 1，1988 年版，第 362 页。

第四，中共延边区委的建立。

1928 年 1 月，延边地区的进步报纸《民生报》到奉天省招聘编辑。中共满洲省临委为在延边地区顺利开辟党的工作，决定派周东郊前往延边应聘编辑一职。周东郊经人介绍，顺利成为《民生报》编辑。周东郊到达民生报社所在地龙井村后，以民生报社为阵地，在延边地区积极开展党的工作。

1928 年初，吉林省教育厅招聘北平（今北京）香山慈幼院师范班四十余名毕业生到延边各地学校任教。这些毕业生中有十余名共产党员和几名共青团员。他们的到来，为延边地区建党工作的开展做了重要准备。

1928 年 6 月，毕业生中的刘建章等人与周东郊取得联系。7 月，周东郊向中共满洲省临委汇报刘建章等人的基本情况，建议中共满洲省临委以他们为基础，开辟延边地区的建党工作。中共满洲省临委同意这一建议。在刘建章等人的紧张筹备下，延边地区迅速建立 7 个支部。为方便对延边地区党组织进行统一领导，8 月，周东郊等人遵照中共满洲省临委的指示，建立中共延边区委，周东郊任书记。中共延边区委建立后，很快又建立 2 个支部。考虑到中共延边区委组织力量分散，不利于工作的开展，周东郊请求中共满洲省委增调干部，加强中国共产党对延边地区党组织的统一领导。中共满洲省委采纳原中共东南特委书记苏子元的意见，派孙绶生、李别天前往延边。10 月，孙绶生、李别天到达延边后，立即着手改组中共延边区委。改组后的中共延边区委隶属中共满洲省委，辖有 9 个支部，党员22 人^①。在中共延边区委的坚强领导下，延边地区党组织的工作取得很大进展。

1928 年 12 月东北易帜后，国民党在东北大肆逮捕共产党员，破坏革命斗争。1929 年 1 月，周东郊被捕。在白色恐怖的笼罩下，孙绶生、李别天也被迫撤离中共延边区委所在地龙井村，中共延边区委遭到严重破坏。值此关键时刻，刘建章挺身而出，继任中共延边区委书记。不久，刘建章也被捕。随后，赵志刚继任中共延边区委书记。但是，由于敌人监视严密，中共延边区委最终还是被迫停止活动。

第五，中共东满特委的建立。

1930 年 7 月 21 日，中国共产党发出《中央通告第八十四号》，指出 ："各省须成立行动委员会，以集中力量来发动目前的工作。"^②8 月，中央总行动委员会成立。同月，中共满洲省委根据中共中央的指示精神建立满洲总行动委

---

① 中共吉林省委组织部、中共吉林省委党史研究室、吉林省档案馆编：《中国共产党吉林省组织史资料》，吉林人民出版社 1994 年版，第 35 页。
② 中央档案馆编：《中共中央文件选集》第六册（1930），中共中央党校出版社 1989 年版，第 174 页。

员会（简称"满洲总行委"）。与此同时，中共满洲省委被撤销①。9月，满洲总行委决定"组织东满特委，直接指挥布置各县的工作"②。10月，中国共产党东满特别行动委员会（简称"中共东满特委"）成立，廖如愿任书记。中共东满特委建立后，立即着手组建当地县委。不久，中共东满特委便组建汪清县委、珲春县委和安图县委等，并将延和县委分为延吉、和龙两个县委，推动革命发展。

中共东满特委的建立极大地壮大了中共东北地区党组织的力量。据1931年3月末统计，中共东满特委已有共产党员636人③；据1931年4月统计，中共东满特委的共产党员增长到696人④。

中共东满特委的创建，中共东满地区党组织的发展，有力地促进了东满地区革命斗争的发展，为中国共产党在东满地区的长足发展奠定了坚实基础。

第六，中共南满特委的建立。

---

① 1930年9月，中共中央决定停止执行组织全国总起义并要求撤销各级行动委员会，恢复各级党、团、工会的独立组织和经常工作，11月撤销满洲总行动委员会和各级行动委员会，恢复中共满洲省委。

② 中央档案馆、辽宁省档案馆、吉林省档案馆、黑龙江省档案馆编：《东北地区革命历史文件汇集》甲5，1988年版，第226页。

③ 中共吉林省委党史研究室：《中国共产党吉林历史》第一卷，中共党史出版社2021年版，第107页。

④ 中共吉林省委组织部、中共吉林省委党史研究室、吉林省档案馆编：《中国共产党吉林省组织史资料》，吉林人民出版社1994年版，第37页。

　　为了统一指挥南满地区的革命斗争，1930年9月，满洲总行委在听取南满各地的巡视报告以后，认为"南满各地的革命客观条件一般的已经成熟""决定组织南满特别行动委员会①②"，中共南满特委就此成立。中共南满特委下辖5个县委和2个特支，有共产党员200人③。中共南满特委机关最初设在磐石，后迁至吉林。1931年8月，中共南满特委撤销。

　　中共南满特委建立后，积极发展中共南满地区党组织，坚持领导群众开展革命斗争，促进南满地区党员队伍的扩大，为中国共产党培养大批骨干，为南满地区党的事业的发展奠定了基础。

　　第七，长春、吉林党组织的恢复和发展。

　　1928年2月刘立名被捕叛变后，中共吉长地区党组织遭到前所未有的破坏，很长一段时间内都没有得到恢复。中共满洲省临委、中共满洲省委十分重视中共吉长地区党组织的恢复和发展。1929年夏，牛嗣玉、张甦生夫妇受中共满洲省委委派前往长春，着手开展长春党组织的恢复工作。在生活无着的情况下，张甦生靠沿街乞讨维持生计，

---

① 简称"中共南满特委"。
② 中央档案馆、辽宁省档案馆、吉林省档案馆、黑龙江省档案馆编：《东北地区革命历史文件汇集》甲5，1988年版，第241、254页。
③ 中共吉林省委组织部、中共吉林省委党史研究室、吉林省档案馆编：《中国共产党吉林省组织史资料》，吉林人民出版社1994年版，第30页。

牛嗣玉在满洲制油株式会社（亦称"长春油坊"）找到一份差事。牛嗣玉安顿好后，开始着手恢复中共长春地区党组织。随后，中共满洲省委又派遣张义民前往长春协助牛嗣玉开展工作。9月，在牛嗣玉的积极努力和张义民的密切配合下，中共长春油坊特别支部在长春油坊正式建立，牛嗣玉任书记。中共长春地区党组织部分恢复后，积极开展党的工作，组织工人罢工，坚持革命斗争。

1928年中共吉长临时县委遭到破坏后，仍有个别共产党员不畏牺牲、坚持斗争。1929年7月，中共满洲省委巡视员帮助之前失掉联系的3名共产党员恢复了组织关系。1930年3月，中共吉林特别支部（简称"中共吉林特支"）

中共吉林特支第二交通站旧址

正式成立。8 月，中共满洲省委在中共吉林特支的基础上建立中共吉林临时县委员会（简称"中共吉林临时县委"）。10 月，中共吉林临时县委改组为中共吉林县委。

长春、吉林党组织的恢复和发展极大地鼓舞了吉林各界民众的革命斗志，推动了吉林革命运动的发展。

第八，在吉林省活动的朝鲜共产主义者加入中国共产党。

1928 年 8 月 29 日，共产国际第六次代表大会通过的新修正的《共产国际章程》指出："加入共产国际的各政党定名为某某国共产党（共产国际支部）。每一国家只能有一个共产党加入共产国际并成为它的支部""共产国际各支部的成员，须经所在支部的中央委员会批准，方能移居他国。共产党员移居他国后，应即加入该国的支部。"① 此即世界各国共产党均须严格执行的"一国一党"原则。

中国共产党、朝鲜共产党同为共产国际的支部。1928年，朝鲜共产党因内部"派争"问题，呈现瓦解状态。12 月，共产国际决定重建朝鲜共产党。由于朝鲜国内外反动势力的严重破坏，朝鲜共产党未能重建。随后，分散在中国各地的朝鲜共产主义者开始按照"一国一党"原则加入中国共产党。

---

① 贝拉·库恩编、中国人民大学编译室译：《共产国际文件汇编》第一册，生活·读书·新知三联书店 1965 年版，第 74、80 页。

　　中共满洲省委为接受朝鲜共产主义者加入中国共产党做了大量准备。1929 年秋，中共中央派已加入中国共产党的原朝鲜共产党人吴成仑（全光）等人前往东北开展调查研究和理论宣传工作。吴成仑等人到达东北后，吸收朴允瑞等旅华朝鲜共产党人加入中国共产党。1930 年 1 月和 3 月，中共满洲省委先后在哈尔滨和吉林召集联席会议，研究旅华朝鲜共产党人加入中国共产党的工作。1931 年 5 月 26 日，中共满洲省委常委会议审议通过《中共满洲省委关于满洲韩国民族问题决议案》，对"中韩同志编入一个支部问题""派韩国同志回国工作问题"①做出重要指示。此后，中共满洲省委还做了大量工作。

　　经过一系列努力，朝鲜共产党人基本统一了认识，决定以个人名义加入中国共产党。朝鲜共产主义者的加入极大地充实了吉林党组织的力量，为吉林地区革命斗争的发展奠定了坚实的基础。

　　吉林党组织为吉林早期革命斗争的发展做出了不可磨灭的历史贡献。吉林党组织建立后，在吉林省毅然举起反帝反封建的革命大旗，把吉林人民的革命斗争引上正轨，促进了吉林革命运动空前发展，推动了吉林革命斗争

---

① 中共延边州委党史研究室编：《东满地区革命历史文献汇编》下册，1999 年版，第 1084—1085 页。

取得历史性突破，揭开了吉林人民革命斗争的新篇章，为九一八事变后中国共产党建立东北抗日联军（简称"东北抗联"）等人民抗日武装奠定了坚实的组织基础。

二、日本发动九一八事变与殖民统治

日本帝国主义为了实现征服中国，进而称霸亚洲和世界的野心，于1931年9月18日发动了骇人听闻的九一八事变，点燃侵略战火，并迅速占领中国东北。东北沦陷后，日本侵略者为了变东北为其完全殖民地和进一步侵略扩张的后方基地，从军事、政治、经济、文化、教育等各个方面对东北进行残酷的殖民统治。

（一）日本侵略者的侵华阴谋与九一八事变的爆发

日本帝国主义对侵华蓄谋已久。19世纪末20世纪初，日本侵略者先后发动甲午战争和日俄战争等侵略战争，为日本攫取许多不正当利益，使得日本军国主义进一步发展，侵略扩张欲望进一步膨胀。

日本觊觎东北由来已久。1868年日本明治维新以降，日本便把中国东北作为侵略扩张目标。明治初年，日本明治政府就制定先侵占朝鲜和东北，再侵占全中国，进而称霸亚洲的所谓"明治遗策"，将侵占东北视作日本侵略扩张的重要目标。1894年，日本侵略者发动甲午战争。翌年，日本强迫清政府签订《马关条约》，无耻地侵占中国的辽东半岛、台湾、澎湖列岛等地。后因"三国干涉还辽"，日本侵占辽东半岛的计划没有实现。1905 年，日俄战争爆发。几经较量，俄国战败。随后，日本与俄国签订《朴次茅斯和约》,将中国东北南部强行划为自己的独占势力范围。此后，日本不断向东北渗透，并着手建立南满洲铁道株式会社（简称"满铁"）①、关东都督府②、驻奉天总领事馆③等殖民统治机构，为日后中日冲突埋下祸根。与此同时，以张作霖为首的奉系军阀为了自身发展，不惜出卖东北利益，使得日本在东北的侵略势力日益扩大。

1929 年，世界性经济危机席卷整个资本主义社会，日本也不例外。为了摆脱经济危机，转移国内矛盾，日本决定制造事端，武力侵占东北。

---

① "南满洲铁道株式会社"即"南满洲铁道股份公司"，简称"满铁"，是日本于 1906 年 6 月在中国东北设置的殖民侵略机构，是日本推行侵华政策的重要工具。"满铁"以经营铁路和煤炭为中心，同时兼管其他各项事业。
② 官署名。日本于 1906 年 6 月在中国东北设置的殖民政权。关东都督府置关东都督，管辖"关东州"军事行政，兼掌保护监督"满铁"之业务。1919 年，关东都督府分为关东厅和关东军司令部两部分，分置关东长官及关东军司令，实行所谓"军民分治"。1945 年 8 月，关东军被消灭，日本战败，关东厅也随之撤销。
③ 日本于 1906 年 6 月在中国东北设立的又一套殖民机构。日本驻奉天总领事馆负责处理日本在中国东北的全部外交事务，节制设在东北的三个总领事和八个领事馆，实际上是日本政府派驻中国东北的外交总办事处。从 1906 年 6 月设立，到 1939 年 1 月闭馆。

南满洲铁道株式会社

1931 年上半年，日本政府及其在东北设立的殖民机构对武装侵占东北进行了一系列部署。9 月 18 日，日本关东军按照原定计划，自行炸毁沈阳北郊柳条湖附近南满铁路的一段路轨，反诬中国军队所为，以此为借口，悍然突袭中国军队驻地北大营和沈阳城。这就是九一八事变。"九一八事变的爆发把日本侵华史，同时也把中国人民的抗日战争史推向了一个新的阶段。"①

—————————

① 武寅、步平、胡德坤等：《笔谈：九一八事变与中日关系史研究》，《抗日战争研究》2011 年第 4 期。

柳条湖铁路

（二）东北沦陷与日本侵略者对东北的残酷殖民统治

1. 东北沦陷

九一八事变爆发前，日本帝国主义已在东北屡造事端，制造反华舆论，为侵略东北找借口，战争迹象十分明显。国民党政府对日本侵华早有预感，却无行动。九一八事变爆发前不久，东北当局已得密报，东北军将领王以哲决定率部抵抗。但是，蒋介石三令五申，禁止东北军抵抗，王以哲部只能服从命令。九一八事变第二天，日军便占领沈阳。日军占领沈阳后，继续扩大侵略范围，持续进行军事侵略。至1932年2月，短短四个多月，东北就沦为日本的占领地。

面对日本公然侵华，国民党政府采取妥协退让的方针。九一八事变爆发后，国民党政府一方面继续坚持"攘外必先安内"的错误方针，高呼"危害民族生存之赤匪，必须根本铲除"①"先清内匪再言抗日"②，责令东北军"绝对抱不抵抗主义"③；另一方面把希望寄托于国际联盟④（简称"国联"）的调停上，"要求国人镇静忍耐""依赖国联公理处断"⑤。结果是，日本更加肆无忌惮地进行侵略扩张，而国联却"没有采取真正反对日本帝国主义的办法"⑥。在国联做出关于责令日本限期撤兵的决议后，日本断然拒绝，"坚决表示不愿把已归私有的满洲拿出来共管"⑦，决定退出国联。国联也无可奈何。

2. 日本侵略者对东北的残酷殖民统治

日本占领东三省后，为了变东北为其殖民地和进一步

①《中央电粤请共赴国难》，《中央日报》1931 年 9 月 21 日。

②秦孝仪主编、中华民国重要史料初编编辑委员会编：《中华民国重要史料初编——对日抗战时期绪编》第三册，中国国民党中央委员会党史委员会 1981 年编印，第 35 页。

③《张副司令报告暴日入寇东省经过》，《民国日报》1931 年 9 月 27 日。

④国际联盟，亦称国际联合会，是第一次世界大战后建立的国际组织，总部设在日内瓦。第二次世界大战爆发后，国际联盟于无形中瓦解。

⑤秦孝仪主编、中华民国重要史料初编编辑委员会编：《中华民国重要史料初编——对日抗战时期绪编》第一册，中国国民党中央委员会党史委员会 1981 年编印，第 281 页。

⑥《中国民族武装自卫委员会为对日作战宣言》，《红色中华》1934 年 9 月 21 日。

⑦《国际联盟通过共管满洲的报告书》，《红色中华》1933 年 3 月 3 日。

侵略扩张的后方基地，对东北进行残酷的殖民统治。

九一八事变后，日本关东军经过反复开会商讨，决定实行"建立傀儡政权，即脱离中国本土的所谓独立国家"①的方案。为实现这一方案，日本侵略者进行一系列活动。第一步是先成立各级伪政权，扶植汉奸。1931 年九一八事变爆发后至 1932 年伪满洲国建立前，日本在东北四省②全部拼凑起了伪政权，为建立伪满洲国打下了基础。

与此同时，日本关东军派遣土肥原贤二前往天津，以帮助溥仪重新登基为借口，说服溥仪参加日本建立伪满洲国的计划。溥仪被复辟欲望所驱使，同意了这一计划。1931 年 11 月 10 日，溥仪被日本关东军从天津挟持到大连。1932 年 2 月 16 日，日本关东军召开伪满洲国"建国会议"。2 月 17 日，日本关东军组织成立伪东北行政委员会，负责筹划建立伪满洲国的具体事宜。同日，日本关东军以伪东北行政委员会的名义发表宣言，宣布由"东北四省和一个特别行政区及蒙古各王公"组成"东北行政委员会"，"从此与国民党政府脱离关系"，"东北省区完全独立"③。随后，日本

---

① 王秀鑫、郭德宏主编：《中华民族抗日战争史》，中共党史出版社 2005 年版，第 33 页。

② 东北四省指当时中国东北部的辽宁、吉林、黑龙江、热河四省。热河省现分别划入河北省与内蒙古自治区。

③ 陈觉编：《九一八后国难痛史》上册，辽宁教育出版社 1991 年版，第 695 页。

关东军又以"东北行政委员会"的名义发表"新国家建国方案"，对即将成立的伪满洲国的"执政""国旗""首都"等做了规定。

经过几个月的筹备，1932 年 3 月 1 日，日本关东军举行伪满洲国"开国典礼"，发表伪满洲国"建国宣言"，宣布伪满洲国正式成立。溥仪于 3 月 6 日从旅顺出发，于 3 月 8 日到达长春。3 月 9 日，溥仪参加"就职典礼"，在一批日本官员和汉奸走狗的簇拥下粉墨登场，就任伪满洲国"执

1932 年 3 月 9 日，在日本关东军的策划、安排下，溥仪在原吉长道尹衙门举行"就职典礼"，就任伪满洲国"执政"。年号"大同"，将长春改名为"新京"，定为伪国都

政"。翌日，溥仪公布日本关东军拟定的伪满洲国政府成员名单，并与日本签订一份损害中国人民根本利益的密约，把伪满洲国的核心权力全部交予日本关东军，这充分说明伪满洲国是一个十足的傀儡政权。

1932 年 9 月 15 日，日本在长春上演了一场"正式承认"伪满洲国的丑剧。当日，日本与伪满洲国签订《日满议定书》，声称"满洲国是一个根据居民意思而自由成立的独立国家"，并就巩固"日满两国""睦邻关系"做出相关规定①。这样，日本便完成了"正式承认"伪满洲国的"正当法律程序"，确定了伪满洲国是日本的殖民地、日本是伪满洲国的宗主国的地位。这无疑为日本扩大侵华战争提供了重要的后方基地。

伪满洲国成立后，日本侵略者从军事、政治、经济、文化教育等各个方面加强了对东北的殖民统治。

在军事上，日本侵略者依仗先进的武器和军事技术，对中国进行武力威胁，强化武装占领，推进侵略进程。伪满洲国成立之时，东三省皆已沦为日本的占领地。东三省沦陷后，日本侵略者疯狂屠杀东北人民，血腥镇压东北人民的反侵略斗争，巩固其对东北的统治。日本侵略者除了派关东军在东北各地驻守外，还派日本的宪兵、特务和中

---

① 复旦大学历史系日本史组编译：《日本帝国主义对外侵略史料选编1931—1945》，上海人民出版社 1975 年版，第 68 页。

国的汉奸、伪警察等遍布在东北各城乡，实行残暴的黑暗统治，动辄以"反日""抗日"为罪名屠杀东北人民。伪满洲国成立后，这种黑暗统治更加恐怖，大规模屠杀惨案不断发生，死在日本侵略者屠刀下的东北人民不计其数。

在政治上，日本侵略者通过实行保甲制、大搞"归大屯"、制造"无人区"等恶毒手段，强化政治控制。

实行保甲制。为实现对东北的严格控制，日本侵略者在东北普遍实行保甲制，以区为单位组织保，以村为单位

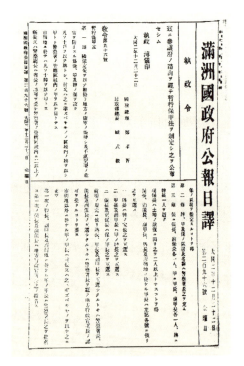

伪满《暂行保甲法》

组织甲，以十家为基础组织牌，保、甲、牌分别设保长、甲长、牌长。保甲制与连坐法相结合。保、甲、牌内各家以牌为基础实行连坐，一家犯法，九家同罪。在此背景下，东北人民动辄得咎，人人自危。

大搞"归大屯"。九一八事变后，不甘心沦为亡国奴的东北人民毅然揭竿而起，自发地组织起为数众多的抗日义勇军，打击日本侵略者。日本侵略者认为，民众"虽不敢持枪反抗我们[1]，却是培育匪贼之母体"，将东北抗日武装与东北民众的密切联系视作日军"从来在讨伐上得不到效果的最大原因[2]"。日本侵略者为了绞杀东北抗日武装的抗日斗争和割断东北抗日武装与东北人民的鱼水联系，大搞"归大屯"的恐怖政策，强迫居民由荒凉偏僻之地迁至开阔无山之地，组建所谓"集团部落"[3]。"集团部落"内驻有日伪武装，控制非常严格。"集团部落"里的民众被严密监视，活动受到限制，出入全凭"良民证"。这种政策首先从吉林省开始实行，之后又扩展到辽宁省、黑龙江省的广大地

---

[1] 即日军。

[2] 植田谦君：《关东军参谋部关于昭和十年秋季治安肃正工作概况（节录）》，载《东北抗日联军史料》编写组编《东北抗日联军史料》下册，中共党史资料出版社 1987 年版，第 811 页。

[3] 所谓"集团部落"，就是"日伪用烧房、枪杀等手段，强迫分散居住的农民群众到指定的地点，组成由日伪军警直接控制下的大村落"。参见军事科学院军事历史研究部：《中国抗日战争史》上卷，解放军出版社 2005 年版，第 424—425 页。

区。据不完全统计，至 1938 年，日伪在东北各地共建立 12500 多个"集团部落"[①]。

制造"无人区"。日本侵略者坚决推行保甲制、"归大屯"等残酷政策以及实施所谓"治安肃正计划"，命令汉奸、伪警察配合日伪当局残酷镇压、屠杀东北人民，制造"无人区"，毁坏民房，将居民赶入"集团部落"。数以万计的东北人民失去房屋、土地乃至生命。

日伪军残害我抗日军民

[①] 王秀鑫、郭德宏主编：《中华民族抗日战争史》，中共党史出版社 2005 年版，第 36 页。

在经济上，日本侵略者根据所谓"日满经济一体化"方针，完全操纵东北的经济命脉，并对其进行疯狂的掠夺。九一八事变后，"满铁"以办"参入公司"的形式，渗透到东北的金融、交通、工业、矿业等各经济领域。到1934年，这种公司已有57个之多[①]。日本侵略者通过控制东北的经济命脉，从而更加疯狂地掠夺东北的财富。

伪满洲国成立后，日伪当局在农村的掠夺日甚一日。为"掠夺民众所有的一切土地"，日本侵略者积极"组织自卫团抢劫当地居民""利用汉奸掠夺民众土地"[②]，侵占东北大量土地。此外，日伪当局还以"收买"为名义大肆掠夺东北的农村。同时，日伪当局强迫农民上缴农副产品，将东北视作日本的粮仓。同时，日本侵略者依靠强权，完全垄断东北的市场。伪满洲国成立后，日伪当局迅速控制东北的各个商埠、海关。日商进出口货物缴纳的税款大幅减少，许多日货免税，致使日货充斥整个东北市场。

在文化教育上，日本侵略者极力推行奴化教育，对东北人民进行精神麻醉，摧残东北人民的民族意识。

---

① 王秀鑫、郭德宏主编：《中华民族抗日战争史》，中共党史出版社2005年版，第37页。
② 《日本在满洲积极殖民》，《红色中华》1933年6月20日。

日本早期东北殖民"开拓团"招牌

　　控制教育机关。日本侵略者为了把东北人民调教成忠实的奴隶，极力推行奴化教育。"在教育的行政机关里，从所谓文教部一直到省，县，内部多是日本人作顾问，主持一切。"①

————————————

①《日本帝国主义统治下的满洲奴隶教育！》，《红色中华》1934年9月29日。

销毁革命书籍，捕杀革命学生。"学校的课程科目，是以日本文、孝经、四书、五经、'满洲国'史为主要课本，一切别的书籍都要检验焚烧""中国近百年史、地理等书"均成禁书。[1] 学生只准阅读符合日本侵略者奴化教育的古书与日文书，其他书籍一律不准阅读。若违规定，即被捕送至日本宪兵司令部，生死不定。或被关几月，或被处长期徒刑，或被处死刑。

进行麻醉宣传，欺骗东北人民。伪满洲国的"文教部"内遍设所谓"王道讲演团""灾区宣慰团"等组织，这些组织不时"外出宣讲""向民众大放烟雾弹"，宣扬"王道复兴""满日亲善""共存共荣"等欺骗性言论。[2]

日本侵略者推行奴化教育的险恶目的，是妄图从思想上解除东北人民的武装，以巩固其在东北的残暴统治。日本侵略者摧残中国文化，推行奴化教育，禁锢人民思想，极大地伤害了中国人民的民族情感，激起了中华民族的爱国情绪，从而使越来越多的中华儿女走上抗日道路。

日本侵略者的野蛮侵略和残酷统治，使东北抗日武装无法及时获取食物补给和武器弹药，生存遇到极大挑战，严重阻碍了东北抗日斗争的发展和中共抗日武装的建立和发展。

---

①《日本帝国主义统治下的满洲奴隶教育！》，《红色中华》1934 年 9 月 29 日。
②《日本帝国主义统治下的满洲奴隶教育！》，《红色中华》1934 年 9 月 29 日。

三、吉林民众的反日斗争

九一八事变点燃了中国人民的抗日情绪，掀起了全国范围内的反蒋抗日浪潮。英雄的吉林人民在亡国灭种的危机面前，毅然揭竿而起，投身抗日救国洪流，为反抗日本侵略、实现民族复兴，展开英勇的局部抗战，在中国抗战史上留下浓墨重彩的一笔。

（一）吉林民众投身抗日救国洪流

九一八事变爆发后，中国共产党立即表明抗日决心，擎起抗日旗帜，揭露日本侵略者的侵略阴谋，批判国民党政府的软弱态度，指明中国抗日斗争的方向，推动抗日救亡运动的发展。中国共产党号召"工人农民及一切被压迫民众自己武装起来，赶走日本帝国主义"[①]。九一八事变爆发后，中共中央接连发表《中国共产党为日本帝国主义强暴占领东三省事件宣言》《中国共产党为日帝国主义强占东三省第二次宣言》等宣言，做出《中共中央关于日本帝国主义强占满洲事变的决议》等决议，义正词严地谴责了日本侵略者的侵略行径。中共满洲省委也接连发表了《中共满洲省委为日本帝国主义武装占领满洲宣言》《中共满洲省委决议——关于日本帝国主义武装占据满洲与目前党的紧急任

---

① 伍豪：《日本帝国主义占领满洲与我党的当前任务》，《红旗周报》1931 年 10 月 21 日。伍豪即周恩来。

务》等系列文件。中共中央及其主要领导人指出：帝国主义侵华是帝国主义国家"扩张他们在华的统治利益"①的必然结果，日本帝国主义强占东三省"不过是帝国主义实际来瓜分中国的开端"②，不过是"捷足先登"③罢了，号召"中国工农兵劳苦群众"行动起来，"反对日本帝国主义强占东三省"④。据不完全统计，至 1931 年 10 月，中共满洲省委印发的关于日本强占满洲的宣传品有几百份："告青工群众百二十份""告韩国群众的（韩文）一百份""告日兵的（日文）一百份""告学生百二十份。"⑤ 通过中共满洲省委的广泛宣传和积极动员，东北地区的党、团员和广大民众听到了中国共产党的声音，了解了中国共产党的态度，反日情绪和抗日斗志异常高涨。

在中共中央和中共满洲省委的宣传和号召下，身受日军铁蹄践踏的东北各界民众逐渐从国民党政府的蒙骗中清醒过来，抛弃种种幻想，开始自觉地在中国共产党的旗帜下

---

① 《中国共产党为日本帝国主义强暴占领东三省事件宣言》，《红旗周报》1931 年 10 月 18 日。
② 项英：《反对帝国主义瓜分中国和推翻国民党的统治》，《红色中华》1931 年 12 月 28 日。
③ 《中国共产党为日本帝国主义强暴占领东三省事件宣言》，《红旗周报》1931 年 10 月 18 日。
④ 《中国共产党为日本帝国主义强暴占领东三省事件宣言》，《红旗周报》1931 年 10 月 18 日。
⑤ 中央档案馆、辽宁省档案馆、吉林省档案馆、黑龙江省档案馆编：《东北地区革命历史文件汇集》甲 9，1988 年版，第 223 页。

聚集起来，投身抗日救国洪流，反对日军侵华，支援东北抗战。

吉林党组织响应党中央的号召，广泛动员吉林人民，在吉林境内开展抗日救亡运动。九一八事变后，吉林境内的共产党员在吉林党组织的指导下，毅然挺身而出，走上街头，动员吉林民众，开展飞行集会，揭露日本罪行，宣传抗日工作。他们四处奔走，散发传单，张贴标语，积极参加反日斗争，投身抗日救国洪流。

东满地区的广大农民在中共东满特委的领导下，开展秋收斗争。在斗争中，中共东满特委除了领导农民争取"减租"外，还适时宣传抗日思想。在中共东满特委的领导下，农民开展夺取地主粮食、处决汉奸走狗等活动。通过斗争，东满部分地区实现减租要求，取得了可喜的成果。

南满地区的各界民众也纷纷投入反日斗争之中。磐石、桦甸、伊通等县的广大农民在中共南满党组织的领导下，也开展了秋收斗争。磐石县立中学的学生聚众演讲，游行示威，并开展抵制日货的活动。双阳中学师生也积极开展演讲、游行等反日活动。通过参加反日斗争，广大青年学生的思想觉悟得到提高。之后，磐石县立中学和双阳中学的一些学生还投笔从戎，参加东北抗日武装，用实际行动给日军以有力打击。

（二）吉林抗日义勇军的抗日斗争

九一八事变后，不愿沦为亡国奴的东北各阶层人民和部分东北军爱国官兵反对国民党政府的"不抵抗政策"，毅然揭竿而起，自发地组织起工农义勇军、反日义勇军、自卫军、救国军、红枪会、大刀会等为数众多的抗日武装，统称东北抗日义勇军。据统计，东北抗日义勇军在1932年全盛时期，总人数30万以上[①]。东北抗日义勇军中比较著名的领导人有马占山、苏炳文、李杜、王德林、冯占海、黄显声、唐聚五、王凤阁、邓铁梅等，他们多是东三省的军、警界人士，他们高举抗日义旗，掀起声势浩大的反日浪潮和轰轰烈烈的抗日斗争，给予日军以沉重打击，揭开了东北抗日游击战争的序幕。

九一八事变后，吉林省各界民众在中国共产党的领导下，掀起反日怒潮，投入到抗日斗争之中。吉林省的抗日义勇军由驻吉林省的原东北军官兵、部分民众武装、部分绿林武装等武装组建而成，曾经发展到10万余众[②]。

[①] 《东北抗日联军斗争史》编写组编：《东北抗日联军斗争史》，人民出版社1991年版，第25页。
[②] 中共吉林省委党史研究室：《中国共产党吉林历史》第一卷，中共党史出版社2021年版，第140页。

抗日将领王凤阁和妻子牺牲前

1. 吉林自卫军的抗日斗争

九一八事变后，吉林边防军公署参谋长熙洽以"避免冲突，保存实力，中日事件由外交解决"为由，命令省城吉林的东北军驻军"万分容忍""整装待命""不得擅自抗击，致使事件扩大"①，致使日军兵不血刃，于 1931 年 9 月 21 日晚进占吉林。日军进占吉林后，熙洽竭力拉拢吉林境

_____

① 冯占海：《日军侵占长春、吉林经过》，载中国人民政治协商会议全国委员会文史资料研究委员会编《文史资料选辑》第六辑，中华书局 1960 年版，第 17—18 页。

内的东北军驻军，先后有 4 个旅附逆投敌。但有几个旅的爱国官兵拒绝利诱，走上武装抗日的道路。

1931 年 9 月 24 日，吉林省依兰镇守使兼东北军第 24 旅旅长李杜发出通电，呼吁军民共同抗日。9 月 25 日，原驻吉林的东北军第 25 旅张作舟部一部分叛国投敌，一部分宣布抗日。9 月末，东北边防军司令部驻吉林副司令长官公署卫队团团长冯占海宣布抗日，指出："日寇侵我国土，掠我省城，杀我同胞，熙洽卖国求荣，认贼作父，丧权辱国，罪大恶极。希我吉林爱国军民，团结一致，同仇敌忾，坚决与寇逆抗战到底，克（恪）尽保卫国土的神圣职责。"[①]10 月，冯占海率部 3000 余人，转兵舒兰、五常，途中收编了绿林武装宫长海部和姚秉乾部，"并在围攻蛟河县城战斗中毙伤日军百余人"[②]，声势大振。

1931 年 10 月，张学良、张作相指示原吉林省政府委员诚允重组吉林省政府，以示不承认熙洽的伪政权。11 月 12 日，以诚允为代主席的吉林省政府成立，统辖吉林省境内的抗日义勇军。12 月，冯占海率部"进行了榆树、五常、拉林等战斗，

---

① 中共吉林省委党史研究室：《中国共产党吉林历史 第一卷 1921—1949》，中共党史出版社 2021 年版，第 141 页。

②《中国人民解放军历史资料丛书》编审委员会：《东北抗日联军·综述·表册·图片》，白山出版社 2011 年版，第 20 页。

毙伤俘日伪军 2000 余人，部队发展到 2 万余人"[1]。

1932 年 1 月，日军开始攻打哈尔滨。为了统一抗日义勇军各部的行动步调，1 月 31 日，原东北军将领李杜、冯占海、邢占清等人在哈尔滨召开军事会议，决定由抗日义勇军各部联合组成吉林自卫军，李杜任总司令。吉林自卫军成立后，在双城堡等地与日军发生激战，沉重打击了日军的嚣张气焰。但由于日军连番猛攻，加之哈尔滨市未能及时修筑防御工事，自卫军防区被迫一再收缩。吉林自卫军接连失利，渐次不支。2 月 5 日，日军加强攻势，吉林自卫军将士寡不敌众，无力据守，被迫全线撤退，哈尔滨陷落。吉林自卫军总部撤至依兰，余部撤至巴彦、方正、通河、密山等地。此后，吉林自卫军仍坚持抗日斗争，直至 1933 年 1 月退入苏联境内，继续开展另外形式的抗日斗争。

中共满洲省委十分关注吉林自卫军的抗日斗争。吉林自卫军的抗日活动，得到了中共满洲省委的认可。中共满洲省委代表何成湘在向中共中央汇报工作时曾指出，1932 年 1 月底日军进占哈尔滨时，"丁超、邢占清、李杜、冯占海等部下的兵士积极与日本帝国主义作战，且取得了许多

---

[1]《中国人民解放军历史资料丛书》编审委员会：《东北抗日联军·综述·表册·图片》，白山出版社 2011 年版，第 20 页。

的胜利"①,给予吉林自卫军以客观评价。中共北满党组织也曾派人前往冯占海部开展党的组织和宣传工作,鼓舞士兵抗日热情。吉林自卫军的抗日斗争沉重地打击了日本侵略者,鼓舞了东北民众的抗日热情,促进了东北革命斗争的发展。

2.吉林中国国民救国军的抗日斗争

九一八事变爆发后,原东北军第 27 旅旅长吉兴投敌叛国。原东北军第 27 旅 676 团 3 营营长王德林不愿沦为汉奸,决定待机举事。1932 年 1 月中旬,王德林在延吉小城子(今汪清县春阳镇)宣布起义。中共东北地区党组织得知后,先后派遣胡泽民、王毓民、李延禄等人前往王德林部,开展党的工作,参加抗日斗争。在胡泽民等人的鼓动下,2 月 8 日,王德林率起义官兵在延吉小城子举行抗日誓师大会,成立吉林中国国民救国军(简称"吉林救国军"),王德林任总指挥,孔宪荣任副总指挥,吴义成任前方司令,李延禄任参谋长。

吉林救国军成立后,不断与日伪军展开激战。1932 年 2 月中下旬,吉林救国军先后攻克敦化城、额穆城、宁安县(今属黑龙江省)沙兰镇等城镇,士气大振。特别是敦化战斗后,吉林救国军总人数由成立之初的 1200 余人扩大至 5000 余

① 中央档案馆、辽宁省档案馆、吉林省档案馆、黑龙江省档案馆编:《东北地区革命历史文件汇集》甲 10,1988 年版,第 179 页。

人①，极大地鼓舞了将士们的勇气和斗志。3月，吉林救国军总人数扩大至2万余人②，经过整顿，战斗力大大提高。吉林救国军的迅速发展，引起日本侵略者的注意。1932年3月起，日本侵略者纠集大量日伪军，向镜泊湖附近开进，以寻找吉林救国军主力决战。吉林救国军获悉后，提前设伏，重创敌军。

为彻底消灭吉林救国军，日本侵略者纠集更多的兵力，加强了对吉林救国军的"讨伐"。为应对这一严峻形势，吉林救国军与吉林自卫军联合组成吉林抗日联合军，李杜任总司令。此后，吉林救国军与吉林自卫军相互配合作战，给予日伪军以沉重打击。

3. 吉林境内其他抗日义勇军的抗日斗争

吉林自卫军、吉林救国军坚持抗日斗争，促进吉林抗日斗争形势的发展，推动吉林境内小股抗日武装的建立。1932年，吉林地区又相继建立数十支抗日武装，实力较强的有十余支。

罗明星部"三江好"义勇军。1932年初，罗明星创建抗日义勇救国军，又称"三江好"义勇军，活动于吉林省的

---

① 《东北抗日联军史》编写组：《东北抗日联军史》上册，中共党史出版社2015年版，第138—139页。
② 《东北抗日联军史》编写组：《东北抗日联军史》上册，中共党史出版社2015年版，第139页。

九台、敦化、德惠、磐石、桦甸等地。"三江好"义勇军成立后，先后袭击九台敌人驻地、九台沐石河镇日本人开的永衡发当铺、德惠县张家湾车站等地，声威大震。"三江好"义勇军坚持抗日，直至 1935 年。

宋国荣部东北抗日救国义勇军第四战区第八路。九一八事变后，原东北军营长宋国荣不愿随团长附逆投敌，率部抗日。1932 年 7 月，宋国荣接受东北抗日救国军委任的义勇军第四战区第八路番号，自任司令。宋国荣部义勇军成立后，立即投入战斗，痛击敌军。11 月，一大批日伪军围攻宋国荣部。为保存革命有生力量，宋国荣部由双阳向磐石、桦甸等地转移，并同那里的南满游击队一道，继续坚持抗日斗争。

田霖部吉林人民抗日自卫军。1932 年 2 月，原东北军营长田霖率部举事，宣布抗日，成立吉林人民抗日自卫军。吉林人民抗日自卫军成立后，接纳苏剑飞部吉林自卫军和一部分红枪会成员、绿林武装，力量壮大。1933 年，吉林人民抗日自卫军在清原拦路沟与敌遭遇，田霖中弹牺牲，部队大部溃散。苏剑飞部率部突出重围，吸收田霖旧部，重新组建抗日义勇军游击队，自任大队长，继续坚持抗日活动。

王辅臣部东北抗日义勇军第三路。1932 年 2 月，王辅臣受吉林省临时政府代主席诚允委任，担任东北抗日义勇军第三路司令。王辅臣收编了一部分地主武装和绿林武装，扩充了自身力量。9月，王辅臣部义勇军捣毁了德惠县伪县政府、财政局、警察局，声势大振。冯占海部吉林抗日救国军攻入榆树县城后，王辅臣率部加入，联合进行抗日活动。

李铁诚部抗日救国军。李铁诚部主要活动于白城地区，曾于1932年3月攻下扶余县城，于4月击溃张海鹏部伪军。李铁诚得知马占山再次举起抗日旗帜的消息后，率部加入马占山的队伍，坚持抗日斗争。

李芳亭部义勇军。李芳亭部主要活动于开通、瞻榆一带。1932年，李芳亭部先后攻打了瞻榆县城、开通县城，造成很大声势。

于海川部义勇军。1932年9月，于海川曾率所部义勇军一举攻下郑家屯，释放被关押在监狱中的民众百余人。与此同时，于海川部攻打郑家屯火车站，严重破坏敌人的交通系统。

孙公雨部自卫军。孙公雨部主要活动于长春、四平等地区，1932年11月曾攻打十家堡车站，毙敌多人。

九一八事变后，吉林境内还兴起一些颇有声势的农民抗日武装，他们继承了中华民族团结御侮、反抗侵略的优良传统，抗日坚决，作战英勇，是当地不可忽视的一支抗日力量。"凡有大刀会的区、村，都不敢建立伪政权。"①吉林各地大刀会都与吉林抗日义勇军建立或多或少的联系，或直接加入其中，或积极配合吉林抗日义勇军的抗日活动。

在抗日救国队伍中，有一支特殊的民间

戴克政

抗日武装，就是戴万龄和他的"戴家军"，他带领的"戴家军"先后加入中国国民救国军、东北抗日联军第五军，成为民间"举家抗日"的典范。戴家一共 50 多人抗日殉国，可谓满门忠烈。其子戴克政后成为东北抗日联军第五军三师九团团长，于 1938 年 8 月壮烈牺牲。

4. 东北抗日义勇军的历史作用

东北抗日义勇军曾以巨大的规模和波澜壮阔之势予敌以重创，在中国抗战史上留下了浓墨重彩的一笔，它的历

---

① 《东北抗日联军斗争史》编写组编：《东北抗日联军斗争史》，人民出版社 1991 年版，第 36 页。

史作用值得人们永远铭记。

第一，东北抗日义勇军的抗日斗争打响了武装反抗日本侵略者的第一枪，是中国人民武装抗日的开端。九一八事变后，东北抗日义勇军掀起了轰轰烈烈的抗日斗争，其势如暴风骤雨，迅猛异常。东北抗日义勇军消灭和牵制了日军大批有生力量，延缓了日本侵略者占领东北和全面侵华的进程。

第二，东北抗日义勇军的抗日义举显示了中国民众反对外来侵略的雄厚伟力，鼓舞了中国人民的爱国热情，促进了中国人民民族意识的觉醒。九一八事变后，东北抗日义勇军引燃的抗日烽火一直燃烧，从关外烧到关内，烧遍全国，在中国大地上燃烧了整整 14 年，直至中国人民抗日战争取得最后胜利。

第三，东北抗日义勇军通过实际斗争，培养了一批军事领导人才，为中国共产党组建东北抗日武装、坚持东北抗战、建立东北抗日游击根据地准备了必要的干部条件，奠定了坚实的群众基础。

第四，东北抗日义勇军在抗战过程中积累了丰富经验，留下了深刻教训，这些经验、教训为中国共产党领导东北抗战提供了有益借鉴。东北抗日义勇军的抗日斗争为中国共产党确立东北抗战的指导思想、建立抗日民族统一战线方针提供了借鉴。九一八事变后，东北抗日义勇军蜂起，覆盖面广，意志坚决，发展迅速，渐成全民抗战之势。东北抗日义勇军的抗日斗争实践证明，中国共产党建立抗日民族统一战线方针不仅是必需的，而且是可能的。

第五，东北抗日义勇军将士以民族大义为先，矢志民族复兴，发扬了爱国主义精神，鼓舞了民众的抗日斗志，为后人留下了一笔宝贵的精神财富。

第二章

中共确立执行抗战指导思想

一、最先确立抗战的指导思想

九一八事变后，东北军在蒋介石发出的"不抵抗"命令下，除少数留守部队留下与敌伪周旋外，大部队基本都撤至关内。危急形势下，中共中央、中共满洲省委，于第一时间发表系列宣言，明确抗战立场，派遣干部前往东北，为东北地区的抗日战争指引了方向。

（一）中国共产党确定抗日的政策方针

1931 年 9 月 19 日，中共满洲省委主要领导干部立即就日军侵华事件展开讨论，并于当日发表东北地区乃至全国的首份抗日宣言——《中共满洲省委为日本帝国主义武装占领满洲宣言》。宣言明确指出："该事件的发生是日本帝国主义者为实现其'大陆政策''满蒙政策'所必然采取的行动！是日本帝国主义者为更有力地统治满洲、侵略蒙古，以致使满蒙成为完全殖民地的行动！日方所言'这次冲突是奉天北大营中国军队破坏南满铁道所引起的'之类言论实为造谣。"[①]并表示："只有工农兵劳苦群众自己的武装军队，是真正反对帝国主义的力量。""只有工农劳苦群众自己的政府（苏维埃政府）是彻底反对帝国主义的政府。

---

① 中央档案馆、辽宁省档案馆、吉林省档案馆、黑龙江省档案馆编：《东北地区革命历史文件汇集》甲 9，1988 年版，第 47 页。

只有在共产党领导之下，才能将帝国主义逐出中国！"①9 月
20 日，中共中央发表《为日本帝国主义强暴占领东三省事
件宣言》，宣言指出：日本帝国主义"显然是掠夺中国，压
迫中国工农革命，使中国完全变成它的殖民地……全中国
工农劳苦民众必须在拥护苏联的根本任务之下，一致动员
武装起来，给日本强盗与一切帝国主义以严重的回答……
必须在反对第二次世界大战、推翻帝国主义统治、争取中
国民族解放的利益之下实行坚决的斗争，一致反对日本强
暴占领东三省"。对此，中共中央高呼："反对日本帝国主
义强占东三省！立刻撤退占领东三省的海陆空军！""打倒
一切帝国主义！""没收帝国主义在华一切财产！"②这一宣
言向全世界明确了中国共产党的抗战态度，使更多的爱国
群众认清了日本帝国主义的侵略性质和国民党的"不抵抗
政策"的根本危害，将中国共产党的根本性质展示于众，争
取更多工人、农民、学生及一切受害者，反抗帝国主义及
国民党反动派的压迫。

随着日军侵略的不断深入，中共满洲省委为得到中共
中央的指导，积极向中共中央汇报工作，9 月 22 日，中共

---

① 中央档案馆、辽宁省档案馆、吉林省档案馆、黑龙江省档案馆编：《东北
地区革命历史文件汇集》甲 9，1988 年版，第 49 页。
② 中共中央文献研究室、中央档案馆编：《建党以来重要文献选编》(1921—
1949) 第 8 册，中央文献出版社 2011 年版，第 547—549 页。

满洲省委即向中央上报《关于日军占领满洲情形、省委的策略及工作布置》的报告，日军占领满洲后，即"解除军队与警察武装，直接统治满洲"[①]。在日本帝国主义的统治下，工厂停工、商店停市、学生停课，甚至由于粮食的短缺，囤积居奇现象层出不穷，抢粮风潮四起，社会一时处于混乱状态。对此，中共满洲省委提出欲成立反帝同盟筹备会，并动员同志们于群众中活动。同日，中共中央即对此报告做出回应，发出《关于日本帝国主义强占满洲事变的决议》，就日本帝国主义以武力占领东北地区重要城市，并持续向东北和华北重要城市增兵，炮毁或拆毁重要的建筑、兵工厂及街市，屠杀无数的中国兵士与劳苦群众等侵略罪行，明确表示：该事变是日本帝国主义积极实现其殖民地计划的产物，是日本妄图武装占领中国东北地区及内蒙古地区东部最露骨的表现。[②] 对此，该决议指示此时党的中心任务即发动、组织、引导灾民、工人、士兵等群体进行反日斗争，向广大群众强调：只有群众自己的力量能够战胜帝国主义的侵略和求得民族的解放，只有苏维埃政权才是唯一的能够彻

[①] 中央档案馆、辽宁省档案馆、吉林省档案馆、黑龙江省档案馆编：《东北地区革命历史文件汇集》甲9，1988年版，第65页。
[②] 中共中央文献研究室、中央档案馆编：《建党以来重要文献选编》(1921—1949)第8册，中央文献出版社2011年版，第563页。

底的反对帝国主义的政权。^①此外，还应加强对反帝组织的发动和领导，加紧对抗日情绪高涨士兵的争取工作。在该决议的指导下，中共满洲省委积极实践宣言，开展反对日本帝国主义的相关工作。

日军侵华后，东北军作为当时东北地区的主要武装力量，其内部逐渐分化为亲日投降派和积极抵抗派，但大部分主张抗日的将领在国民党"不抵抗政策"的影响下，尚处于彷徨状态，中共满洲省委对该部分将领展开积极争取。9月23日，满洲省委做出《对士兵工作的紧急决议》，强调要组建士兵斗争委员会指导对日斗争，以达到坚决反抗日本帝国主义占据满洲的目的，各党支部要派遣与军队联络的专员，即使当前党的力量较为薄弱，也要加紧对抗日武装力量的宣传动员，组建党领导下的抗日部队，"扩大反对兵士斗争的煽动的机会主义的观点，同时反对只在机关空洞讨论决议，不切实执行每个具体工作的实际工作中机会主义"^②。

9月30日，中共中央发表《中国共产党为日帝国主义强占东三省第二次宣言》，揭露日本"公开宣布了要把东三

---

① 中共中央文献研究室、中央档案馆编：《建党以来重要文献选编》(1921—1949)第8册，中央文献出版社2011年版，第567页。
② 中央档案馆、辽宁省档案馆、吉林省档案馆、黑龙江省档案馆编：《东北地区革命历史文件汇集》甲9，1988年版，第74页。

省成为独立国家的企图"。对此,全国劳苦民众开展市民大会、群众大会、飞行集会、示威游行、罢工、罢课等系列反帝活动。[1]10月20日,周恩来以伍豪为笔名,在《红旗周报》上刊发《日本帝国主义占领满洲与我们党的当前任务》,明确指出:日方占据满洲是"企图所谓满鲜统一政策来解决他国内不景气的经济恐慌,更残酷地剥削和压榨中国被压迫民族"[2],而"中国工农士兵及一切被压迫群众才是真正反帝国主义的柱石",各党组织当前的紧急任务即确定群众开展革命行动的口号,"来对抗反革命一切妥协欺骗的企图,发展各组织群众的反日团体,用群众的力量赶出他们于反日战线之外"[3],掌握抗日斗争的领导权。该文章于1932年传入东北,周保中、杨林等同志学习后,于2月份共同起草《抗日救国,武装人民群众进行游击战争》,响应贯彻中央传达的于群众斗争中创建党领导的人民武装的命令,以图抗日救国,此文件也在爱国群众中引发一定反响。

1932年元旦,中共中央发出《中国共产党对于时局的主张》,指出:"全中国的民众现在是处在一个生死存亡的

---

[1] 中央档案馆编:《中共中央文件选集》第七册(1931),中共中央党校出版社1991年版,第425页。

[2] 中国人民解放军历史资料丛书编审委员会:《东北抗日联军·文献》,白山出版社2011年版,第27页。

[3] 中国人民解放军历史资料丛书编审委员会:《东北抗日联军·文献》,白山出版社2011年版,第31页。

关头！"[1]1月5日，日军武力占领连接关内外枢纽的锦州。对此，中共中央做出《为反对日帝国主义占领锦州号召民族的革命战争的宣言》，呼吁全中国的工农兵以及一切劳动民众应该创造自己的武装力量，以民族的革命战争打倒日本帝国主义与一切帝国主义、争取中国的统一和中国民族的独立解放！[2]中共满洲省委为响应中共中央的号召，于1月15日发布《中共满洲省委关于满洲事变第三次宣言》，号召："满洲的工农兵士劳苦群众！停下机器，放下锤子，罢工起来！举起锄头，夺取机枪，武装起来，投上刺刀，实行叛变,举起红旗！"[3]"赶走日本帝国主义与争取工农兵民众政权（苏维埃）是不可分离的任务。在赶走了日本帝国主义出占据地的地方，应立即建立工农兵民众代表会议——苏维埃——革命政权——应立即宣布：①没收日本帝国主义的铁路矿山银行工厂及一切企业。②取消日本帝国主义及其走狗独立政府，国民党的一切捐税，实行统一累进税。""民众自动武装起来……罢工、罢课、罢操、哗变，

① 中共中央文献研究室、中央档案馆编：《建党以来重要文献选编》（1921—1949）第9册，中央文献出版社2011年版，第1页。
② 中央档案馆编：《中共中央文件选集》第八册（1932），中共中央党校出版社1991年版，第17页。
③ 中央档案馆、辽宁省档案馆、吉林省档案馆、黑龙江省档案馆编：《东北地区革命历史文件汇集》甲9，1988年版，第168页。

反对日本帝国主义对满蒙殖民地计划。"[1]1月27日,中共中央发表《为武装保卫中国革命告全国民众书》,提出:"我们必须毫不迟疑的实行罢工、罢课、罢操、罢岗……成立义勇军,组织纠察队,举行兵士与民众的大联合。"[2]经此号召,东北各地纷纷组织抗日义勇军等抗日武装,中共满洲省委也相继在2月6日、18日以及3月31日发表《对满洲事变第四次宣言》《满洲省委为加紧义勇军的工作致各级党部的一封信》《中共满洲省委告满洲各地义勇军书》,鼓励成立抗日义勇军。在吉林地区,原东北边防军驻吉林副司令长官公署卫队团率先起兵抗日,之后组成吉林自卫军。此外,还有额穆县(今属敦化)的田霖、磐石的宋国荣、永吉的傅学文等部;延边地区主要为王德林、王玉振等义勇军队伍;通化地区主要为唐聚五所率领的辽宁民众自卫军各部;长春地区主要为张作舟、罗明星、王辅臣等起义队伍;白城地区主要为李铁城、李芳亭等队伍;四平地区主要为于海川、孙公雨等队伍。这些抗日队伍在九一八事变爆发后,率先投入抗日洪流,为之后东北抗联的创建贡献了重要的军事力量。

---

[1] 中央档案馆、辽宁省档案馆、吉林省档案馆、黑龙江省档案馆编:《东北地区革命历史文件汇集》甲9,1988年版,第168—169页。
[2] 中共中央文献研究室、中央档案馆编:《建党以来重要文献选编》(1921—1949)第9册,中央文献出版社2011年版,第78页。

3月1日，伪满洲国在日本帝国主义的扶植下宣告成立，其"首都"设于"新京"，它作为日本所扶植的傀儡伪政权，因并未受到国际社会与国内民众的承认，故被称作伪满洲国。伪满洲国政府作为帮助日本帝国主义压迫、剥削劳苦民众，屠杀、镇压革命群众的伪政权，"利用民众反对国民党军阀官僚腐败统治的心理乃造出种种愚惑民众的宣传麻醉群众，企图使他们放弃反帝国主义反国民党夺取政权的斗争"①。为揭开伪满政府的丑陋面目，中共满洲省委于3月5日发表《反对满洲"独立政府"宣言》，明确表示："满洲"已为日本殖民地，获得真正的平等和独立的前提只有彻底驱逐日本帝国主义的一切政治经济及军事势力，没收其银行、矿山、铁路、工厂及一切企业，取消一切不平等条约。并向工农群众呼吁："只有苏维埃政权才是你们自己的政权，只有你们亲手建立的政权，才能解除你们的一切压迫剥削和一切苛捐重税的负担。"②"新政府所说的一切'振兴实业''开矿开荒''改良人民生活'都是欺骗。中国经济受帝国主义的束缚和中国豪绅地主官僚军阀资本家的层层盘剥的结果已经破产到极点，只有打倒这些寄生虫之

---

① 中央档案馆、辽宁省档案馆、吉林省档案馆、黑龙江省档案馆编：《东北地区革命历史文件汇集》甲10，1988年版，第20页。
② 中央档案馆、辽宁省档案馆、吉林省档案馆、黑龙江省档案馆编：《东北地区革命历史文件汇集》甲10，1988年版，第22页。

后，才有真正向前发展的可能。"①4月6日，中共满洲省委再次指出反对日本帝国主义与"独立政府"等系列问题。8日，中共满洲省委发出《告日本帝国主义新工具"独立政府"下的士兵书》，劝告伪军"同武装民众联合一起扩大反日战争，驱逐日本帝国主义打倒'独立政府'"②。

日本帝国主义通过残酷的屠杀与压迫东北劳苦民众，及其为完全控制东北地区而建立的伪满政权，都暴露了日寇对东北地区乃至全中国的侵略野心。对此，中共中央于4月15日发表《中华苏维埃共和国临时中央政府宣布对日战争宣言》《中华苏维埃共和国临时中央政府关于动员对日宣战的训令》，明确提出："领导全中国工农红军和广大被压迫民众，以民族革命战争驱逐日本帝国主义出中国，反对一切帝国主义瓜分中国，以求中华民族彻底的解放和独立。"③

随着日军侵略的推进，义勇军及其他抗日武装四起，东北地区成为全国最早组织实践抗日的地区。冯仲云在巡视"满洲"后曾于5月13日、6月13日先后做出两次巡视

① 中央档案馆、辽宁省档案馆、吉林省档案馆、黑龙江省档案馆编：《东北地区革命历史文件汇集》甲10，1988年版，第23页。
② 中央档案馆、辽宁省档案馆、吉林省档案馆、黑龙江省档案馆编：《东北地区革命历史文件汇集》甲10，1988年版，第98页。
③ 中共中央文献研究室、中央档案馆：《建党以来重要文献选编》（1921—1949）第9册，中央文献出版社2011年版，第244页。

报告，指出在日本帝国主义的压迫下，全满各地都有反日的活动，以王德林所率义勇军队伍为例，甚至一度通过破坏截断日方交通，迟滞并打击日军的侵略行动。此外，士兵哗变事件也层出不穷，"士兵和义勇军找党接头的事在各地报告中都有看到"①。可见，党在抗日武装中的影响逐渐扩大。6月8日，中共中央发表《中共中央关于"八一反帝战争日"决议》，指出：各地党部应该动员工农群众加入东北义勇军，积极组织支援东北抗日的团体，如"东北义勇军后援会""北上决死团"等，成立全国范围内的反帝大同盟。②6月23日，中央苏区反帝总同盟第一次代表大会通过《反帝斗争纲领》，指示各地抗日武装要坚守"推翻帝国主义在华的统治""没收帝国主义在华银行、工厂、矿山、交通工具及其他企业等""争取中国独立和统一，收回帝国主义租界与租借地，取消领事裁判权""取消帝国主义宰割中国的一切不平等条约""收回帝国主义侵占的海关、盐税等""反对帝国主义文化侵略，没收帝国主义在华教堂、学校和一切文化机关及其财产""反对军国主义和法西斯蒂""反对帝国主义瓜分中国、压迫中国革命，反对国民党上海休战

---

① 中央档案馆、辽宁省档案馆、吉林省档案馆、黑龙江省档案馆编：《东北地区革命历史文件汇集》甲10，1988年版，第355页。
② 中共中央文献研究室、中央档案馆编：《建党以来重要文献选编》（1921—1949）第9册，中央文献出版社2011年版，第291页。

条约及与帝国主义的一切密约协定"等 19 项斗争纲领。[①]

（二）纠正"左"倾错误，初步确立统一战线方针

为夺取中心城市，实现中国革命在一省或数省率先获得胜利，1932 年 6 月下旬，北方各省委代表联席会议（又称"北方会议"）在上海秘密召开。该会议受王明"左"倾冒险主义的影响，对以抗日为主要任务的东北地区党的工作产生极大危害。在革命的危急关头，中共满洲省委及各抗日部队领导干部及时发现错误，逐步纠正"左"倾错误，将抗日统一战线的创建置于重要位置。

1932 年 6 月 24 日至 26 日，北方会议召开，通过《革命危机的增长与北方党的任务》，驳斥"北方特殊论"，强调当前北方地区和全国一样，都应该拥护苏联、开展土地革命、独立领导反日的民族革命战争，对当前东北地区党的抗日斗争工作予以一定批评。为贯彻会议精神，满洲省委于 7 月 12 日做出《关于接受中央北方会议的决议》，实际上在东北地区传播贯彻了更"左"的北方会议精神，各地游击队一时间打起红军旗号，开展土地革命，创建苏维埃政权，脱离了抗日的主要任务以及与群众的联系。[②] 这一

---

① 中共中央文献研究室、中央档案馆编：《建党以来重要文献选编》（1921—1949）第 9 册，中央文献出版社 2011 年版，第 331—337 页。
② 刘贵田、郭化光、王恩宝：《中共满洲省委史研究》，沈阳出版社 2001 年版，第 378 页。

决议一度使东北地区党的工作方向偏离了原本正确的轨道，再次阻碍了抗日事业的发展。中共中央由于深受王明"左"倾错误的影响，一直错误地宣传北方会议的宗旨，12 月 7 日，中共中央发出《给满洲省委的信》，该信件不顾东北地区斗争实际，一味地宣扬组织"下层统一战线"，而忽视"上层统一战线"对东北地区的重要性，使东北地区的抗日队伍一度被关门主义所害。该信件对于中共满洲省委的工作提出"严厉批评"，称："过去满洲省委的领导方式可以说是全国党部中最恶劣的了：自我批评没有结果，对于中央的文件只是搁在省委机关中研究参考，而不设法传达到下层同志中并在实际工作中去执行。"① 这间接表明北方会议精神并未在东北地区完全渗透，相反，也证明了东北地区党的领导组织较为清醒且坚定地以抗日为本地区斗争的主要任务。

据 7 月 20 日《中共满洲省委代表何成湘给中央的报告》对"满洲"情况的表述："现在的'满洲'完全是在日本帝国主义武力的直接统治之下，所谓'满洲国'完全是日本帝国主义殖民地的工具与傀儡。从日本帝国主义占据奉天、长春、吉林，一直到锦州、黑龙江的占领，以及夺取哈尔滨和向中东路东西线及沿松花江流域发展，逐渐地完成了它军事

---

① 中共中央文献研究室、中央档案馆编：《建党以来重要文献选编》（1921—1949）第 9 册，中央文献出版社 2011 年版，第 627 页。

占领整个'满洲'的计划。所有'满洲'的中心城市，军事重镇以及交通要道，完全驻扎了日本帝国主义强有力的军队与警察。"① 此种"内忧""外患"使东北地区的抗日活动面临更大挑战，但部分地区的抗战并未完全贯彻北方会议的具体内容。如，当时的中共磐石中心县委曾于7月30日发布紧急报告《关于目前斗争的形势及今后工作的几个问题》，称目前党的工作"完全脱离了中韩劳苦群众"，甚至称此为"存亡的危机"②。各地党组织经过分析，对于抗日任务的布置虽受北方会议的影响，出现了一定的"左"的错误，但以抗日斗争为主要矛盾的斗争方向是完全没有改变的。

自8月4日始，为纪念九一八事变爆发一周年，中共中央与中共满洲省委相继发表《中共满洲省委关于九一八事变一周年纪念的决议》《中共中央关于九一八一周年纪念的通知》《中共满洲省委九一八事变一周年纪念宣言》《中共满洲省委为加紧义勇军的工作致各级党部的一封信》等相关内容。这些文章指出，伪满洲国只是日本的奴仆与傀儡，而"满洲独立"实际上也只是"满洲"的灭亡，日方口中的"民族自治"的本质实为中华民族的沦亡。因此，文章鼓励民众

---

① 中央档案馆、辽宁省档案馆、吉林省档案馆、黑龙江省档案馆编：《东北地区革命历史文件汇集》甲10，1988年版，第167页。
② 中央档案馆、辽宁省档案馆、吉林省档案馆、黑龙江省档案馆编：《东北地区革命历史文件汇集》甲36，1989年版，第48页。

投入抗日的民族革命战争中，并组织创建党领导下的工农义勇军，并强调义勇军作为民族革命战争的武装力量，其任务和宗旨是反对日本帝国主义凶横残暴地瓜分中国、强占满洲，反对地主、资产阶级国民党"不抵抗主义"斗争过程中的产物。① 在党组织鼓励下逐渐发展壮大的东北义勇军，不仅一度成为抗日的主力，还为之后东北抗联的创建与发展贡献了重要力量。9月20日，共青团满洲省委发表《关于反军国主义工作的决议》，揭露了日本帝国主义利用"满洲国"大肆宣扬的"满蒙独立""民族自决""王道政治"等奴化教育"宗旨"，并提出应执行5项主要任务，即有系统地加强士兵工作；加强部队中党的组织建设；加紧建立少先队、青年义勇军，并组织其军事与政治上的训练；加强对日军的宣传鼓动工作，从内部瓦解日军部队；打进"满洲国"团体内部，使日本帝国主义的奴化教育和军国主义教育的罪恶暴露于大众视野下，以破坏其组织，争取下层群众。② 这个决议的发表，表明中共满洲省委领导下的东北地区的抗日工作逐步走向深入。

随着日本帝国主义侵略步伐的加快，中国的城市与乡

---

① 中央档案馆、辽宁省档案馆、吉林省档案馆、黑龙江省档案馆编：《东北地区革命历史文件汇集》甲11，1988年版，第109页。
② 中央档案馆、辽宁省档案馆、吉林省档案馆、黑龙江省档案馆编：《东北地区革命历史文件汇集》甲11，1988年版，第275—276页。

村在其恶魔般的烧杀淫掠下，一度陷入痛苦与饥饿之中。在此背景下，共产国际执委会召开数次会议，对东北地区的特殊情况进行分析。中共驻共产国际代表团也召开会议，对日本帝国主义侵占中国的形势以及东北地区民众应采取的战略策略等内容进行讨论，后于1933年1月17日发表著名的《一·一七宣言》，强烈要求中国民众及士兵响应号召，联合一致开展民族武装革命战争，反对日本及一切帝国主义的斗争与反对帝国主义的走狗国民党军阀的卖国与投降的斗争，争取民族独立统一与领土的完整。这份宣言虽然还存在一定的缺点与不足，但就东北地区的抗日斗争而言，具有一定的正确导向，它连同之后于1月26日发表的"一·二六指示信"一起，推动了东北地区抗日民族统一战线的构建，将之前只要求东北抗日斗争要建立"下层统一战线"的错误路线彻底改正，指导东北抗战事业走向更重要的段落、更光明的道路。

九一八事变爆发后，中共中央和中共满洲省委即刻做出反应，发表一系列抗日宣言和决议等文件，率先揭露日本帝国主义发动九一八事变的罪恶目的和反动本质，指出伪满洲国是作为日军傀儡政权的存在，日本帝国主义所谓的"民族自治""和平共处"等都是无稽之谈。其次，对于国民党方面的"不抵抗行为"，中国共产党都予以严厉的批评和谴责，并以此强调抗日斗争的重要性。最后，在残酷的现实环境下，中共中央和中共满洲省委一直坚持动员广大爱国群众，组织抗日武装，进行反对日本帝国主义侵略的民族革命战争，以实现驱逐日寇、抗日救国的主张。

二、派遣干部奔赴抗日第一线

在中共中央"建立游击队、开展游击战争"的指示下，中共满洲省委非常重视对自卫队、游击队等的组织、创建与领导，并强调党直接领导人民武装的重要性与必要性。对此，中共中央和中共满洲省委派遣许多优秀的干部奔赴抗日前线，领导指挥抗日工作，动员爱国群众与抗日武装。"1932年初中共满洲省委分别派军委书记杨林、杨靖宇到南满，中共大连市委书记童长荣到东满，曾任省委军委书记的赵尚志到巴彦、珠河，省委秘书长冯仲云到汤原等地创建党直接领导的抗日武装。"[1]此外，还有在党组织培养下成长起来的许多干部，如魏拯民、王德泰、宋铁岩、陈翰章等，他们深入到救国军、山林队、大刀会等队伍之间开展积极的宣传与动员，且与群众联系紧密，后创立有十几支党领导下的抗日游击队。经过党员干部的努力奋斗，东北地区的抗日

---

[1] 中国人民解放军历史资料丛书编审委员会编：《东北抗日联军——综述·表册·图片》，白山出版社 2011 年版，第 32 页。

游击斗争逐渐转入到由党直接领导的新时期。

赵尚志（前排中）与巴彦抗日游击队队员合影

从反日游击队到团结、创建各支义勇军部队，到北方会议后部分地区短暂实行的工农红军编制，再随着统一战线的不断形成与贯彻，各支部队逐渐走向统一，组建成东北人民革命军，后发展为东北抗联，并在东北抗联的基础上组成路军。不同时期抗日部队的组织变化，正是各位党员干部的领导工作不断成熟的表现和见证。就吉林地区而言，在抗战时期抗日部队的活动范围涉及东满全域以及南满、吉东的部分地域，不胜枚举的英雄事迹，在吉林大地上传颂至今。

（一）以冰天雪地为沙场，终身献给党和国家——杨靖宇

杨靖宇（1905—1940），东北人民革命军第一军军长、东北抗联第一军军长、东北抗联第一路军总司令兼政委。原名马尚德，又名顺清，字骥生，号润生。在东北地区组织抗日工作时，曾一度化名杨靖宇、张贯一、乃超等。1905 年 2 月 13 日[①]生于河南省确山县李湾村农民家庭，7 岁入私塾，勤学苦读，18 岁在河南省立第一工业学校——开封纺织工业学校的招生考试中名列前茅。

在校期间，杨靖宇首次接触共产党员贺光吾、杨清庵，并受其影响积极阅读学习《新青年》《向导》等刊物以及李大钊的系列文章。在这些进步思想的熏陶下，1925 年五卅爱国运动爆发后，杨靖宇毅然加入反帝队伍。在这场运动中，杨靖宇的革命觉悟不断提升，他深感中国人民的深重苦难亟须通过革命的方式来拯救。于是，他努力学习、宣传马列主义，并于 1926 年秋加入中国共产主义青年团。同年冬，杨靖宇被派遣至确山从事农民运动，通过帮助农民

---

① 关于杨靖宇的出生日期，有 2 月 16 日、2 月 26 日之说。据杨靖宇婶母说，他是"阴历正月初十生"，即阳历 2 月 13 日。参考中共党史人物研究会编：《中共党史人物传》第四卷，陕西人民出版社 1982 年版，第 295 页。

群众消灭剥削的军阀、镇压土豪劣绅、制定新的制度，使确山县的面貌焕然一新，得到了农民群众广泛的支持与称赞。1927 年 5 月 5 日，经过革命考验后的杨靖宇正式加入中国共产党。[①]

大革命失败后，确山的地主豪绅勾结军阀势力反扑农民军。对此，杨靖宇大力整顿农民军，举行秋收暴动，创建确山农民革命军（后改名为豫南工农红军游击大队）。1928 年，他又被调往开封、洛阳从事地下工作，此间曾三次被捕。脱险后，党组织派遣其到上海学习。1929 年 6 月，由于"中东路事件"爆发，杨靖宇被调至东北地区开展地下工作。

到东北后，他被中共满洲省委派至当时东北重要的工业中心——抚顺，担任中共抚顺特别支部书记。由于矿产资源较为丰富，该地区的矿产及附属企业基本都被日方控制，党组织也早在 1928 年被日方破坏。为重建党在该地区的力量，杨靖宇改名张贯一，积极深入煤矿，在工人中间开展宣传教育，组织工会。但就在组织工人罢工期间，被日方注意，日媒大呼"全满赤化"，并对共产党员进行追

---

① 中共党史人物研究会编：《中共党史人物传》第四卷，陕西人民出版社 1982 年版，第 295—302 页。

罗登贤

捕。此间，杨靖宇曾两次被捕。[1]九一八事变后，被党组织营救出狱的杨靖宇，先被派至东北反日总会，后被调至中共哈尔滨道外区任区委书记，主要任务为发动工农青年、革命士兵、学生、知识分子参加义勇军，组织抗日救国会。

九一八事变后，中共满洲省委书记罗登贤通过基层调研，提出在新形势下应率先将省委的工作重心由在城市开展革命运动转至对农民群众进行组织动员。对此，

---

[1] 于绍雄主编：《东北抗日联军将领传》，黑龙江人民出版社 2009 年版，第 18 页。

杨靖宇在党中央提出的加强党对抗日义勇军领导或协助的指示下，指出为了开展反日斗争，应该派遣干部深入农民群众、义勇军、救国军等组织中进行宣传动员工作。1932年春，杨靖宇担任中共哈尔滨市委书记、中共满洲省委军委代理书记，对哈东和南满地区的抗日运动进行组织策划。同年秋，在中共满洲省委的指示下，杨靖宇被派到吉（林）海（龙）铁路沿线，对磐石、海龙等地的抗日队伍进行整顿，杨靖宇也正式开启了直接对日作战的武装斗争。[①]

杨靖宇到达磐石后，深入各地巡视党的组织和抗日武装，多次召开地方党、反日会、游击队代表会议，指出当时磐石中心县委在统一战线工作中的缺点和不足，并对县委进行改组，提出了新的工作要求。同时对党员同志进行思想教育，改变大家存在的悲观主义以及逃跑主义等思想。后组建了"中国工农红军第三十二军南满游击队"，粉碎了日寇动员的近千名伪军和土匪发动的4次大围攻，共消灭日伪军百余人，南满红军游击队也由最初的20余人，发展至230人。[②]南满游击队的发展壮大，对日方构成了严重威

---

① 中共辽宁省委党校党史教研室编：《满洲省委烈士传》，辽宁人民出版社1981年版，第102—105页。
② 赵俊清：《杨靖宇传》，黑龙江人民出版社2015年版，第88—89页。

杨靖宇

胁，日方也曾于《盛京时报》发表《海龙县境一带红军跳梁》一文，表示："若再不讨伐，恐陷于不可收拾之状态。"①

为联合义勇军共同抗日，杨靖宇根据中共驻共产国际代表团以中共中央的名义发出《给满洲各级党部及全体党员的信》（即"一·二六指示信"）的指示精神，团结南满地区的各支反日义勇军、山林队，组织成立南满反日联合军。人员除游击队外，还有其他抗日队伍领导人 70 余名，各部

①《盛京时报》，1933 年 5 月 4 日。

队官兵共有 3000 余名。^①1933 年 9 月 18 日，东北人民革命军第一军独立师正式成立，杨靖宇任师长兼政委，这标志着中国共产党倡导的反日统一战线的重要胜利。对此，中共磐石中心县委曾表示：部队改的不只是一个名称，"而是回答日本帝国主义'九一八'占领的斗争"。^②日伪当局将此记述为："共匪活动的开端。"^③

10 月初至 12 月底，日伪当局对杨靖宇所领导的游击区展开大"讨伐"，不仅武力攻击人民革命军和义勇军，还大肆施行白色恐怖，推行"三光"政策，致使磐石县（今磐石市）玻璃河套、拐子坑、磐东及伊通等地的党组织和人民抗日组织都遭受不同程度的破坏。为冲破敌人的围攻，杨靖宇率部挺进辉发江（今称"辉发河"）以南地区，将游击活动区域扩展至辉南、桦甸、金川、柳河、海龙等地，这对于东北人民革命军而言，是一次重大的军事跨越。11 月后，杨靖宇采用调虎离山计，先后在三源浦、凉水河子、八道江，沉重打击了伪满军旅长邵本良的部队。

由于杨靖宇作为中共中央抗日统一战线的践行者、抗日根据地的开辟者、游击战术的运用者，率领各支部

---

① 赵俊清：《杨靖宇传》，黑龙江人民出版社 2015 年版，第 102 页。
② 赵俊清：《杨靖宇传》，黑龙江人民出版社 2015 年版，第 109 页。
③ 伪满治安部编：《满洲国警察史》，1942 年版，第 172 页。

队给日伪军以重大打击,1934 年 1 月中华苏维埃第二次全国代表大会于瑞金召开,因东北地区严峻的革命斗争形势而遗憾缺席此次会议的杨靖宇,被选为中华苏维埃共和国中央执行委员会委员。1934 年 11 月 5 日至 10 日,中国共产党南满地区第一次代表大会于临江县召开。杨靖宇传达了党中央和满洲省委关于团结反日力量、扩编人民革命军、拓展革命政权和根据地的指示,决定成立中共南满临时特委;决定正式组建东北人民革命军第一军,杨靖宇任军长兼政治委员,下辖 2 个师、1 个游击大队、司令部直属 1 个保卫队、1 个教导团(下辖 2 个连),全军800 余人,以及受其领导的抗日义勇军 900 余人。①1934年末至 1935 年春,日伪再次开展大"讨伐",实施"归屯并户""集团部落"等政策。对此,东北人民革命军第一军在杨靖宇的领导下于通化、柳河一带进行三岔河之战、红土崖之战、柳河黑石头大道战斗等,使日方 1935 年连续三次展开的大"讨伐"归于破产,这也使杨靖宇及其带领的人民革命军第一军在南满地区群众间名声大噪,甚至感化了部分伪军。

1935 年 2 月,中共满洲省委向各级党部发出指示信,

---

① 赵俊清:《杨靖宇传》,黑龙江人民出版社 2015 年版,第 157 页。

提出将筹建人民革命政府视为重要任务。为贯彻该指示，杨靖宇与南满特委积极开展筹备工作，并对省委编撰的《南满临时人民革命政府纲领（草案）》中部分不符合实际情况的条文进行修改后施行，如将"对一切地主没收其财产"改为"对一般地主减租减息"，以此防止支持抗日的地主乡绅因害怕受到迫害转而为敌人所用。[①] 经过筹备，中共南满特委于 8 月 17 日在金川河里，召开南满特区人民革命政府筹备委员会。之后，各地掀起组建人民政府的高潮，至 10 月 6 日，南满已建立 15 个乡政府和56 个区政府。[②] 这些基层抗日政权不仅有力地团结部分基层民众，还实现了与日伪政权的对峙，是抗日事业发展的重要一步。

9 月 3 日，东北人民革命军第一军与东满地区的第二军西征部队在南满濛江县那尔轰根据地胜利会师，打破了之前被敌人分割、各自为战的状态，通过协同作战更加有力地打击、牵制了日军。1936 年 6 月，根据"八一宣言"指示精神，中共南满第二次党的代表大会召开，正式将东北人民革命军第一军改编为东北抗日联军第一军。杨靖宇任军长兼政委。名称的改变也代表着党领导下的

---

① 赵俊清：《杨靖宇传》，黑龙江人民出版社 2015 年版，第 198 页。
② 赵俊清：《杨靖宇传》，黑龙江人民出版社 2015 年版，第 201 页。

抗日部队具有更大的包容性，团结了更多的义勇军和山林队。日伪对东北抗联的状态曾记述："已由散漫而趋于统一，一时匪势非常紧张。""此等民众竭力拥护，故欲武力讨伐，实难成功。"[1] 可见，"八一宣言"实为当时党对时局最正确的判断。

1936 年 7 月 5 日，杨靖宇与魏拯民在河里会议上，对东满、南满的斗争形势以及两军的斗争任务等问题做出讨论并决定，将东、南满党组织合并为中共南满省委，将共产主义青年团改为抗日救国青年团，将抗联第一、第二军合并为东北抗联第一路军，下辖共 6 个师，并规定了军队的抗日方针和任务。

为了开辟游击区，与关内党的抗日武装取得联系，1936 年 6 月、11 月，杨靖宇组织两次西征，虽然以失败告终，但却体现了杨靖宇心中有党、对党忠诚的高贵品质。

七七事变爆发后，杨靖宇于 7 月、8 月相继发表《为响应中日大战告东北同胞书》《东北抗日联军第一路军总司令部布告》，号召东北同胞"亲密联合，响应中日大战，暴动起来，打倒日本帝国主义，推翻傀儡政府'满洲国'"[2]。之

---

[1] 赵俊清：《杨靖宇传》，黑龙江人民出版社 2015 年版，第 234 页。
[2] 中央档案馆、辽宁省档案馆、吉林省档案馆、黑龙江省档案馆编：《东北地区革命历史文件汇集》甲 49，1991 年版，第 276 页。

后，杨靖宇率领第一路军活跃在本溪、桓仁、濛江、桦甸、清原、开原、西丰、海龙、穆棱、东宁、宁安、抚松、辉南等地，袭击敌人据点，骚扰敌人防守区，破坏铁路桥梁军车等，很好地完成了牵制日军的任务，严重打击了日军开展的冬季大"讨伐"。

1937年12月13日，毛泽东在中共中央政治局会议上签署《中共中央政治局关于准备召集第七次全国代表大会的决议》，任命远在东北指挥作战的杨靖宇为中共七大的准备委员会委员之一，这是对杨靖宇为抗战事业的贡献做出的肯定，也是对东北抗联抗日斗争的认可。

1938年5月11日，魏拯民部同杨靖宇部共同召开首次老岭会议。7月中旬，召开第二次老岭会议，会议决定实行党军一体化战时体制，将东北抗联改编为第一路军第一、二、三方面军，取消西征计划，并派兵联络中央。①后东北抗联在杨靖宇指挥下曾先后全歼辑安土口子日寇守备队、突袭七道沟铁矿，在老爷岭附近全歼伪靖安军索玉山旅四十二团，于长岗庙岭附近全歼驰援的"满洲剿匪之花"——伪靖安军索旅步兵三十二团及蒙古骑兵团之一部。9月，日伪当局展开秋冬季大"讨伐"。此次反"讨伐"作战

---

① 赵俊清：《杨靖宇传》，黑龙江人民出版社2015年版，第304页。

杨靖宇将军遗物

由于程斌的叛变困难重重，第一路军被迫分散游击。1940
年1月，杨靖宇将部队化整为零，命主力北上，他则率领
60人左右东进。但在这种恶劣的环境和敌人严密的包围中，
队伍持续减员，至2月15日，杨靖宇身边仅存6名战士。
2月23日，孤身一人的杨靖宇被敌人包围在三道崴子树林
中。杨靖宇以坚强的斗争意志，只身与敌人坚持战斗20余
分钟，左手被打中就继续用右手持枪应战，即使在最后时刻，
他依旧没有接受敌人的劝降，最终壮烈牺牲。敌人惊奇杨
靖宇如何在无粮食的冰天雪地中存活得如此之久，便将杨

靖宇的胃剖开，发现里面只有野草、树皮和棉絮，这更令在场的敌人悚然生畏！

杨靖宇牺牲时年仅 35 岁，虽然他的革命生涯很短暂，但却是耀眼璀璨的一生，是一个共产党员完全奉献自我的一生。他为中国人民树立了永远的榜样。

（二）热血染山河，铁骨筑丰碑——童长荣

童长荣（1907—1934），中共东满特委书记，曾用名张长荣、张树华等。1907 年 11 月出生于安徽省枞阳县的一个贫苦家庭，在他两个多月大的时候，父亲就因病去世，母亲艰辛的劳动只为让童长荣上学读书。在母亲的培养和影响下，童长荣自小就非常勤俭朴素、正直诚实。6 岁时，由于天资聪颖，被当地私塾胡先生发现，招收其到自己的私塾读书。11 岁时，为进一步学习，童长荣考入湖东县陶公祠高等小学。由于这所学校是一所当地的"贵族学校"，在此读书的童长荣能接触到更多学科知识，对启蒙其思想影响重大。而且，在这个"小社会"里，童长荣愈加感受到贫富差距使劳苦民众遭受的剥削和压迫，从此，他立志寻求救国之路。14 岁时，童长荣考入安徽省立第一师范学校，此时的他想通过传播知识改变穷苦人家孩子的命运，让爱国的种子在他们心中生根发芽。五四运动爆发后，他首次接触到马列主义，深感中国的前途就在这里。

童长荣

在革命思想的影响下，童长荣积极参加学生运动，开启了他为之奋斗终生的救国事业。后来，由于在组织学生请愿反对当地军阀侵占教育经费的"六二"学潮中表现优秀，童长荣被推举为安徽省学生联合会的领导成员。不久，童长荣加入社会主义青年团。1922 年，省长吕调元镇压安庆学生的革命活动，童长荣参加了青年团和学联组织领导的大规模的"倒吕运动"。1923 年由于军阀政府长期拖欠教工薪俸，童长荣领导学联发起了反军阀斗争。为防止事态扩大，经过皖籍著名教育家陶行知等的调解和仲裁，军阀吕调元被迫惩凶道歉、拨发欠薪，斗争获得胜利。同年秋，童长荣参加全国掀起的反对"曹锟贿选议员案"行动。1925 年，"五卅惨案"爆发后，童长荣等积极组织安庆学生上街示威游行，以声援上海工人的反帝爱国斗争。经过一系列的学生运动之后，军阀当局出于对童长荣等一批学生爱国力量的恐惧，将其以公费生名义送往日本留学。[1]

1925 年 7 月，童长荣考入日本东京帝国大学预科第一高等学校，后转入东京帝国大学。他充分利用此次学习的机会，深入研究马列主义，并主动申请加入中国共产党。1925 年下半年，他终于成为一名正式的中共党员。1926 年春，童长荣当选为中共东京特支领导人之一，他利用一切机会向中国留日学生和华侨宣传马列主义。1928 年，"济南惨案"爆发，童长荣等爱国人士组织"中国留日各界反日出兵大同盟"，联合日本的进步力量抗议日本当局，声援中国。这些系列斗争活动，引起了中国反动政府和日本反动当局的愤怒，随即取消了童长荣等人的留学经费，并将其

---

[1] 中共党史人物研究会编：《中共党史人物传》第六卷，陕西人民出版社 1982 年版，第 320—322 页。

关进监狱，在严刑逼供下，他坚贞不屈，始终保守党的秘密。面对日军的淫威，童长荣不仅更坚定了自己的革命意志，也认清了日本法西斯的邪恶本性。两个月后，日本反动当局以宣传共产主义为由，将童长荣驱逐出境。

1928 年秋，童长荣回国后，首先在上海与党组织取得联系。在同周恩来、王稼祥等同志沟通后，党组织决定由他担任中共上海市沪中区委宣传委员，后任区委书记。1930 年 3 月 2 日，他与当时的革命作家一起，组织成立中国左翼作家联盟。4 月，他被党组织任命为河南省委书记。1931 年春，由于日本帝国主义在东北地区的逐渐渗透，党组织又任命其为大连市委书记。

大连当时是日本侵华的重要据点之一，也是党组织在东北地区影响较大的城市之一。24 岁的童长荣为熟悉环境，掌握当地情况，便化名张树华，深入工厂了解工人情况。经过一段时间后，童长荣便成为工人们的知心人、主心骨。在他的努力下，共青团大连市委和大连总工会等组织得到恢复，工人们也发动数次罢工斗争，以改善工资待遇和工作环境。日方对工人的罢工运动有所畏惧，便一度对工人所提条件做出妥协。这也更加激励了工人开展运动的热情，在童长荣领导下，大连市的工人运动开展得如火如荼。

1931 年 11 月上旬，中共满洲省委任命童长荣为东满特委书记。12 月，童长荣于延吉县瓮声砬子（今安图县明月沟山区），召开东满各县党团员积极分子会议，讨论如何在党的领导下，组织、武装群众开展斗争，建立各种反日团体以及创建游击队、根据地等相关问题。1932 年春，童长荣深入当地的乡村田野间，向农民群众询问家庭收入以及需要缴税情况。经过宣传教育，童长荣等组织群众在东满地区普遍开展"春荒斗争"，将恶霸地主的粮食分给贫苦农民，没收日本走狗的财物。随着革命思想的宣传以及斗争实践的开展，群众的政治觉悟逐渐提高。童长荣即使拖着病体，仍与同志们奔走于东满各县，发动群众，组建党的人民抗日武装队伍，相继成立"赤卫队""别动队""突击队"等民众武装组织，此后，东满四县相继建立抗日游击队和游击根据地。1932 年秋，延吉县游击大队、和龙县游击大队、汪清县游击大队、珲春县游击大队相继成立，东满特委领导下的抗日武装已达560 余人。

1933 年 1 月，中共东满特委根据满洲省委的指示，整编各县游击队，正式成立"中国工农红军第三十二军东满游击队"。在东满特委的领导下，各县游击队都相继获得反"讨伐"斗争的胜利，且经过革命的锻炼，游击队伍发

筹集粮食的东满游击队员

展壮大至 700 多人，较为固定的根据地发展至 12 个，根据地总人口达 2 万左右，各类革命群众团体也如雨后春笋般建立起来，发展势头正盛。[①] 年底，东满地区成立人民革命政府。

童长荣作为东满特委书记，非常重视党团建设。在大力发展党员、团员的宗旨下，游击队中党团员人数所占比重逐渐增大，因此党团的组织建设和思想建设对于部队的整体发展就显得尤为重要。为加强组织建设，各游击大队分别设有党委会，中队设党支部，小队设党小组，以此做到及时准确地贯彻党组织的政策指示。为加强思想建设，

① 中共党史人物研究会编：《中共党史人物传》第六卷，陕西人民出版社1982 年版，第 330 页。

童长荣曾主办《两条战线》《斗争》《战斗日报》等报刊，以详述宣传党的政策以及革命的宗旨，分析当前情况、提出新的斗争方针等，以此增强部队战士对革命前途的信心。对于"一·二六指示信"，童长荣等东满特委同志都积极研读、思考，总结过往在王明"左"的错误影响下出现的工作失误。此外，他还积极实践信中传达的建立抗日民族统一战线的指示，东满地区作为我国朝鲜族的聚居区，游击队员大多也为朝鲜族同志，就更需要贯彻中央关于抗日民族统一战线的指示。

1933 年 8 月中旬，童长荣的肺病愈发严重，身体每况愈下，不仅经常吐血，还渐渐出现了半身不遂的症状，甚至数度昏迷。即使如此，童长荣依旧不愿卸下身上的责任，带病工作。他曾说："我愿洒尽我的一腔血，换得民族解放和光明。"[①]在坚强意志的支撑下，童长荣坚持领导抗日斗争工作。

随着冬天的到来，游击队战士们的生活环境愈加艰苦，就在此时，日寇策划了镇压抗日斗争的冬季大"讨伐"。1933 年 11 月，童长荣召开反"讨伐"动员大会，分析当前斗争形势，鼓励全体战士克服困难、全力出击，以再次粉

---

① 朱宏启主编：《东北抗日联军将领传》第 1 辑，团结出版社 1993 年版，第 189 页。

碎敌人的大"讨伐"。为不使部队陷入被动局面，童长荣抓准时机，率领部队向尖山子、磨盘山、小汪清夹皮沟等地阻击消灭敌人。数次夜袭导致日伪军日夜惶恐，甚至不敢在山上过夜，严峻形势逐渐有所化解。1934 年 1 月，为挽回局面，日军继续调集关东军第十九师团主力部队向游击队根据地马村进犯。最终由于敌我力量对比悬殊，加之部分不坚定分子的叛变，日寇掌握了游击队的内部情况，使

汪清游击队活动地——十里坪

得东满游击队的斗争环境愈发险恶。

为保存实力，东满特委决定将组织转移至蛤蟆塘、腰营沟、绥芬大甸子（罗子沟）等地。1934年3月5日，童长荣拖着衰弱的病体决定将部队化整为零，突围后分散活动。童长荣率领的部队由马村转移至十里坪庙沟附近，断粮数天的游击队只能靠挖到的一点野菜生存，此时的童长荣已经瘦得皮包骨了，但他依旧坚持战斗。3月21日，敌人发现了在此处休整的战士们，便开始对他们进行突袭。面对包围上来的敌人，面色苍白的童长荣命令部队分头突围，他只将警卫小分队留在身边，由于寡不敌众，这些同志在掩护群众时先后牺牲。此时病重的童长荣，在生命的最后一刻，先烧掉随身携带的文件，然后拼尽最后的力气向敌人射击。就在他持枪与敌对峙之际，被敌人击中腹部，此时，本就病重的童长荣，倒在了血泊之中。由于失血过多，没走几步，年仅27岁的童长荣就停止了心跳。就这样，童长荣为革命事业奉献出了自己年轻的生命。而他领导的东满游击队最终发展为东北抗联第二军，是当时战斗在吉、黑两省的一支劲旅。童长荣是一名坚定的共产主义者，他即使长期拖着病体，也不肯卸下肩上的责任，这种坚定的信仰和崇高的精神任何时候都是值得后人尊敬与学习的。

（三）为拯救人民于水火而高举斗争之旗帜——魏拯民

魏拯民（1909—1941），东北抗联第二军政委、东北抗联第一路军总政治部主任。原名关有维，又名魏民生、魏锄耕、冯康等。1909 年 2 月 3 日生于山西省屯留县王村一农民家中。9 岁入私塾，13 岁入县城第一高小，16 岁考入太原第一中学。在新思想、新文化的熏陶下，魏拯民渴望追求进步思想，并在太原求学期间，和同学一起投入党组织领导的"反对军阀混战"的宣传活动中，并在阎锡山举办的"追悼雁北阵亡将士大会"中散发传单，高呼"不要再替

魏拯民

军阀卖命""反对军阀混战"等口号，使阎锡山假慈悲的"追悼会"只得草草收场。之后，他又参加了反对阎锡山增收房税的斗争。在斗争的磨炼下，魏拯民于 1926 年加入中国共产主义青年团，1927 年 1 月加入中国共产党。1927 年 4 月 12 日蒋介石发动反革命政变后，阎锡山对山西的中共党组织进行了严重破坏。由于参加革命被学校开除，魏拯民即回屯留县成立党支部继续革命。1928 年 2 月，魏拯民转至榆社县中学读书。同年夏，转入北京私立宏达学院学习。1930 年，党组织派他至国民党管理下的安阳军事干部学校学习军事，他深感学校的教学方式充满了国民党新军阀的蛮横。1931 年夏，由于身体原因，魏拯民返回北平，在党组织的帮助下，在北大旁听，并暗地参加革命活动。

九一八事变爆发后，魏拯民拖着病体加入北大的学生游行队伍中宣传抗日。之后他向党组织申请前往东北参加抗日。1932 年 5 月，北平市委派其至哈尔滨道外区开展工作，曾先后任道外区区委书记、临时市委组织部部长、市委书记等职。1934 年冬，中共满洲省委派魏拯民前往东满开展工作。他上任的首要任务即纠正东满地区存在的"左"倾错误。当时东满地区的"左"倾错误主要表现是：在"反民生团"斗争中搞扩大化，使部分党团干部受到伤害；对于反日山林队、义勇军的斗争不能从实际情况出发，要求过于严格，导致出现对立情况。对此，魏拯民通过分析民生团分子的犯罪情况以及日伪的情报，证实了错误的存在。为纠正这些错误，他首先于 1935 年 1 月开办东满党政干部学习班，解释党组织关于统一战线政策的真正内涵、如何实践以及当前队伍中存在的问题。之后，他又在 2 月份召开东满党团特委第一次联席扩大会议，总结之前党的工作中的成绩、存在的错误以及经验教训，并确定以后新的工作方针政策。会议改选东满特委，魏拯民当选为特委书记。经过这两次会议的纠正，东满地区的各项抗日活动走向正轨，并再次团结朝鲜革命者和义勇军、山林队等抗日武装，进一步发展了东满党团组织和二军独立师。1935 年 5 月 30 日，东北人民革命军第二军独立师正式扩编为东北人民革命军第二军，王德泰为军长，魏拯民任政委。

1935 年 5 月末，魏拯民受中共满洲省委的派遣，前往莫斯科参加即将于 7 月份召开的共产国际七大。其间，他向中共代表团提交了记述东满地区党组织的发展情况以及抗日斗争情况的《冯康报告》（"冯康"即魏拯民）。不久，中共代表团经过商讨，决定撤销满洲省委，以 4 大游击区为标准划分为 4 个省委，并任命魏拯民为东满省委书记。1936 年初回国后，他相继会见了周保中、金日成等人，向其队伍传达了共产国际七大关于撤销中共满洲省委的决定以及关于东北地区抗日斗争的指示。3月上旬，召开东满党军干部会议，根据"八一宣言"的指示，将东北人民革命军第二军改编为东北抗日联军第二军，由魏拯民兼任政委和军党委书记。[1]

1936年7月初，魏拯民与杨靖宇共同主持召开河里会议，并在会议上传达了共产国际七大会议的精神以及代表团的相关指示。会议决定魏拯民任南满省委书记兼抗联第一路军总政治部主任。自此，东北抗联的抗日活动更具有协同性，活动范围也逐渐扩大，抗联的影响也进一步扩大。

1937年7月25日，第一路军发表了魏拯民起草的《为响应中日大战告东北同胞书》，号召东北民众应该暴动起来，响应全国的抗日斗争，以恢复东北，守卫祖国领土完整。为践行此言，魏拯民亲率部队，向濛江、金川、桦甸等地的敌人据点进攻，后攻克辉南县城，打破了敌人所传"南满共匪已完全肃清"的谣言。[2] 11月，他为与杨靖宇部取得联系，历经艰难，向金川县境进发，相继与敌人进行了回头沟、大荒沟、大青沟、杨木桥子等战斗。1938年5月，魏拯民率部冲破敌人封锁，在辑安县老岭根据地与杨靖宇成功会师。5月中旬，两支部队的领导人召开老岭会议，会上分析

---

① 中共党史人物研究会编：《中共党史人物传》第十卷，陕西人民出版社1983年版，第285页。
② 中共党史人物研究会编：《中共党史人物传》第十卷，陕西人民出版社1983年版，第287页。

了全国和东满、南满地区的斗争形势，并确定之后的斗争方针应以保存实力、寻机打破敌人"讨伐"为主，以此配合全国范围内持久作战。但出乎意料的是，第一军一师师长程斌于 7 月份叛变，革命面临严峻形势，魏拯民与杨靖宇迅速召开第二次老岭会议，决定分散军队，将第一路军部队整编为三个方面军和一个警卫旅向长白山区转移。11 月，在濛江南泊子将金日成的六师改编为第二方面军。1939 年 7 月，召开第一路军总部领导干部会议，将第二军四、五师合编为第三方面军，决议杨靖宇率领警卫旅和第一方面军活动于辑安、柳河、通化附近；魏拯民率第三方面军活动于敦化、安图和宁安南部的镜泊湖地区，以求得与抗联第二路军及吉东省委的联系。会后，魏拯民即率部队根据会议安排开始行动。8 月 22 日，魏拯民率部队奇袭了敌人于大沙河镇的据点，全歼日伪军共 200 多人。后敌人为打击报复，由驻守在大蒲柴河镇的日军前往敦化追捕魏拯民部。魏拯民巧施妙计，在两地中间的寒葱岭伏击敌人，最终全歼敌军 170 余人，并缴获了一批军备物资，严重打击了敌人的嚣张气焰。①

敌人加紧了对抗联部队的"围剿"，频繁向游击区"讨伐"，以"篦梳式""踩踏式"开展"扫荡"，以"集团部落""归屯并户"等方式严密隔绝抗联部队与群众的联系，不断压缩抗联队伍的活动区域，1939年10月初，在生死存亡关头，魏拯民与杨靖宇部在桦甸县头道溜河召开会议，为保存实力，决定于冬季将部队化整为零，或分散活动或隐蔽于密营中。会后不久，魏拯民因病重于密营中休养。1940年2月23日，杨靖宇司令遭叛徒出卖，以身殉国。魏拯民得知此消息，数度晕厥。他表示："杨靖宇生前没有完成的事业，要由我们来完成。"①3月中旬，魏拯民主持召开中共东南满省委扩大会议，决定分派干部到地方，重新组建被日伪破坏的党组织，并决议由魏拯民继续担任南满省委书记，领导第一路军。

由于敌人的持续"围剿"，魏拯民试图与早已失联的中共中央取得联系，以获得中央的援助与指示，但未能实现。率兵转战于各个地区的魏拯民，身体状况再度恶化。1940年秋末，他的身体甚至不能支持他继续随军战斗，便由警卫排护送到长白山区桦甸县夹皮沟东部牡丹岭二道河子密营中休养。即使身在后方，魏拯民依旧坚持写报告、撰文件，身边的战士时常通过藏起他的纸笔来强迫其休息，换来的却是魏拯民的真诚请求："时间对我太宝贵了，工作

---

① 中共党史人物研究会编：《中共党史人物传》第十卷，陕西人民出版社 1983年版，第293页。

坚持到最后（绘画）

怎么能停止呢？请把纸和笔给我吧！"[1]魏拯民的这种忘我的工作精神深深感动了战士们，也激励战士们继续迎接新的战斗。

1941 年 1 月 20 日，魏拯民同志最终怀着对祖国与人民的热爱停止了呼吸，不幸病逝，时年 32 岁。魏拯民毕生所到之处即撒下革命的火种，即使在生命将熄之前，也以革命事业为重，命令警卫员将其保存整理的文件转交给党

---

① 中共党史人物研究会编：《中共党史人物传》第十卷，陕西人民出版社 1983 年版，第 295 页。

组织。他还鼓励身边的战士："我们的血不会白流，我们的革命红旗，会插遍全中国！"①

（四）威震东满之骁勇，人歇枪不歇之英豪——王德泰

王德泰（1907—1936），又名王铭山，东北抗联第二军军长、东北抗联第一路军副总司令。1907 年 5 月 23 日出生于今辽宁省营口市博洛铺镇詹家屯村的一个贫农家中。由于家境贫寒，1920 年 13 岁的王德泰才开始上学。老师的教导使他了解到东北地区乃至中国被列强欺辱的历史与现实，他的心中从此种下了革命的种子。1923 年，16 岁的王德泰为了减轻家庭负担，结束了短暂的学习生涯，曾先后前往盖平、安东、延边地区的各个乡镇打工，尝试了各个行业，也经受了种种磨难，这不仅锻炼了他的意志，也使他亲身体会到了底层人民的艰辛，为其在之后的斗争岁月中能够更加坚定革命意志奠定了基础。

1931 年九一八事变爆发，日本帝国主义开始了对东北全域的侵略与统治。1932 年 4 月起，日本驻朝鲜侵略军组成"间岛"派遣队，对延边各地区进行大"讨伐"，施行"三光"政策，屠杀群众，并抢夺其财产。据统计，"从 1932 年 4 月至该年年底，日军便在延吉、汪清、和龙、珲春 4 县，

---

① 中共党史人物研究会编：《中共党史人物传》第十卷，陕西人民出版社 1983 年版，第 296 页。

王德泰

共杀害中国民众 4000 余人"[1]。与此同时，中共东满特委和各县县委正号召群众开展秋收斗争。为投身革命，反抗日本帝国主义，王德泰在党的号召下，加入了他当时所在的老头沟农民斗争的队伍。通过跟随队伍冲破反动当局的阻拦，与地主、富农、亲日走狗做坚决斗争，王德泰感受到了群众的力量，认识到中国共产党的伟大。1931 年冬季，王德泰光荣地加入中国共产党。

---

[1] 霍燎原：《王德泰与抗联二军》，吉林教育出版社 1994 年版，第 23 页。

1931年12月,中共东满特委和延吉县委建立延吉县(今延吉市)反帝同盟,革命热情高涨的王德泰被任命为组织部部长。1932年春,东满地区发生了严重的粮荒,中共东满特委和各县委组织延边地区农民群众开展"春荒斗争"。王德泰主要组织老头沟群众,向地主富豪开展借粮的斗争,清算亲日走狗。同年夏,党组织派遣王德泰前往老头沟煤矿开展抗日宣传,组织工人运动,鼓励工人们积极开展反日活动。王德泰最终在矿工中创建了反帝同盟,并担任书记一职。同年秋,王德泰再次被党组织派至延吉县三道湾从事兵运工作。经过探查,王德泰很快融入该地山林队"长江好"中间,并担任该队伍的文书。他在士兵间传播抗日救国的道理,逐渐提高他们的思想觉悟,因此团结了部分爱国士兵。后来在外出执行任务时,他成功说服带出的约20名士兵全部加入延吉县游击队。①"长江好"约20名士兵以及当时花莲里30名赤卫队队员的加入,使延吉县游击队的力量有所壮大。为此,1933年1月,延吉县游击队正式改编为延吉县抗日游击大队,王德泰作为创始人和主要领导人,曾先后在部队中担任小队长、中队长、大队参谋长和

---

① 中共党史人物研究会编:《中共党史人物传》第十卷,陕西人民出版社1983年版,第298页。

政委等职。[1]

在领导游击队斗争的过程中，王德泰将部队分为几个小组，由于部队人多枪少，为时刻保持战斗状态，王德泰提出"歇人不歇枪"的策略，在实践中有效地锻炼了士兵的战斗能力。据统计，仅 1933 年间，延吉游击队即与日伪交战 50 余次，为东满地区之最。[2]1933 年 1 月 26 日，中共中央发出"一·二六指示信"。同年夏，该信被传达至延边地区。延吉县委于 7 月召开扩大会议，传达指示信精神，从而推动了基层组织的建设以及抗日统一战线的建立。一个多月之后，延吉、珲春、汪清三县新发展党员 460 人，团员 470 人，其中延吉县新增党员 189 人，团员 145 人。而四县的游击队伍在指示信的指导下也日益强大，和龙游击队人数增至 150 余人，汪清游击队人数增至 180 余人，珲春游击队增至 180 余人，延吉游击队增至 300 余人，各地区游击队伍的快速成长，也标志着党的方针政策更加贴合实际，更加赢得民心。[3]

1933 年 9 月中旬，中共东满省委召开扩大会议，王德泰由于在领导延吉地区游击战斗中的优异表现及其卓越的

① 霍燎原：《王德泰与抗联二军》，吉林教育出版社 1994 年版，第 32 页。
② 于绍雄主编：《东北抗日联军将领传》，黑龙江人民出版社 2009 年版，第 51 页。
③ 霍燎原：《王德泰与抗联二军》，吉林教育出版社 1994 年版，第 40—41 页。

领导能力，首次当选为特委委员和军事部部长，直接领导延边各县游击队的抗日活动。1933年冬至1934年春，王德泰率部粉碎了日伪军的"第一期讨伐"和"第二期讨伐"。

1934年3月下旬，东满特委在省委指示下召开各县游击队负责干部会议，会议决定正式成立东北人民革命军第二军第一独立师，以王德泰为政委。6月至7月，王德泰率部攻打了汪清县罗子沟、桦甸县大蒲柴河镇（今属敦化市）、安图县大甸子。8月，攻打安图，使得300余名伪军士兵反正起义。之后，各支部队又开展数次进攻行动，抗日武装控制了安图县车厂子、大甸子、太平沟、大沙河一带，并在安图、延吉、宁安、汪清、敦化等地开辟新的游击根据地，为游击队的发展以及基层组织的建设奠定了重要基础，既深入联系了群众，建立了部分反日会、农民协会等组织，又壮大了队伍力量。[①] 同年秋，第二军独立师与该地区其他抗日武装在王德泰的提议下召开大会，大会以实践抗日统一战线为目的，组成了东满抗日联合军指挥部，以王德泰为指挥。

1934年秋至1935年春，王德泰在积极打击日伪军的同时，建立了安图县车厂子和汪清县大甸子抗日游击根据

---

① 中共党史人物研究会编：《中共党史人物传》第十卷，陕西人民出版社1983年版，第300页。

地，使之成为东北人民革命军的"战略基地"。1935 年 3 月，中共东满特委对第二军独立师进行整顿，以王德泰为独立师师长。5 月 30 日，将独立师正式扩编为东北人民革命军第二军，王德泰任军长。这一改编表明东满地区的抗日力量已逐渐成熟，对日作战工作也进入新阶段。第二军成立后，王德泰为扩大抗日区域、加强部队建设，经过缜密计划，决定分兵远征，主要兵分三路：第一路部队即从第一团和第二团中抽调大部兵力，向额穆、敦化方向进军，打通与人民革命军第三军的联系；第二路部队即以第三团和第四团大部兵力向宁安、东宁、穆棱方向进军，取得了与东北抗日同盟军第四军和东北反日联合军第五军的联系；第三路部队即以第二团一部向抚松、濛江、柳河方向进军，取得了与人民革命军第一军的联系。意图通过打通与各支抗日部队的联系，从而在东北地区形成区域性协同作战。

1935 年 4 月末，第一路部队在王德泰的领导与指挥下开始西征。5 月 2 日，在敦化哈尔巴岭附近截击敌人火车，此事被日伪人员称为"京图线通车以来发生的最大惨事"①。后遭遇敌人追击，在几番战斗后，为避免不必要的损失，

---

① 霍燎原：《王德泰与抗联二军》，吉林教育出版社 1994 年版，第 86 页。

部队暂时放弃西征舒兰等地、与第三军取得联系的计划，留部分兵力继续在敦化、额穆附近活动，其余部队返回游击区。之后又在威虎岭、东苇子沟附近展开战斗。西征部队经过数次与敌人在以安图为中心的附近区域进行游击斗争，虽然未能实现远征计划，但给敌人以数次痛击，有效锻炼了部队战斗力，并在斗争过程中创建了多处密营，成为东北抗联斗争的一大特色。

1935年6月初，第二路部队开始远征。在老黑山附近，由于民众强烈控诉该地区的伪靖安军一部欺压百姓的恶行，部队以"引蛇出洞"后再加以伏击的计策，率先解决了该伪军部队。6月下旬，部队进入宁安境内，后于7月至南湖头，与反日联合军第五军一部会师。之后二、五军计划组成西部派遣队，向额穆一带进军，开辟游击区，并在此间开展对抗日军秋冬季大"讨伐"的斗争。经过一系列战斗，该部队除了未能与抗日同盟军第四军联系上之外，基本实现了原定计划，不仅与第五军取得了联系，还在战斗中维护了群众利益、满足群众需要，扩大部队影响，鼓舞更多爱国民众加入队伍。之后，王德泰还率部分游击队士兵和少年义勇军部队，前往宁安县与五军会师，最终两军于1936年1月中旬在镜泊湖顺利会师，王德泰与五军军长周保中得以会面。

1935 年 8 月，第三路部队开始远征，计划经抚松抵达濛江县。该部队跋山涉水，最终于 9 月初抵达濛江县那尔轰一带，与第一军部队顺利会师。第一军于 9 月 3 日、10 月 4 日分别举办军民联合欢迎会。会师期间，两军干部举行联席会议，交流抗战情况，并制订了联合作战计划，商定开辟以安图县为中心的辽吉边区游击根据地，建立全东北抗日政府与抗日联军等问题。两军会师为之后的协同作战、组建第一路军奠定了重要基础。

1935 年秋，日伪当局对安图县车厂子抗日游击根据地展开攻势。10 月，东北人民革命军第二军军部及部分部队开始撤退。其中，军部和二团由军长王德泰指挥带领撤至安图县南部的奶头山一带。该地区民众多为朝鲜族，王德泰在党的建立抗日民族统一战线的方针指导下，大力贯彻民族政策，亲近当地群众，帮助该地人民废除旧的"区长"制，建立村农民委员会，组织创建爱国群众团体。同时，在此处恢复创建了人民革命军第二军的党组织、军部、团部、工厂、医院等，形成了抗日游击根据地。但敌人于 11 月末调兵向奶头山地区进攻。虽然敌我力量相差悬殊，但在王德泰的领导下，革命军充分利用地理优势和气候因素，于山头处抵抗敌人的攻击，并不断对敌袭扰，使之在冰天雪地之中进攻速度缓慢。之后，经过几天奋战，敌人以失败告终，革命军最终以少胜多，成功保卫了奶头山根据地。

1935年，"八一宣言"发布。王德泰对于抗日民族统一战线的创建与实践更加积极。在1936年与第五军会师后，即于1月20日召开两军会议，会议围绕部队的整顿以及活动区域、活动计划等进行商讨。这不仅加强了东满和吉东地区党军之间的关系，还为之后部队之间的协作奠定了基础。1936年2月，魏拯民从苏联回国后，向各军传达关于促进抗日民族统一战线的指示，提出创建东北抗联的重要性。3月初，召开第二军领导干部会议，决定将东北人民革命军第二军改编为东北抗日联军第二军，军长为王德泰。此外，会议还划分了各师的游击区域，强调了联系义勇军和山林队的重要性。

1936年7月，魏拯民与杨靖宇等商讨后，将东北抗联第一军和第二军统一编为东北抗联第一路军，王德泰为副司令。此时的王德泰正率兵活动于抚松县各地区，该地区是日寇在通化山区的一个重要据点，驻扎有数百名日军，且装备充足，严重阻碍了第二军对长白山游击区的开辟。对此，魏拯民在归队之后，即着手准备对抚松县城的进攻。8月17日，抗联二军发起进攻，无奈日军以陆空军相互配合，王德泰率部战斗至19日，最后撤离该地。此次战斗虽然没有达到预期目的，但也有力地牵制了日军兵力，以减缓第一军西征的压力。

战后，王德泰、魏拯民继续率军部和第四师主力对敌进行了代马沟、东清沟战斗，此役毙敌将领数十人，日伪因此再次集结部队，对第二军围追堵截。王德泰率部运用游击战术，利用有利地形，抓住战机，与敌人周旋于抚松、濛江、临江之间，数度将敌人包围。11 月中旬，虽然抗日部队与日方部队人员数量悬殊，但王德泰依旧以高昂的革命精神鼓励战士，巧设计谋，对敌人形成两侧夹击之势，敌人只能边战边逃。然而，在追击敌人的时候，王德泰同志不幸中弹牺牲，年仅 29 岁。王德泰的一生是奉献革命事业的一生，他从群众中来，对底层人民的艰辛有深刻的体悟，他把整个生命献给了中国人民的解放事业。

（五）民众称赞镜泊英雄，日伪惊叹满洲之虎——陈翰章

陈翰章（1913—1940），东北抗联第二军第五师师长、东北抗联第一路军第三方面军总指挥。1913 年 6 月 14 日生于吉林省敦化县半截河屯一个农民家庭，家中有良田，生活条件尚可。但随着母亲、祖父相继病故，土地被卖所剩无几，家庭渐贫。由于祖辈父辈都没有文化，家中便支持其上学读书。陈翰章 9 岁入私塾，12 岁于县城宣化读小学，

陈翰章

14岁以第4名的成绩成了私塾教员考试中全县最小年龄者，一时轰动全城。当年，又入敦化敖东中学读书。1930年，中学毕业的陈翰章入职于县立教育馆。1931年九一八事变爆发后，日军占领敦化县城，陈翰章随即利用职务之便在民众间开展抗日宣传。1932年9月13日，他毅然决定投笔从戎，加入救国军吴义成部。①10月初，救国军由吉林敦化转移至黑龙江宁安县镜泊湖一带活动。10月10日，陈翰

① 中国人民政治协商会议吉林省延边朝鲜族自治州敦化县委员会文史资料研究委员会编：《敦化县文史资料第1辑陈翰章将军抗日斗争事迹》，1984年版，第10页。

章以战地鼓动队长身份，参加了从军后的第一次战斗，即宁安县城战斗。经过斗争的考验，同年冬，19 岁的陈翰章在王润成等同志的介绍下加入中国共产党。之后，在党组织的培养下，陈翰章成为救国军中秘密党组织的基层负责人之一，协助周保中开展组织工作。

1933 年初，在日寇的残酷统治下，一些东北抗日义勇军纷纷瓦解，王德林也被迫率部分部队退居关内。为稳定救国军的剩余部队，党组织积极对吴义成部队开展工作，将其整编为新的东北国民救国军，从而在救国军中进一步渗入党的力量。同年夏，吴义成率部前往东宁。但由于吴义成具有反共倾向，且消极抗战，军内呈分化状态，党组织决定由周保中到宁安组建吉东反日同盟军。陈翰章则继续留在吴义成部队开展秘密工作。同年冬，他被吴义成提升为总司令部秘书长。他曾利用这一身份有力地保护我党同志。当时吴义成意图收缴东满地区党的抗日武装，一度捕获崔振和等数名同志。陈翰章得知这一情况后积极做吴义成的工作，分析其中利害，最终使被捕同志得到释放。为了获知南京国民政府的抗日态度，同时征集军费，1934 年初，陈翰章在吴义成的派遣下前往平津地区。其间，他转至宁安地区，向党组织汇报，之后党委给他布置如下任务：在可能的情况下深入救国军，并了解其各支部队之间的往来情况；到关里宣传党组织统一战线的政策；尽力寻找平津一带党领导下的抗日救国组织并开展活动。[①]

就这样，陈翰章带着党的指示前往平津地区工作，积极宣传东北地区的党组织在冰天雪地中带领抗日武装浴血奋战的英勇事迹，以及国民党反动政府的"不抵抗政策"的实质。最终，他的积极活动赢得了爱国组织的支持与援助。1934年5月，陈翰章带着王德林在关内组织人民募捐的8000元现金回到东北。在向周保中汇报工作后，陈翰章主张将钱款分发给各支抗日部队，并向各支部队报告了相关情况，指出国民党并未打算抗日，甚至部分国民党官员、救国军、自卫军在关内以募捐的名义中饱私囊。他还汇报了中国共产党的一系列抗日行动。在陈翰章的宣传动员下，党在东北地区各支抗日武装中扩大了影响，使部分抗日武装向党靠拢。6月，党决定陈翰章从吴义成的救国军撤出，回归党的组织，吴义成被迫同意。后陈翰章被派遣至绥宁反日同盟军宁安工农义务队中任政治指导员。在其领导下，这支部队快速成长为"吉东抗日游击队"。

1935年2月，东北反日联合军第五军成立，陈翰章任

---

① 中国人民政治协商会议吉林省延边朝鲜族自治州敦化县委员会文史资料研究委员会编：《敦化县文史资料第1辑陈翰章将军抗日斗争事迹》，1984年版，第13页。

第二师参谋长兼师党委书记。之后陈翰章率部在额穆、石头河、宁安二道河子、敦化东官地镇、蛟河等地开展几十次战斗，歼灭大量敌人。为报复陈翰章，敌人将其父亲、妻子逮捕，送至宁安对陈翰章劝降。其父亲在陈翰章的抗日精神影响下，即使被日寇鞭打折磨，也坚决不向日寇投降。1936 年初，陈翰章由第五军调任东北人民革命军第二军（3 月该部队改编为东北抗联第二军）第二师参谋长，兼代理师长。他率部在牡丹江附近，开辟了以宁安南湖头为中心的穆棱、额穆、敦化、东宁、汪清等游击区。①6 月，东南满党及抗联第一、二军部分领导干部在吉林省金川河里召开会议，会议选举陈翰章为南满省委委员，并任命其为第五师（原第二师）师长，率部继续在绥宁、东满地区战斗，主要任务为在坚持斗争的基础上，打通南满省委与吉东、北满党组织和第一路军与三、五军之间的联络。7 月，中共道南（中东路）特委成立，陈翰章被选为特委委员。

1936 年夏，日方派驻宁安宪兵队日本政治浪人雄谷向陈翰章劝降。为揭露日军阴谋，陈翰章与雄谷在唐山沟附近见面，当时雄谷极力向陈翰章鼓吹日方能够帮助中国由

---

① 温野、臧秀编著：《镜泊英雄陈翰章》，黑龙江人民出版社 1959 年版，第 31 页。

资本主义过渡到社会主义，并寻求与抗联的合作，他还威胁道："否则的话只有全军覆灭。"[①] 陈翰章对此直接怒斥回击，他义正词严地说："中国人民将最后战胜日本侵略者。"[②] 说罢他便拔出手枪欲将其击毙，雄谷见劝降不成，只得灰溜溜而去。1936年9月12日，得到情报的陈翰章率部队在代马沟伏击一队前往国境线的敌人，该战斗毙敌90余名，重伤20余名，全歼日军一个工兵连，沉重打击了日寇修筑"国防工事"的计划，此即为历史上"九一二事件"。[③]

1937年七七事变爆发，东北地区作为日寇重要的军事基地，抗联担负着牵制日军的主要责任。陈翰章率部活动于镜泊湖岸及汪清、延吉、敦化等地，伺机袭扰敌人。同年秋，在敦化沙河沿一战中重创敌人。1938年5月，在宁安县斗沟子处夜袭获胜。同月中旬，中共南满省委和抗联第一路军召开会议决定改编第一路军，成立三个方面军和一个警卫旅，陈翰章被任命为第一路军第三方面军总指挥。8月，陈翰章将战斗目标转至日军正在修建的镜泊湖北湖头水力发电站工地，于是，他很快率部全歼了守卫镜泊湖的

---

① 温野、臧秀编著：《镜泊英雄陈翰章》，黑龙江人民出版社1959年版，第32—33页。

② 中共党史人物研究会编：《中共党史人物传》第四卷，陕西人民出版社1982年版，第346页。

③ 温野、臧秀编著：《镜泊英雄陈翰章》，黑龙江人民出版社1959年版，第35页。

日寇守备军，并焚毁了工程事务所，解放了被抓劳工，彻底破坏了日军的"镜泊湖瀑布水电站建设计划"。陈翰章的部队在撤退过程中又数次袭扰日军，大大提高了部队声望。

1939年7月，第二军第四、五师合编为东北抗联第一路军第三方面军。8月20日，经过一番研究，陈翰章与魏拯民决定率部队从汉窑沟出发，奔向安图。但由于行军中有叛徒逃跑，并向安图日军泄密，魏拯民和陈翰章决定将计就计，以"调虎离山计"佯装进攻安图，实则声东击西将打击目标转移至大沙河。经过激烈的战斗，抗联战士全歼驻守该地的最凶恶的"宫本讨伐队"，毙伤、俘虏不少敌人，并缴获大量军用物资。① 此后不久，陈翰章又率部在行军途中袭击驻大蒲柴河伪军十团一个连，后又在寒葱岭附近与第五军的陶净非部，截击开往大蒲柴河的松岛部队。10月底，由于气候逐渐转寒，部队缺乏棉衣，陈翰章准备前往额穆的日伪仓库中夺取棉花和布匹。他让部队佯装为日军"讨伐队"，直接从仓库"取"物资。后被敌方发现，赶来追击。为快速结束战斗，陈翰章借助风势引燃附近的芦苇，趁势将火引向敌方位置，致使敌方惊慌失措，此时他趁机率部冲锋，英勇杀敌，取得了战斗的最终胜利。同年冬，

---

① 温野、臧秀编著：《镜泊英雄陈翰章》，黑龙江人民出版社1959年版，第56页。

陈翰章决定将部队化整为零，分散活动。

　　1940年2月，抗联第一路军总司令杨靖宇壮烈牺牲，敌人妄图进一步全歼其他部队。面对敌人越来越多的援兵，战斗也愈发艰难，陈翰章所部的战斗频率逐渐增加。4月初，随着气候逐渐好转，为增加部队力量，陈翰章领导的各支部队又集零为整，集合于沙河沿的二龙山。为更换棉衣，部队前去敦化牛心顶山密营被服厂取棉衣。不料被服厂早已被敌人破坏，不仅缝纫机被搬走，粮食被抢走，敌人还将指导员和工人杀害。后队伍又奔赴双砑岭，但所见都是被敌人破坏的景象。战士们怀着义愤，准备攻打敦化北黄泥河子车站。而就在此时，杨靖宇司令牺牲的噩耗传来，战士们的怒气再也藏不住了。在追悼会上，战士们一致宣誓："坚决给杨司令报仇！""把日寇赶出中国。"[①] 追悼会后，部队即向北黄泥河子车站发起猛攻，战斗中缴获大量物资。次日，退回至牛心顶的抗联部队被日军空军部队发现，于是伪警察、伪军、日军守备队等闻讯而来，在激烈的战斗中，部队牺牲、重伤的战士多达几十名，陈翰章的一条大腿也被子弹打伤。当日晚，陈翰章率部趁夜突围至双砑岭，后转至东岗，最终到达沙河沿二龙山密营休整。由于

---

① 温野、臧秀编著：《镜泊英雄陈翰章》，黑龙江人民出版社1959年版，第74页。

队伍严重缺药，陈翰章腿部肿得厉害，化脓流血。待部队休整完毕后，在魏拯民的指示下，陈翰章与第五军陶净非部队会师，并计划向五常县（今五常市）进发。从 5 月出发至 9 月到达五常县境，这期间，陈翰章曾指挥数十次战斗，击毙敌人官兵若干，并缴获大量敌伪物资，解放劳工以及被关押的爱国者百余人。[①]

为减轻其他部队的作战压力，陈翰章并未听从魏拯民东撤的建议，而是坚持在镜泊湖地区开展斗争。1940 年冬季，为保障过冬粮食，陈翰章在 12 月 3 日、5 日晚，先袭击宁安县黄家屯地区的敌人，后又攻打北湖头的敌人，并缴获步枪、子弹以及诸多粮食。北湖头作战中，陈翰章再次利用火攻击退敌人。在最艰苦的岁月中，陈翰章率领队伍穿梭于吉、黑两省，以游击的方式与敌周旋，吸引敌人兵力，破坏敌人驻防，给敌人以重创，他率领的抗日队伍是名副其实的榜样部队。

经过数次血战之后，陈翰章身边仅剩十几人。1940 年12 月 6 日，陈翰章带领部队从镜泊学园出发，向镜泊湖东南处的小弯弯沟密营处前进。7 日，行军途中，有名张姓士兵叛逃，向附近驻扎日军告密。日伪随后调集 1000 余

---

① 中共党史人物研究会编：《中共党史人物传》第四卷，陕西人民出版社 1982 年版，第 354—355 页。

陈翰章殉国地——原宁安县小弯弯沟

人集合至鹰膀子山东北角处的弯沟村（今属黑龙江省宁安市）。8 日凌晨，张姓士兵带领日伪"讨伐队"包围了又累又饿的抗联部队。在陈翰章的指挥下，双方激战两个小时。面对敌人的劝降，陈翰章大声呵斥道："死也不当亡国奴！"[1] 在掩护士兵撤退时，陈翰章被敌人的子弹击中，后英勇牺牲。

在民族危亡时刻，这些被党组织派往吉林发展抗日工

---

[1] 中国人民政治协商会议吉林省延边朝鲜族自治州敦化县委员会文史资料研究委员会编：《敦化县文史资料第 1 辑陈翰章将军抗日斗争事迹》，1984 年版，第 64 页。

作的优秀革命者，奋战在抗战前线，将自己全部的青春都奉献给了黑土地。除了上述具有代表性的东北抗联领导人之外，曾经活动在吉林地区的还有杨林、李延禄、朴翰宗、宋铁岩、李红光、李学忠等同志。他们用自己英勇斗争的事迹，诠释了爱国主义的真谛，是每位中华儿女学习的楷模。

第三章

中共建立抗日武装

九一八事变爆发后，中华民族陷入生死存亡的境地。面对日本帝国主义残忍暴虐的侵略行径，中国共产党率先举起抗战大旗，建立抗日武装，掀起风起云涌的反日斗争高潮。

一、率先建立反日游击队

九一八事变后，中共中央和中共满洲省委审时度势，决定将组建游击队的任务作为东北地区抗日斗争的工作重心，并在此基础上提出一系列关于组建游击队、号召东北地区军民积极参与反日斗争的指示精神。

（一）中国共产党关于建立反日武装的决策

1931年九一八事变后，中共满洲省委于9月19日发表《为日本帝国主义武装占领满洲宣言》，揭露了日本帝国主义企图以九一八事变为契机，实现其侵占全中国的阴谋，同时提出"只有工农兵劳苦群众自己的武装军队，是真正反对帝国主义的力量"[①]。次日，中共满洲省委发表了《中共满洲省委、团满洲省委告群众书》，声讨日本帝国主义对中国领土的侵占行径，同时向全国各族人民发起共同参与反日革命斗争的联合号召。9月22日，中共中央在《关于反对

[①] 中央档案馆、辽宁省档案馆、吉林省档案馆、黑龙江省档案馆编：《东北地区革命历史文件汇集》甲9，1988年版，第49页。

日本帝国主义强占满洲的决议》中进一步向广大的人民群众发出共同抵御日本帝国主义侵略的号召，并且强调苏维埃政府的统一领导是促进民众团体向反日游击队转变的关键。次日，中共满洲省委再次号召工农民众积极参与反日游击斗争，促使抗日武装队伍日渐壮大。10月12日，中共中央在《关于满洲士兵工作的指示》中进一步提出在工农民众中组建反日游击队的建议。同时，特别强调"在开始发动游击战争的时候，要找出群众斗争比较活跃，（敌人）统治力量比较薄弱的地方，游击队作武装斗争的前锋，群众作游击队的基础，把游击队与群众斗争配合起来，才能开辟游击区域与加强和扩大游击队"[1]。1932年3月，中共满洲省委提出"只有人民群众起来，只在群众斗争中创建党直接领导的人民武装，才能保证彻底抗日救国"[2]。1932年7月20日，中共满洲省委在给中共中央的报告中继续明确阐明："发动满洲游击战争，领导反日的民族战争，开辟满洲新的游击区域与苏维埃区域是满洲党目前最中心最迫切最实际的战斗任务。"[3]

---

[1]《关于满洲士兵工作的指示》（1931年10月12日），中共黑龙江省委党史研究室存。

[2]《东北抗日联军斗争史》编写组：《东北抗日联军斗争史》，人民出版社1991年版，第80页。

[3] 中央档案馆、辽宁省档案馆、吉林省档案馆、黑龙江省档案馆编：《东北地区革命历史文件汇集》甲10，1988年版，第221页。

1931 年 9 月 22 日，中共中央发表《中央关于日本帝国主义强占满洲事变的决议》

显而易见，在东北地区的反日斗争过程中，中共中央、中共满洲省委逐渐意识到组建游击队的任务是反日斗争工作中至关重要的。

（二）吉林省建立的反日游击队情况

根据中共中央、中共满洲省委关于建立反日游击队，并以此作为开展反日革命斗争主要途径的指示精神，东北各地党组织积极响应，并相继开展组建游击队的相关工作。但在实际工作中，也存在一定的困难。因受到内忧外患的恶劣斗争环境的影响，东北各地党组织力量发展得相对缓

慢与薄弱。据 1932 年 1 月统计，中共满洲省委所属党员
2132 人。党的组织主要分布在沈阳、哈尔滨、大连等中心
城市和中东铁路、南满铁路沿线一些城镇；在农村，除东
满、磐石、珠河、汤原、宁安、饶河等地之外，绝大部分
地区尚未建立起党的组织。① 也就是说，东北地区党组织力
量发展的不平衡性直接导致反日游击队的组建工作异常艰
难。对此，中共中央、中共满洲省委为促进抗日救国武装
斗争的顺利推进，特委派优秀干部深入东北各地，参与创
建党直接领导的反日游击队。

根据吉林省地域划分，南满地区、东满地区以及吉东
地区位于原吉林省南部、东南部、东北部地域。南满地区
是最早建立反日游击队的地区，其先后在磐石、海龙、柳
河等地创建反日游击队。其中，磐石地区成为南满地区最
早建立反日游击队的地区，且人员数量众多。早在九一八
事变之前，中共党组织在中共磐石县具有一定的组织基础。
1930 年 8 月，中共磐石县委成立。此后，中共磐石县委成
立由中共党员李红光率领的劳农赤卫队，及保卫县委机关
特务队（又称为"打狗队"）。与此同时，日本帝国主义根
据既定的吞并朝鲜、掠夺中国东北以及侵占中国全域的"大

---

① 《东北抗日联军斗争史》编写组编：《东北抗日联军斗争史》，人民出版
社 1991 年版，第 81 页。

抗日烈士李红光

陆政策"，屡次制造争端，寻衅滋事。在这民族危亡之际，中共磐石县委根据中共满洲省委的指示精神，号召工农民众共同参与反日斗争。1931 年 8 月，根据中共满洲省委的相关指示精神，中共磐石县委改组为中共磐石中心县委。九一八事变爆发后，中共磐石中心县委组织并领导磐石地区的工农民众开展大规模的反日斗争运动，多种形式的反日组织得到迅猛发展。中共磐石中心县委领导的反日斗争，激发了属地工农民众的抗日热情，为东北地区第一支反日武装力量的建立奠定了群众基础。1931 年 12 月，在中共磐石中心县委的决议下，由劳农赤卫队与特务队合并组成的磐石赤色游击队正式成立，成为中国共产党直接领导的东北地区的第一支反日游击队。1932 年 6 月 4 日，建立以磐石赤色游击队成员为基础的磐石工农反日义勇军。同年 8 月，中共满洲省委根据中共磐石中心县委和游击队关于磐石地区游击工作困境的紧急报告做出指示，决定委派杨靖宇同志前往南满地区开展巡视指导工作。1931 年 11 月至 1933 年 1 月，杨靖宇先后两次对磐石工农反日义勇军进行改组，并在此期间根据中共满洲省委的建议，将"磐

南满游击队创建地——磐石县大红石砬子山

海龙县民众抗日救国会铅字印章

石工农义勇军"更改为"中国工农红军第三十二军南满游击队"。孟洁民任总队长，王兆兰任副总队长，初向臣任政委，李红光任参谋长。在此之后，南满游击队积极开展游击战争，沉重打击日军，促使南满游击队在磐石地区稳步发展。

除此之外，南满地区的其他县区接连建立反日游击队。1931年8月，中共海龙中心县委成立。翌年8月，中共海龙中心县委以特务队为核心，建立海龙工农义勇军。在进行反日斗争的过程中，因兵力不足、领导失误等原因接连受到重创。对此，中共满洲省委于 1933 年 1 月委派杨靖宇前往海龙地区进行巡视工作，并了解、分析了海龙地区开展游击工作的基本情况，对海龙工农义勇军进行整顿，同时，将其部队名称更改为"中国工农红军第三十七军海龙游击队"。王仁斋任队长，刘山春任政委。在此之后，海龙游击队积极开展反日斗争，并在工农群众中广泛宣传党的抗日救国主张，吸收爱国人士以扩充党的组织，培养内外兼修的领导干部，并在中共党组织的帮助下，加强队伍建设，促进了海龙游击队的平稳发展。1933 年 8 月，海龙游击队与南满游击队合并。

东满地区东与俄罗斯毗邻，南与朝鲜隔江相望。此地区主要有汉族、满族以及因受到日本高压政策的剥削而迁移至东满地区居住的朝鲜民众。东满地区因受到日本帝国主义的殖民统治与封建军阀的残酷压迫，工农民众的抗日热忱高涨。早在 1928 年，中共满洲省委便委派中共党员前往该地加强党的建设工作。同年 8 月，中共延边区委成立。在此之后，中共满洲省委对东满地区的游击工作给予高度重视，并加速推进。1930 年 8 月，中共延和中心县委员会正式成立。10 月，以中共延和中心县委为人员基础构成的中共东满特别委员会正式成立，并先后委派专人前往延吉、和龙、珲春与汪清各县辅助建立反日游击队。与此同时，为促进东北各地区游击工作的顺利开展，中共满洲省委派遣童长荣前往东满地区开展工作，并担任东满特委书记。

　　延吉县是东满地区最先开展游击工作的地区。1931年末，中共延吉县委先后在依兰沟、老头沟以及花莲里地区建立突击队和游击队，并在与日、伪军展开激烈战斗的过程中逐渐发展壮大。1933年1月，以突击队和游击队为基础，成立延吉县反日游击大队。大队长为朴东根，政委为朴吉。在此之后，延吉县反日游击队与敌军频繁交火，在斗争中汲取战斗经验，不断提升战斗综合实力，并建立四块游击根据地。1932年末，根据中共和龙县委关于建立反日游击队的指示精神，以大砬子、开山屯、三道沟各地游击队为基础合并而成的和龙县游击中队正式建立。随后，游击队逐步扩建，于1933年春扩建为和龙反日游击大队。大队长为张承汉，副大队长为金昌涉，政委为车龙德。珲春县先后建立了大荒沟别动队和烟筒砬子西沟突击队，并以此为基础，建立了岭北、岭南游击队，随后于1932年11月合并组建成为珲春反日游击队。1933年4月，珲春反日游击总队正式建立。总队长为孔宪琛，政委为朴泰益。1932年2月，汪清县成立赤卫队，并在此基础上，于次月成立汪清反日游击队。与此同时，中共汪清县委将李光等9名党团员与王德林所率领的国民救国军吴义成部合并为别动队，为汪清反日斗争积蓄力量。在此之后，汪清反日游击队与别动队密切配合，与日、伪军进行多次交火。同年末，以汪清别动队、游击队以及宁安反日游击队为主要构成人员，共同组建了汪清反日游击大队，大队长为梁成龙，政委为金明均。其中，以金日成为首创建的安图县反日人民游击队亦被编入汪清反日游击大队。在此之后，这支以工农民众为核心的反日武装在汪清、安图地区开展活动并日渐发展壮大。

吉东地区位于原吉林省东北部，是吉林自卫军李杜部和吉林救国军王德林部的活动区域。1932年4月，周保中被上级派遣至吉东地区开展反日工作。1933年1月，李延禄建立了东北抗日救国游击军，在宁安等地开展对日武装斗争，同时配合东满游击队的作战行动。

东北地区的反日斗争初期，为抵御日本帝国主义的暴虐侵占，中国共产党逐渐意识到武装抗日是反抗日本帝国主义侵占行径的主要途径，而反日游击队的组建是武装抗日的关键所在。对此，中共满洲省委以及各县党委积极响应上级党组织的指示与号召，相继在东北各地创建反日游击队，并号召东北各县的各族人民积极参与游击斗争，在一定程度上阻碍了日本帝国主义的侵略进程，为东北地区的反日游击战争奠定了基础。

二、最早建立东北人民革命军

日本帝国主义为满足其侵占中国领土的狼子野心，在其制造九一八事变后，变本加厉地在军事、政治、经济以及文化等方面对中国东北进行了残酷的剥削与压迫。此举引起了东北各地工农民众的强烈愤慨，东北人民武装反抗日本帝国主义的斗争进入了一个新的阶段。

（一）东北人民革命军建立的背景

1932 年末，东北三省的绝大部分地区已被日军侵占。1933 年初，日本帝国主义在对东北各地区反日游击队进行"围剿"的同时，又集结重兵向热河、察哈尔等地区进行军事侵略，并于同年 5 月，与南京国民政府签订了不平等的《塘沽协定》，为日本帝国主义进一步操纵伪满政权提供便利，割裂了东北反日斗争与关内抗日战争的配合，致使东北人民的反日斗争处于孤悬敌后的艰难处境。日本为进一步加强对东北地区的殖民统治，交通上严格把控边境口岸沿海港口以及关内海上交通，封锁中苏边境，迫使苏联放弃中东铁路；经济上实行"经济统制"，强占铁路经营权、所有权，垄断石油、铁矿、炼铁业、航运等行业，疯狂掠夺中国东北的本土资源，并通过贩卖鸦片以达到"以战养战"的卑劣目的；政治上建立以溥仪为"执政"的傀儡政权实行殖民统治；文化上推行"愚民政策"，操纵新闻、报刊、电影等宣传工具，建立舆论统治机构，严格管控舆论导向，禁止出版反对日伪统治的进步书籍或报刊，一经发现，一律查禁销毁。

日本帝国主义的强攻之势，使东北各地区的反日义勇军接连受到重创，逐渐溃散的义勇军余部以红枪会、大刀会等社会团体的形式参与反日斗争。但这些反日武装散乱无章、缺乏统一领导，处于濒临崩溃的艰难处境。彼时，中国共产党直接领导的反日游击队初具雏形，但战斗实力相对薄弱，尚不足以成为反日武装斗争的核心力量。中共满洲省委根据中共驻共产国际代表团"一·二六指示信"的指示精神，制定了对于东北地区反日斗争更为切实有效的方针与政策。1933 年 5 月 15 日，中共满洲省委提出以反日游击队原有人员为基础组建东北人民革命军的指示精神，以及强调工农民众参与军队建制的必要性。1934 年 2 月 22日，中共中央高度肯定了东北地区党组织对于"一·二六指示信"的贯彻执行及其获得的成绩，并再次强调扩建东北人民革命军，团结反日武装力量共同参与反日斗争。这不仅是促进无产阶级获取领导权的关键性问题，同时还是反满抗日斗争中亟待解决的迫切性问题。

"一·二六指示信"中关于东北地区建立反日统一战线战略决策的正确性，以及中共中央对东北地区反日力量建设的指导性建议，促使中共地方党组织将反日游击队扩建成为东北人民革命军，促进了东北地区反日武装斗争的蓬勃发展。

（二）东北人民革命军第一军的成立

根据"一·二六指示信"，中共中央以及中共满洲省委关于建立东北人民革命军的指示精神，磐石、海龙等地区认真贯彻相关指示，结合东北地区反日斗争的具体需求，逐步将东北反日游击队扩建为东北人民革命军。1933 年7 月 1 日，中共满洲省委在《关于目前形势与任务致磐石中心县委及南满游击队的指示》中明确提出："红军第三十二军南满游击队的名称，必须在党内党外解释宣传，着重指出：改变红军游击队的名称，不是降低了我们的任务，相反地，是提高与加重了我们的任务……迅速地在发展中改为东北人民革命军第一军，目前军队的编制稍稍在向前发展时（一倍左右），立刻编制成为一个师。"① 对于中共满洲省委的指示精神，中共磐石县委为此进行了很多准备工作。

1. 成立东北人民革命军第一军独立师

1933 年 5 月，中共满洲省委委派冯仲云前往磐石、海

---

① 中国人民解放军历史资料丛书编审委员会：《东北抗日联军·文献》，白山出版社 2011 年版，第 157—158 页。

龙等地区传达"一·二六指示信"精神。1933年5月下旬，杨靖宇按满洲省委指示回到哈尔滨后，与省委领导共同探讨南满地区建立抗日民族统一战线等问题。杨靖宇因势利导，协同磐石游击队、周边的抗日义勇军组建"联合参谋部"。在此之后，南满游击队与周边的反日义勇军协同作战，先后参与大兴川战斗、夜袭伊通县营城子镇等战斗。与此同时，南满游击队以及中共磐石县委落实中共满洲省委关于组建东北人民革命军的工作。1933年9月18日，南满游击队正式改编为东北人民革命军第一军独立师，杨靖宇任师长兼政委，李红光任参谋长，宋铁岩任政治部主任。

在杨靖宇的领导指挥下，第一军独立师积极开展对日作战，并在战斗中快速成长，截至1934年9月，独立师从初始380余人发展至700余人，已然成为南满地区抗日武装力量的主力部队。独立师与其他的反日武装合力攻敌，先后参与碱水顶子战斗、突袭柳河县三源浦等战斗。南满地区军民的反日斗争高涨，积极开展反日革命斗争，显示出南满地区的反日武装力量日渐发展壮大，是反日统一战线方针贯彻的最好彰显。1934年9月1日，日伪军针对南满地区的反日武装进行了秋季大"讨伐"。对此，在南满地区开展反日斗争的东北人民革命军第一军独立师运用

"避实击虚"的游击作战方针，与敌军进行激烈的交战。自
1934年9月至11月期间，与敌军交火次数高达150余次，
多以胜利告终。

2. 进一步制定并完善了政治规章制度

为加强反日游击队的综合作战实力，着力提升政治、
军事等方面的综合素质，党发出了一系列的明文，对规章
准则予以规范。1933年7月1日，中共满洲省委根据南
满地区的反日斗争形势，强调南满地区赤色游击队的发展
壮大是中国共产党以及无产阶级在反日武装斗争中夺取领
导权的前提基础，亦是团结与影响其他反日武装协同作战
的关键所在。为提升赤色游击队的综合素质，特提出在赤
色游击队内部加强政治教育，提升队员的思想政治水平等
合理化建议。

1933年9月18日，东北人民革命军第一军独立师正
式成立，并先后发表了《东北人民革命军第一军独立师成立
宣言》《东北人民革命军独立师政纲》《东北人民革命军独
立师暂行规则》以及《东北人民革命军士兵优待条例》，规
范革命队伍的行为准则。东北人民革命军第一军独立师的
成立及其相关制度的规定，是反日统一战线政策贯彻执行
的具体表现，并在与其他反日武装共同御敌的过程中，不
断促进南满地区反日革命力量的快速发展，以及抗日游击

区的不断扩建，从而使南满地区的反日革命斗争呈现新的局面。1933 年 10 月 9 日，中共满洲省委修订了《东北人民革命军斗争纲领》，再次强调东北人民革命军的革命任务是驱逐日本帝国主义出境，同时利用伪军不满情绪的方式促进"满洲国"军队哗变，促进东北人民革命军队伍的不断壮大。在此基础上，号召广大的工农民众积极参与反日斗争，扩大游击区域。

1934 年 5 月 19 日，中共满洲省委提出赤色游击队获取抗日反"满"战争的领导权，必须坚决打击党内及赤色游击队内存在的右倾机会主义错误，并且强调加强队员的政治素养是反日游击队的综合战斗实力提升的关键所在。同时，"团聚一切反日反'满'的力量——要在统一战线的基础上，要在坚决反对'左'倾关门主义的基础上，去团结一切反日反'满'的力量"[①]。同年 6 月，《东北人民革命军及赤色游击队政治工作暂行条例草案》（以下简称《条例草案》）颁布，标志着东北人民革命军以及赤色游击队的制度日趋完善。

规章制度的完善是东北人民革命军反日武装斗争顺利推进的基础保障，对于军队的统一管理以及军队凝聚力的

---

① 中国人民解放军历史资料丛书编审委员会：《东北抗日联军·文献》，白山出版社 2011 年版，第 302 页。

东北人民革命军第一军
第一独立师成立宣言
（1933年9月18日）

全东北三千万民众们：

今天是磐石人民革命军第一独立师成立的一天，是最有意义的一天。自国民党把满洲送给日本强盗后，一年来咱们民众受尽一切残暴虐待，土地财产牲畜被夺去，妇女被强奸，房屋田园被焚毁，家破人亡，失业挨饿，天天成群的被日本强盗飞机大炮轰炸屠杀、枪毙、监禁，强迫民众造营房，筑铁路，如不愿意轻则严刑拷打，重则活埋枪毙，纵侥幸未被打死捉去，但是没有工作，失了土地牲畜财产，捐税之重，无以复加，这一切说不尽的痛苦，都是日本强盗统治东北的结果，都是国民党出卖东北的结果。

卖国卖民族的国民党，用"华北停战协定"来最后出卖东北，出卖整个华北，建立第二"满洲国"（北平政委会），帮助日本强盗用全力来消灭东北反日义勇军，国民党最近又派代表来长春讨论更具体的出卖华北的方法，石有（友）三，李济春等卖国贼，是日本强盗侵占热河及长城内数十县的走狗，纵使他们加紧进攻察绥平津以及整个的华北的走狗，但是国民党以收编这些卖国贼假军的名义把长城以南以西数十县卖给日本。卖国贼国民党对于东北三十余万英勇反日的义勇军不但不加以丝毫援助，反而帮助日本强盗来进攻义勇军，把关内援助义勇军的数千万捐款全部吞去，国民党及其政府最近又请国际联盟以"技术援华委员会"名义来共

东北人民革命军第一军第一独立师成立宣言

增强具有一定的推动作用。加强制度管理，约束行为规范，使内在自觉与外在约束有效结合，稳步推进东北人民革命军的军队治理日趋规范化、制度化，不仅促进了军队制度的科学化，而且在潜移默化中提升了军队的政治素养、思想意识以及综合作战实力。

3.东北人民革命军第一军成立

根据中共满洲省委以及"一·二六指示信"的指示精

神,东北地区的反日武装力量日渐发展壮大。据不完全统计,党直接领导的抗日武装总人数约达 3000 人。在各地,有组织的农民自卫队、青年义勇军等群众抗日武装还有 5000 余人。[①] 在此基础上,东北各地区根据各地的反日斗争形势,深入贯彻反日统一战线的革命政策,并在各地形成了不同种类的反日武装力量,给日军的侵略计划造成严重威胁。对此,日伪军于 1934 年秋季发起了歼灭反日武装的冬季大"讨伐",以保证其侵占计划得以顺利实施。

面对日伪军的冬季大"讨伐"的具体实施情况,中共满洲省委十分重视南满地区的反日武装以及抗日游击地的建设情况,提出扩建东北人民革命军。1934 年 10 月 19 日,中共满洲省委发出《给南满党、人民革命军杨同志的信》,认为"应当在积极改造南满第一第二游击队、海龙和忠良游击队以及其他新'收编'的部队的基础上面,把这些分散的小的部队编制起来,真正形成三三制的师的编制,以执行目前和将来更伟大的战斗任务……成立强有力的人民革命军,同时须保存甚至重新建立发展必要的许多游击队,以配合人民革命军日益扩大的更大规模的反

---

① 《东北抗日联军史》编写组:《东北抗日联军史》上册,中共党史出版社 2015 年版,第 358 页。

日斗争"①。1934 年 10 月 20 日，中共满洲省委在《为粉碎冬季大"讨伐"给全党同志的信》中明确提出，抗日"反满"斗争是粉碎敌军"讨伐"行为最为迫切的核心任务。对此，中共满洲省委要求各游击区域完成相应的具体任务，即："南满成立健强巩固的正式人革军两师，完成创造东北人民革命军第一军的光荣任务，东满建立一师新的，成立东满人革军第二军。"②同时强调要扩大开展反日游击斗争的活动区域，并利用灵活的游击战略攻击敌军防守较为薄弱的地区，以集中火力歼灭敌军大部。在此基础上，为巩固东北人民革命军以及反日游击队的领导权，强化军队的反日斗争实力，中共满洲省委强调各游击区域贯彻执行 1934 年 6 月 16 日制定的《条例草案》，以促进东北地区各民族各阶层形成反日同盟。

1934 年 11 月 5 日至 10 日，中共南满地区党组织召开了"中共南满第一次代表大会"。李东光、吴振山等南满各地区与会代表分别做所属地区的反日斗争情况的工作汇报，并在此基础上分析南满地区的反日斗争局势，以确定南满地区日后反日斗争的革命任务。11 月 7 日，东北人民革命

---

① 中央档案馆、辽宁省档案馆、吉林省档案馆、黑龙江省档案馆编:《东北地区革命历史文件汇集》甲 20，1990 年版，第 56 页。
② 中央档案馆、辽宁省档案馆、吉林省档案馆、黑龙江省档案馆编:《东北地区革命历史文件汇集》甲 20，1990 年版，第 73 页。

军第一军正式成立,杨靖宇任军长兼政委,朴翰宗任参谋长,宋铁岩任政治部主任。全军已达 800 余人。此外,东边道游击队尚有 1000 余人。① 在此之后,东北人民革命军第一军根据中共南满第一次代表大会的指示精神,划分了游击战争的行动区域,并各自开展游击战争。自 1934 年 11 月至 1935 年 5 月,第一军先后在通化三岔河、罗山城、临江县红土崖等地与日伪军发生激战。1935 年 6 月,根据反日斗争形势的需求,中共南满特委以及东北人民革命军为加强师级干部的综合能力特召开联席会议,并在军部先后抽调韩浩、程斌、曹国安前往临江板石沟等地宣传反日统一战线,开办纠正军队干部旧军阀守旧思想以及总结反日游击战争经验教训等军内自省行为的短期培训班。1935 年 8 月,日伪军对南满地区进行秋季"讨伐"。为粉碎敌军的"讨伐"计划,东北人民革命军另辟蹊径,率领部队分别在柳河县黑石头、金川旱葱沟等地突袭日伪军,并与之发生激烈交火,尤其是在金川旱葱沟战役中,缴获大量的敌军枪支弹药、棉衣、鞋帽等军需物资。《盛京日报》以《官匪大战金川》为题进行报道,称此次战役"为剿匪以来未有之恶

---

① 《东北抗日联军史》编写组:《东北抗日联军史》上册,中共党史出版社 2015 年版,第 366 页。

第一军战士

战"①。在与日伪军频繁交火的一年中,东北人民革命军的队
伍日益发展壮大,截至 1935 年底,第一军总兵力达到 1600
余人。②

　　东北人民革命军第一军的建立,是中国共产党在东北
地区建立的以军为建制的第一支抗日军队,具有引领带动
作用,有力地推动了东北抗日武装斗争发展。

---

① 《盛京日报》,1935 年 9 月 15 日,第 4 版。
② 《东北抗日联军史》编写组:《东北抗日联军史》上册,中共党史出版社
　 2015 年版,第 371 页。

（三）东北人民革命军第二军的成立

东满各县反日游击战争的广泛开展，对日本帝国主义的反动统治造成严重的威胁。为继续实行其侵占计划，日军先后向我军发动两次大"讨伐"，对此，中共满洲省委制订了"反讨伐"战争的军事计划，以粉碎敌军的"围剿"阴谋。1934年10月20日，中共满洲省委在《为粉碎冬季大"讨伐"给全党同志的信》中，明确提出建立东北人民革命军第二军的指示精神，以此为契机，东满地区反日游击队在反"讨伐"斗争中，为东北人民革命军第二军的建立创造了必要条件。

1. 日本帝国主义在东满地区的殖民统治

九一八事变后，南京政府的"不抵抗政策"以及熙洽的叛国投敌，导致吉林省各地城镇相继沦陷。日本侵略者因兵力短缺，并未即刻派遣兵力侵占东满地区各县，但却采取派遣飞机、驻朝鲜部队等方式在东满地区进行监视，以起到威慑东满地区工农民众的作用。与此同时，延吉镇守使兼吉林省防军第二十七旅旅长吉兴亦投敌叛国。尤其在接到汉奸熙洽的招降电报后，吉兴卖国求荣的丑态尽显无遗，多次表达了对日本侵略者的效忠之意。在其辅助下，1932年4月3日，日军侵占东满地区。东满地区是日本推行"治安肃正计划"的重点区域，因此日伪对东满地区进行了十分残酷的殖民统治与掠夺。在军事方面，日本帝国主义在东满地区接连不断地进行大"讨伐"。自 1934 年春至 1935 年春，敌人对东满抗日游击根据地和抗日部队又先后发动两次大规模的"讨伐"。每次"讨伐"动用步、骑、炮和空军等兵种的兵力均达六千至一万人以上。[①]在"讨伐"战争中，日军采取了惨绝人寰的"三光政策"，大肆屠杀无辜民众以达到消灭反日游击队的目的。在政治方面，日本侵略者利用反动组织"民生团"破坏党领导的反日武装与工农群众之间的联系，并且利用亲日汉奸组建假的反日武装如伪保卫队、自卫团以镇压工农民众的反抗，扰乱反日战线。在经济方面，垄断东满地区的经济命脉，抢夺金融、工矿以及修建铁路等特殊权益，掠夺海关隘口，并通过"满洲拓殖会社""东洋拓殖会社"等机构抢夺东满地区的丰富资源。同时，切断抗日根据地的军需供给，导致抗日根据地处于孤立无援的境遇。在思想方面，日本侵略者充分利用各种宣传工具以及反动团体，宣传、制造舆论，大肆鼓吹"民族协和"，对东满地区的工农民众施行奴化教育，并利用"愚

---

① 霍燎原、于文藻、吕永华：《东北抗日联军第二军》，黑龙江出版社 1986 年版，第 67 页。

民政策"摧残东满地区工农民众的斗争意志。

日伪对东满地区的侵略与残暴统治也使东满地区人民的反日斗争日趋高涨。

2. 东北人民革命军第二军独立师的成立

1933年冬季，日军对东满地区发动的第一期"讨伐"作战，被东满反日游击队粉碎。1934年初，日军又制订了第二期"讨伐"计划，以东满各地区的反日游击队、其他反日武装队伍以及延吉、汪清两地的抗日根据地作为重点打击对象。中共满洲省委提出联合工农民众，广泛地开展反日游击斗争是巩固领导地位，共同反抗日伪军"讨伐"的最为行之有效的方法之一。2月10日，中共满洲省委提出第二期反"讨伐"战争的战略应"采取积极进攻的策略，袭击敌人的弱点、后首〔备〕，迅速集中力量，包围其小部分而消灭之，或袭击其某一点，或袭击其运输辎重"①的方式击退敌军的猛烈进攻。自1934年1月至3月中下旬，中共东满地区的反日游击队先后在三道湾革命根据地、延吉县王上村与藏财村间隙、汪清县罗子沟老母猪河等地突袭日伪军，并缴获枪支弹药众多，歼灭日伪军警无数。为与延吉、汪清两地的反"讨伐"斗争相互配合，和龙、珲春等地亦积

---

① 中央档案馆、辽宁省档案馆、吉林省档案馆、黑龙江省档案馆编：《东北地区革命历史文件汇集》甲17，1989年版，第96页。

极开展反日游击战争。各地区反日游击队的骁勇善战，彻底粉碎了1934年春季日军的第二期"讨伐"计划。东满各地区反日游击队积极参与第一、第二期反"讨伐"战斗，促使革命队伍日渐壮大，其中游击队员有九百余人，群众自卫武装达一千余人[①]。

早在1933年12月3日，中共满洲省委在《关于目前形势和任务致东满党团特委及游击队中共党员的信》中要求东满党组织"建立人民革命军第二军（磐石县人民革命军第一军）第一独立师，以汪清、延吉、珲春、和龙四县之现有游击队为基础，十百倍地扩大武装队伍的力量"[②]，同时提出通过在扩建反日游击队的过程中，促进东北人民革命军的建立。根据中共满洲省委的指示精神，中共东满特委于1934年3月下旬，在延吉县三道湾张芝营召开中共东满特委、各县县委和反日游击队负责人会议，决定成立东北人民革命军第二军第一独立师。东满特委任命朱镇为师长，王德泰为政委。第一独立师主要包括三个团，其中第一团以延吉游击大队原有成员为基础进行改编，第二团拟定由延吉县"平日军"等义勇军为人员构成，第三团由和龙游击

① 霍燎原、于文藻、吕永华：《东北抗日联军第二军》，黑龙江出版社1986年版，第74页。
② 中国人民解放军历史资料丛书编审委员会：《东北抗日联军·文献》，白山出版社2011年版，第255页。

大队及其吸收的部分义勇军部队成员合并而成。同时，还拟定侯机再以汪清游击大队与珲春游击总队分别组建一个团，形成第二独立师。后因反日斗争形势发生变化，拟建第二独立师的计划被迫搁浅。延吉、和龙、汪清以及珲春反日游击队相继改编为第一独立师第一至第四团。1934 年夏，分别从第一、三团抽调骨干成员组建独立团。全师共 900 余人[①]。中共满洲省委明晰了东满地区的反日斗争局势，探讨了东满地区反日游击队的行动路线以及战略战术问题，得出东满地区的反日斗争形势因受到敌军"讨伐"而处于割据状态。对此，中共满洲省委提出反日游击队的行动路线"应当向西向北发展，但必须根据群众运动的基础与敌人的力量，以及敌我力量的对比等等具体情形来决定"[②]，也就是说，反日游击战争的战略战术应根据战争局势的变化进行适时调整，摒弃固守游击区的"左"倾保守观念，转向具有计划性地向敌占统治区进攻的游击战术。

1934 年以后，日伪军对东满地区的"讨伐"日渐频繁，第二军独立师各团处于斗争环境极其恶劣、枪支弹药极度紧缺、队员精力极度消耗的艰难处境，导致游击区域日渐

---

① 《东北抗日联军史》编写组：《东北抗日联军史》上册，中共党史出版社 2015 年版，第 302 页。
② 中国人民解放军历史资料丛书编审委员会：《东北抗日联军·文献》，白山出版社 2011 年版，第 256 页。

缩小。为摆脱困境，中共东满特委提出反日游击队应采取积极灵活的进攻策略以及向敌军活动区域转移以扩大开展游击战争的活动地域，并集结重兵攻击敌军防守薄弱空虚的地域，以缴获敌军的军需辎重，稳固我方军心。1934 年 2 月 10 日，中共满洲省委再次强调游击战术应"采取积极进攻的策略，袭击敌人的弱点、后首〔备〕，迅速集中力量，包围其小部分而消灭之，或袭击其某一点，或袭击其运输辎重，等等，老是困守于一地以待其来攻，这是非常不利的，这完全不是游击战争的策略"①。对此，第二军独立师各团根据上级的指示精神统一部署，分兵向敌军统治较为薄弱的地域发起进攻，开辟新的游击区域。其中，一团驻守原游击区开展游击斗争，先后袭击汪清县百草沟新安村的伪自卫团、三道湾修筑"集团部落"的伪军以及八道沟、土门子和老头沟镇的日伪军。二团主要在安图一带开辟新的游击区域，其从 1934 年 4 月至 8 月，协同独立团、抗日山林队先后围攻安图县车场子、大甸子、大沙河镇以及安图县城，均获得胜利。独立师第三、四团的骨干力量先后与绥宁反日同盟军以及救国军史忠恒等部联合作战，在汪清、宁安以及东宁一带开辟新的游击区域。

---

① 中央档案馆、辽宁省档案馆、吉林省档案馆、黑龙江省档案馆编：《东北地区革命历史文件汇集》甲 17，1989 年版，第 96 页。

据敌军统计，自 1934 年 4 月至 12 月，"匪贼出没次数 103 次，匪贼出没人数 3537 人次，共匪 53 次，1350 人"[1]。第二军独立师各团的骁勇善战，彻底击破敌军利用分割包围的形式全歼我军的阴谋企图，并在反日斗争中积累经验，增强斗争实力，开辟新的游击区域。

3. 东北人民革命军第二军成立

反日武装斗争在东满地区如火如荼地展开，严重威胁了日本帝国主义对东北的统治。日军为进一步推行其"治安肃正计划"，于 1934 年 9 至 1935 年 1 月期间，对东满地区发动了为期四个月的冬季大"讨伐"，也就是所谓的第三期大"讨伐"，致使东满地区的反日斗争局势陷入困境。对此，1934 年 10 月 20 日，中共满洲省委在《为粉碎冬季大"讨伐"给全党同志的信》中提出"东满建立一师新的，成立东满人革军第二军"[2] 的具体任务。

面对敌军的猛烈进攻，为达到保存军队战斗的实力，更为行之有效地击破敌军的冬季大"讨伐"的目的，第二军独立师各团决定实行战略转移。第二军独立师各团从原游击区域向新的游击区域转移，标志着我军的战略战术越发

---

① 转引自吉林省社会科学院：《东北抗日斗争史论丛》第 1 辑，1983 年刊印，第 358 页。
② 中央档案馆、辽宁省档案馆、吉林省档案馆、黑龙江省档案馆编：《东北地区革命历史文件汇集》甲 20，1990 年版，第 73 页。

成熟与灵活，有效击破了日军第三期大"讨伐"。在此期间，中日双方发生激烈交火，"自一九三四年冬到一九三五年三月，有文字记载的较大的战斗达四十余次。主要战斗有汪清县三岔口遭遇战，两次袭击延吉县老头沟战斗、安图县车场子战斗、伏击伪自卫团战斗、腰营沟伏击战、安图伏击敌人运输队战斗、珲春县大荒沟保卫战，等等"①。在东满地区的反日斗争形势十分艰难的境遇下，第二军独立师各团与其他反日武装协同作战，为开辟新的游击根据地奠定了基础。与此同时，东满地区的游击工作以及统一战线问题上再次遭遇"左"倾关门主义错误的侵扰，导致反"民生团"斗争扩大化，致使第二军独立师各团对山林队、救国军采取了错误举措，破坏了反日统一战线，挑拨了第二军独立师与其他反日武装的同盟关系，从而严重破坏了东满地区的反日斗争的发展。

面对东满地区反日斗争的艰难处境，中共满洲省委及吉东巡视员吴平（杨松）根据东满地区的反日斗争形势提出合理化建议，采取有效措施。为进一步深入、快速地纠正东满地区反"民生团"斗争扩大化以及反日统一战线执行过程中存在的错误，中共满洲省委于 1935 年初，委派魏拯

---

① 霍燎原、于文藻、吕永华：《东北抗日联军第二军》，黑龙江人民出版社 1986 年版，第 80 页。

汪清县腰营沟游击队军营

民同志前往东满地区开展工作。1935 年 2 月 1 日，中共满洲省委和团省委提出反日游击队与其他抗日武装共筑的统一战线是击溃敌军"讨伐"行径的关键所在，亦是扩大反日游击斗争的关键所在。在此基础上，中共满洲省委针对游击战争的行动方向做了精细部署，明确提出扩大反日游击斗争活动区域的重要性。除此之外，指示信还针对反"民生团"斗争问题提出合理化建议。

1935 年 2 月末至 3 月初，魏拯民在汪清县大荒崴地区主持召开东满党团特委第一次联席会议。会议针对前期党的方针路线、反"民生团"斗争中的经验与教训进行了总结，并且提出东满地区党团组织最为迫切的任务是："动员我们所有的一切力量，再运用统一战线的策略，团结所有的反日力量，冲破敌人的'围剿'封锁与讨伐。运用正确的策略消灭民生团的组织，肃清民生团影响。把东满的党团从敌人内外夹攻之下挽救出来，巩固起来，扩大起来。"[①]决议还强调反"讨伐"斗争克敌制胜的关键在于东北人民革命军的稳固与强健，以及在敌军统治力量薄弱的地区开展反日游击斗争是促进反日游击区域扩建的有效途径。除此之外，第一次联席扩大会议还通过了《反民生团斗争的决议》，强调反"民生团"斗争开展的必要性，正确辨别敌我矛盾，总结并纠正前期工作中的错误，注重佐证证据，禁止逼供，避免"左"、右倾错误倾向的再次出现。为进一步落实东满地区党团组织第一次联席扩大会议的指示精神，中共东满特委、第二军独立师于 1935 年 3 月 21 日在汪清县腰营沟召开东北人民革命军第二军政委联席会议，会议针对军队内部出现的关门主义错误思想提出纠正措施，对政治工作的薄弱环节给予扶持。会议还商讨通过了《东北人民革命军政治工作条例》《东北人民革命军战士待遇暂行条例》，从而加强军队的思想政治工作以及改善战士生活待遇，促进

---

① 中央档案馆、辽宁省档案馆、吉林省档案馆、黑龙江省档案馆编：《东北地区革命历史文件汇集》甲 30，1988 年版，第 209—210 页。

了反日斗争实力的提升。为进一步深化、落实反日统一战线，团结其他反日武装共同抗日，会议决定拟于 4 月改建东满抗日联合军总指挥部。

1935 年 5 月 30 日，东北人民革命军第二军正式成立，王德泰任军长，魏拯民兼任政委，李学忠任政治部主任，刘汉兴任参谋长。总兵力 1200 余人。中共满洲省委提出第二军的主要任务是："组织民众，武装民众，用武装并配合一切反日力量，驱逐日本强盗一切势力出满洲，保障中国领土完整，收复东北失地，推翻傀儡政府'满洲国'，建立东北廉洁的人民政权，求得中华民族独立解放与自由。"[①] 与此同时，第二军政治部先后发表《告民众书》和《告各反日部队书》，二者均阐明日军殖民统治下东满地区工农民众的艰苦处境，并且强调联合工农民众以及其他反日武装力量共同抵御敌军是获取民族解放的最优路径。1935 年 6 月，东北人民革命第二军发表《为成立东满抗日联合军指挥部致各反日部队的信》，再次提出创建抗日联合军指挥部的倡议。其主要原因在于东满地区的反日部队在过去的反日斗争中均处于各自为战的战争境遇，极易被敌军击破、瓦解，因此东满地区反日武装力量的联合势在必行。由于其他反

---

① 中央档案馆、辽宁省档案馆、吉林省档案馆、黑龙江省档案馆编：《东北地区革命历史文件汇集》甲 45，1990 年版，第 121 页。

日部队如义勇军、自卫军、救国军、反日山林队以及红枪会等，成分复杂，思想素质良莠不齐，因此，东北人民革命军在部队中必须加强政治工作，尤其是要健全各级党的组织，从而提高部队的战斗力。

东北人民革命军第二军正式成立之后，根据中共东满地区党、团特委的指示精神，兵分两路，一路留守老游击区开展游击战争，另一路前往其他地区开辟新的抗日游击根据地。各团开辟新游击区的工作部署如下：第一、二团继续向西北、西南方向前进，其中第一团进入敦化、额穆域内开展工作，第二团转战至安图、桦甸一带；第三、四团继续向东、向北方向挺进，最终前往绥宁地区的东宁、宁安以及穆棱等地开辟新的游击区域，并分兵进行反日斗争。在此之后，根据军事工作部署，第二军各团在各自管辖的区域范围内积极开展反日游击斗争，为东满地区的反日斗争工作提供了便利条件。

在建立东北人民革命军第一、二军前后，东北人民革命军第三军、东北抗日同盟军第四军、东北反日联合军第五军、东北人民革命军第六军相继建立。东北人民革命军第一师、东北人民革命军第一军是东北地区反日游击战争中建立最早的一支正规军。

三、建立东北抗日联军及第一路军

日本帝国主义在东北地区建立殖民统治后，为进一步实现其侵占中国领土的野心，于 1935 年向华北地区进犯，致使华北乃至全国陷入危机。中国共产党领导的抗日武装积极与敌军展开激战，并根据斗争形势适时提出建立并扩大抗日民族统一战线的政治主张，以此促进各反日武装力量的联合作战。至此，东北抗联的建立提上日程。

（一）东北抗日联军的成立背景

在全面占领东北地区之后，日军的侵占目标逐渐转向华北地区。为实现其侵占计划，日军可谓是无所不用其极，致使华北地区深陷危机。为改变这种被动局面，中国

东北抗日联军臂章

共产党在分析抗日斗争形势的基础上，提出全面建立抗日民族统一战线的战略方针。在东北则率先建立东北抗联，以贯彻执行这一方针。

1. 日本帝国主义对东北反日革命斗争的残酷镇压

东北地区反日武装斗争力量在反日统一战线政策的实施下日渐增强与扩大，对日军的殖民统治造成严重威胁。日本关东军参谋部对日军历经数次"讨伐"战争后的艰难处境发出哀叹："满洲事变以后，当时号称二十万、三十万之匪军，由于数次的讨伐及治安工作之收效逐次被削弱，在此一、二年中活动之匪数可推定为三万内外。然大小匪团散在广大地区，巧妙地避开警戒网，屡屡威胁良民生活，阻碍王道乐土之建设。特别是共产思想之影响，日益扩大和日益加深，实乃治安维持上极为忧虑的事情。"① 对此，日本帝国主义为进一步摧毁东北反日武装，制订了 1936 年 4 月至 1939 年 3 月为期三年的"治安肃正计划"，企图利用 3 年的时间彻底肃清东北反日武装。

日本关东军为期三年的"治安肃正计划"的具体规划，第一年（1936 年 4 月—1937 年 3 月）主要以伪滨江、三江、吉林以及间岛等省开展"肃正"工作。第二年（1937

---

① 《东北抗日联军史料》编写组编：《东北抗日联军史料》下册，中共党史资料出版社 1987 年版，第 811 页。

年4月—1938年3月）以第一年"肃正"区域为中心，围绕距其两三日行程的地域进行"肃正"。第三年（1938年4月—1939年3月）则对特殊地区给予彻底"肃正"，以彻底完成对满洲全域的"肃正"。"治安肃正计划"采取"治标工作""治本工作"以及"思想工作"并行的三位一体的"讨伐"方针。简而言之，所谓的"治标工作"，是敌军利用军事"讨伐"的方式歼灭反日武装力量的军事意图；所谓"治本工作"，是指敌军在其统治区域设置"集团部落"，设定"无人区"，组织"自卫团"，修建"警备道路"以及扩建通信网，以确保反日武装力量处于孤立无援的状态，阻断反日武装力量的生存条件；所谓"思想工作"，是指加强伪军警、特务组织的思想意识，加强反动思想宣传，避免思想赤化，铲除反日武装团体，安抚被俘人员的思想，诱导其成为"策反"或"讨伐"反日部队的爪牙。

"治安肃正计划"的施行，致使日伪当局愈发加剧对东北抗日游击地以及反日游击队的残酷"讨伐"以及推行"集团部落"，建立"归屯并户"，制造"无人区"等。资料显示，自1933年至1937年，在伪满洲国境内修建的"集团部落"逐年急剧增加。1935年以前建成1529个，1936年建成4195个，1937年建成4922个，合计建成10646个。其中，在东北抗联活跃的重点地区，如伪吉林省修建的"集团部落"，在上述期间分别为 760 个、892 个、663 个，合计 2315 个；伪滨江省在此期间分别建成 246 个、971 个、2167 个，合计建成 3384 个。[①] 日本帝国主义为修建"集团部落"，制造"无人区"，利用武装暴力、烧杀抢掠等残暴手段，致使原居住村民被迫集中迁入"集团部落"。同时，利用"三光政策"惩治拒绝搬迁的村民。日军通过修筑"集团部落"、制造"无人区"等极其残忍的措施，割裂反日武装力量与人民群众的密切联系，阻断人民群众对反日武装的物资支援，致使反日武装处于孤悬敌后的艰难处境，并日渐丧失生存能力。除此之外，日本帝国主义为进一步控制人民群众，通过制造细菌武器、发动细菌战争的方式造成无辜群众的重大伤亡；为进一步镇压反日武装团体，通过加强"警务系统"的方式达到对反日武装团体的破坏。日本帝国主义采取不同的方式割断人民群众与反日武装力量的联系，严重阻碍了东北地区反日斗争进程的持续性发展。

2. 中国共产党对日军侵占华北地区的应对

日本在东北地区建立殖民统治的同时，开始在华北境内制造事端，试图在华北地区建立一个附庸性的傀儡政权。为此，日本先后制造"河北事件""张北事件""华北事

---

① 中央档案馆、中国第二历史档案馆、吉林省社会科学院编：《日本帝国主义侵华档案资料选编·东北大"讨伐"》，中华书局 1991 年版，第 173 页。

变"以及"华北自治"，并且在经济上对华北的军需资源、交通资源以及纺织等行业进行垄断控制。南京国民政府的妥协忍让，助长了日寇肆意侵略的嚣张气焰，不仅利用舆论鼓吹"防共自治运动"，更抽调飞机前往北平上空低空盘旋，造成北平人员恐慌，致使华北危机日益严重。日本帝国主义向华北地区发动暴力侵略，导致中日间的民族矛盾持续激化。在中华民族处于生死攸关的时刻，不仅东北沦陷区的工农民众与军队战士与日本帝国主义进行激烈的反抗斗争，关内各阶级人民群众的政治态度因南京政府的"不抵抗政策"发生转变，激发了关内各阶级人民群众的抗日热

"东边道讨伐司令部"

忧与抗日需求。

为解救民族存亡于危难，中国共产党勇担重任，根据反日斗争的局势适时地提出建立并扩大抗日民族统一战线的政治军事主张，联合其他反日武装共同反日。这一政治军事主张的变化，与共产国际战略变化有着千丝万缕的关系。为适应反日斗争的新局面以及国内外阶级矛盾的转化，共产国际于1935年7月25日召开第七次代表大会，针对国际形势、华北地区形势提出建立世界反法西斯、反帝的革命统一战线的建议，以应对抗战局势的新变化。针对华北事变所造成的民族危机，及其对抗日战争造成的恶劣影响，中共代表团以中共中央以及苏维埃政府的名义，于1935年8月1日草拟《为抗日救国告全体同胞书》，10月1日在法国《救国报》上发表，亦被称为"八一宣言"，其中明确分析了中华民族因日寇的侵略、国民政府的妥协退让所处生死攸关的严峻形势，同时还提出联合工农红军、东北人民革命军以及其他反日武装共同组建统一建制的抗日联军的建议。

"八一宣言"号召全国各族人民积极参与反日统一战线的构建，表明中国共产党纠正了前期工作中存在的关门主义错误，同时也表达了中国共产党领导全国各族人民击溃日军的坚定决心。

3. 中共代表团、中共中央对统一东北抗日武装建制的设想

1934年以后，日伪军对东北地区施行"归屯并户""集团部落"等极为残忍的手段，对东北反日武装的"讨伐"亦日趋频繁。在这样的艰难处境下，东北地区的党组织建设、党的统一领导、建设反日统一战线等问题亟待解决。

根据"八一宣言"的精神，中共代表团提出将东北地区原有不同名目的各抗日武装统一改建为东北抗日联军。1936年2月20日，中共代表团以中共中央名义发表《东北抗日联军统一军队建制宣言》，宣布"将我各军军队建制、名称不同，完全化一律改组军队建制为东北抗日联军第一、二、三、四、五、六军，以及抗日联军××游击队"[1]。根据中共代表团的指示精神，自1936年2月开始，东北地区的东北人民革命军各部先后改编成11支东北抗日联军。中共中央建立东北抗联的核心要旨有二：其一，将原有不同称谓的反日武装力量进行统一建制；其二，将抗日义勇军、民众救国军、自卫军等有意愿与中国共产党直接领导的东北抗联协同作战的反日武装吸收至东北抗联的统一编制，为进一步构建东北地区的反日统一战线提供便利。

---

[1] 中国人民解放军历史资料丛书编审委员会：《东北抗日联军·文献》，白山出版社2011年，第487页。

东北抗日联军第一军军旗

（二）东北抗联第一军的建立

1936 年上半年，在全国抗日救国运动热火朝天开展的背景下，东北人民革命军第一军在杨靖宇的领导下，在南满地区积极开展反日游击运动，对日伪军的侵略进攻给予沉重打击。据资料记载，在 1936 年 2 月至 4 月期间，第一军与日伪军作战 11 次，歼灭日军 60 人、伪军 382 人。[①] 其中，较具规模的战斗有通化热水河子战斗和本溪梨树甸子战斗。

---

① 《东北抗日联军斗争史》编写组：《东北抗日联军斗争史》，人民出版社 1991 年版，第 245 页。

1936 年 2 月，杨靖宇亲率第一军军部教导团南下通化热水河子，突袭伪军第六旅第七团邵本良部。在内应的配合下，教导团率先占领炮台，随即缴械街口与伪军团部岗哨，进而包围第七团团部，团部伪军全部被俘。在此之后，杨靖宇先后率领部队在通化辑安、桓仁、本溪、兴京、宽甸子等地与敌军巧妙周旋，收缴大量军需物资。1936 年，杨靖宇率部返回河里根据地休整。与此同时，第一师部队余部在兴京县管辖的杜家店、小南沟以及本溪车站等地突袭敌军，均以胜利告终并缴获所需军需物资。除此之外，第二师师长曹国安率领部队在江北一带开展反日游击斗争。在此期

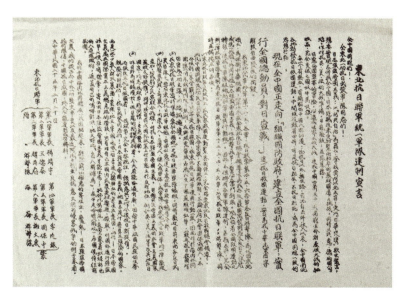

东北抗日联军统一军队建制宣言

间，与第一军军部教导团以及第一师相互配合，在桦甸会全栈与日军发生激烈交火，歼灭敌军 50 余人。

东北人民革命军第一军与敌进行反日斗争的过程中骁勇善战，促使东北反日武装力量及其抗日游击区域不断壮大与发展，第一军所承担的战斗任务亦随之加重。面对日伪军在南满地区推行"集团部落"的艰难处境，中共南满特委以"王康指示信"为依托，于 1936 年 4 月 15 日专门制定了《关于游击队活动的新方针》（以下简称《新方针》）。《新方针》中提出："采取化整为零、化零为整的战术来避免与敌军正面冲突，而不断的进攻（敌人），这样才能迅速地扩大部队。"[①] 地方游击队主要以 20 人至 30 人的小部队的规模建制，由东北人民革命军第一军委派指导员带领。地方游击队的主要任务是宣传、保护人民群众的反日斗争；动员群众参与敌情侦察，袭击敌军防守薄弱地区，解决军需物资短缺的问题。地方游击队的建立，有效牵制了敌军进犯进程，配合主力部队开展反日斗争，双方的密切配合，增强了主力部队活动的灵活性，成为主力部队的最强辅助。

1936 年 5 月，第一军获悉陕北红军东征抗日的消息。为与红军东征抗日相互配合，建立与中共中央、关内红军

---

① 中共南满特别委员会编：《关于游击队活动的新方针》（1936 年 4 月 15 日），东北师范大学政法学院资料室存。

的紧密联系，第一军军部决定委派在兴京、本溪等地开展工作的第一师部队率先开展西征军事行动。6月，第一军第一师从桓仁县向西挺进。6月23日，西征部队在本溪、凤城交界的和尚帽子抗日根据地集结并召开团干部会议，第一军政治部主任宋铁岩向各军传达了西征抗日的具体任务，并根据战争局势制定了周密的军事部署。

会议决定由第一师保卫连、少年营以及第三团组建成400人的西征部队。6月28日，西征部队踏上征途。西征部队途径沙窝沟、大东沟抵达草河口，在该师第四、第六团相互配合的情况下，顺利攻占草河口。7月1日，西征部队途径二道沟黄柏峪、山崴子地区，越过安奉铁路，抵达朝天贝。西征部队继续向西前进，在岫岩县被敌军围追堵截，致使西征进程受阻，并深陷敌军重围。为突出重围，第一师师部将西征部队兵分三路，分别行动。7月15日，该师一部回师摩天岭，并在此地设伏，重创敌军。摩天岭一战，也使西征部队元气大伤，损失惨重，西征之行被迫暂停，遂化整为零，先后返回本溪县抗日游击区。

西征部队虽没有实现预期目标，但却是与中共中央、关内红军建立联系的首次尝试。

1936年上半年，南满地区的反日游击队在杨靖宇以及中共南满特委的领导下积极开展反日游击运动，对日伪

摩天岭大捷（绘画）

军的侵略计划造成严重威胁。日伪当局为消灭第一军，在持续推行"治安肃正计划"的基础上，进一步谋划实施"北部东边道独立大讨伐"。为应对日伪当局的"讨伐"计划，1936年6月末，中共南满特委在金川县河里抗日游击根据地会家沟召开中共南满第二次代表大会。会议根据"八一宣言"精神，正式宣布将东北人民革命军第一军改编为东北抗日联军第一军。杨靖宇任东北抗联第一军军长兼政委，宋铁岩任政治部主任，安光勋任参谋长。下辖3个师，共3000余人。

（三）东北抗联第二军的建立

1936年初，日伪军的接连"讨伐"，致使安图县车场子、奶头山抗日根据地相继遭到破坏，东满地区的抗日游击区域日渐缩小。在东满地区的反日游击工作异常艰难的处境之下，根据东满反日部队与吉东反日部队之间前期达成相互支援协作抗日的共识，东北人民革命军第二、五军在第五军驻地召开两军党委特别会议，共同商讨制定打开反日游击战争新局面的工作方法。

会议于1936年1月20日召开。会议对第一、二军的会师行动给予了高度评价，是打破各军单一作战、实现各军协同作战的首次尝试，为后期第一、二、五军的联合军事行动奠定合作基础。会议重新估定建立抗日根据地以及人民政府的重要性与可能性，探讨东北人民革命军与其他反日武装力量举行联合军事行动等问题。同时，会议还研究了第二、五军为开拓反日游击战争新局面相互支援的合作问题。会议结束后，第二军军长王德泰率部返回，为开启新的战斗做好充足准备。第二、五军党委特别会议的召开，促进了东满地区、南满地区以及吉东地区党组织及其领导的人民革命军之间的联系，极大程度上促进了东北抗联第二军的建立以及反日游击战争新局面的建立。

1936年2月，中共东满特委书记魏拯民从苏联返回东北。3月上旬，中共东满特委与第二军领导干部会议在安图县迷魂阵召开。会上，魏拯民向与会成员传达了共产国际以及中共代表团关于满洲党组织变动、扩建反日统一战线以及筹建东北抗日联军的指示精神。同时，根据"八一宣言"以及《东北抗日联军统一军队建制宣言》的相关指示精神，决定将东北人民革命军第二军改编为东北抗日联军第二军。东北抗联第二军军长为王德泰，政治委员为魏拯民，政治部主任为李学忠，参谋长为刘汉兴。全军下辖3个师，第一、三师各下辖2个团，第二师下辖3个团，全军共2000余人。

根据中共代表团的相关指示以及东满地区党组织及其下辖的抗日游击队遭受敌军严重破坏的情况，东北抗联第二军各师继续分散行动。第一、三师向抚松、桦甸等县活动，为开辟新的抗日根据地奠定基础，同时与东北抗联友军密切配合，共同御敌。第二师继续在汪清、绥宁等地开展游击斗争，以便扩建绥宁抗日根据地。各师在分兵境遇下，多次与敌军交锋。1936年4月，东北抗联第二军第一师策划攻占作为安图、敦化、桦甸三地交界重要隘口的敦化县大蒲柴河镇，并派兵先后在寒葱沟、小街西北防所等地设伏，与敌军进行激烈战斗，致使敌军伤亡惨重，仓皇逃窜。第一师部队攻占敦化县城后，向工农民众传达中国共产党抗日救国主张，得到工农民众的大力支持。大蒲柴战斗后，第一师继续向南前往抚松、濛江一带开展反日游击斗争。大蒲柴河镇战斗的胜利，为第一师向西挺进扫清了障碍。第三师根据战略部署，在师长金日成以及政委曹亚范的领导下，率队从安图前往抚松、临江等地开辟新的游击区域。1936 年 4 月，第三师在行军途中，向抚松县漫江发起突袭，给予敌军以沉重打击。次月，与第一军第二师共同袭击抚松县东岗屯伪军兵营，致使驻军遭受惨重损失。在此之后，第三师先后突袭小汤河、西岗屯伪军营房、临江青沟村的驻守伪军，战斗最终以歼灭敌军大部、缴获众多军备物资而告终。第二师继续留守绥宁地区，与第五军紧密配合，共同御敌。第二师第四、五团先后在宁安县团山子、苇子沟以及图佳铁路三岔火车站与日伪军发生激烈战斗，并在战斗中频获佳绩。此外，第二师第四团与第五军二师协同作战，先后在镜泊湖、烟筒沟、四道河子、影壁砬子、卧龙屯以及碾子沟等地与敌军发生交火，缴获众多军需物资。

东北抗联第二军在积极开展反日游击斗争的过程中不断发展壮大，至 1936 年 7 月，第二军在原有编制的基础上进行扩建，第一师扩建 1 个团，第三师扩建 2 个团，第二师的兵力也有所增加。第二军在逐渐扩编的过程中，抗日根据地活动区域亦随之发展扩大，并相继在临江、抚松等地建立密营十余处，成为第二军持续开展反日斗争的革命基地。在此之后，第二军在临江、抚松等地积极开展反日游击运动，并与第一军开展联合军事行动，为东南满地区的联合抗日奠定基础。

（四）东北抗联第一路军的建立

第二军在临江、抚松等地的反日游击斗争逐渐步入正轨之后，与第一军联合开展的游击斗争亦在如火如荼地进行，促使东南满抗日游击区融为一体，对东满地区的日伪的反动统治造成严重威胁。

为促进东北抗联第一、二军在开展游击战争的过程中紧密配合，东北抗联第二军政治委员魏拯民于 1936 年 6 月下旬受中共代表团的委托，率队前往南满根据地金川县河里地区传达共产国际七大、中共代表团关于党组织改组以及组建东北抗联的指示精神。7 月初，召开中共东、南满特委以及东北抗联第一、二军主要领导干部联席会议。会议决定将东北抗联第一、二军合并为东北抗联第一路军，并成立总司令部。杨靖宇担任总司令，王德泰任副总司令，魏拯民任总政治部主任。第一路军下辖东北抗联第一、二军。第一军由第一、二、三师组成，第二军由原建制三个师更改序列为第四、五、六师，共计 6 个师。同时，此次会议还决定将东、南满特委合并组建为中共南满省委，魏拯民担任省委书记，省委委员 13 人。

　　为配合中共中央以及工农红军出兵华北御敌，根据中共代表团的指示精神，东北抗日武装通过扩建抗日根据地的活动区域以及扩大反日游击战争规模的形式予以辅助，有效牵制了敌军的进犯进程。经过会议商讨，制订了第一路军各军的军事行动计划，其中，东北抗联第一、二军的主力部队前往辽宁地域开展游击战争。此外，第一军继续执行1936年6月尚未完成的西征计划，具体的军事部署为：第一军军部、第一师仍旧自桓仁向本溪、辽阳地区活动，继续西征；第一军第三师和第二军第四师全部随后越过南满铁路，"到辽西再向热河、外蒙边境一带活动"；"一军二师留老游击区活〔动〕"①。第二军军部以及第六师继续在原有游击区开展活动，并相继在抚松、长白等地开辟新的抗日根据地以及抗日游击区。第五师继续在东满、绥宁地区与第五军开展军事联合行动。同时，还要保证第一路军、中共南满省委与第三、五军，以及北满、吉东党组织正常联系。此次会议促进了东北抗联各军联合抗敌，从而使东北地区的反日游击区域浑然一体，对日本帝国主义的侵略计划造成严重阻碍。

　　会后，杨靖宇率队南下通化，向东北抗联第一、三师

---

① 中央档案馆、辽宁省档案馆、吉林省档案馆、黑龙江省档案馆编：《东北地区革命历史文件汇集》甲22，1988年，第202页。

传达河里会议的指示精神，沿途先后在浑江大拐弯子、鸭绿江畔大荒沟以及宽甸县错草沟等地与敌军发生多次交火，歼灭敌军数量众多，缴获大量的军需物资。1936 年 8 月，杨靖宇率队在宽甸县开展活动的过程中，秉持贯彻反日统一战线的原则，积极争取东北抗日联合救国军左子元、高维国以及于万利各部共同参与反日斗争，并将各部队改编为东北抗联第一军第十一、十三师，以及直属独立旅。第二军军长王德泰、政委魏拯民根据河里会议的军事行动部署，率领东北抗联第二军第四、六师前往抚松、安图等县，配合第一军第二师共同开展反日游击斗争，着力开辟临江、长白等县新的游击区域，以支援第一军的西征计划。与此同时，为严厉打击日本帝国主义的侵略，增强中共中央以及东北抗联在反日斗争中的影响力，以发动工农民众积极参与反日斗争，魏拯民特召集东北抗联第二军第四、六师，第一军第二师，以及抗日义勇军、山林队的主要负责人前往抚松姜家趟子召开联席会议，并做了攻占抚松县城的斗争计划。8 月 17 日，东北抗联第二军第六师联合其他义勇军突袭了抚松县城，给敌以打击。11 月下旬，杨靖宇总结第一次西征失败的教训，组成以第三师两个团为主力的第二次西征部队，且全部改成骑兵，计划快速冲过南满铁路和辽河封锁线，挺进热河。12 月下旬，由于辽河还未封冻，无法过河，再加上日伪军的"追剿"，西征部队损失惨重，只好返回兴京抗日游击根据地。

东北抗联第一路军对开展东北游击战争起到引领作用。1937 年 10 月 10 日，东北抗联第四、五军组成第二路军（后将第七、八、十军纳入序列）。1939 年 5 月 30 日，东北抗联第三、六、九、十一军组成第三路军。可见，东北抗联第一路军比第二路军早成立一年多，比第三路军早成立近三年。东北抗日联军第一路军自组建后，第一、二军之间的紧密配合，以东、西两条战线对敌作战，歼灭日伪军数量众多，极为有效地撼动了日伪的反动统治。东北抗联第一路军在开展反日游击斗争的过程中日渐壮大，促进了东北抗日游击区以及军事密营的创建范围不断扩大，工农群众的抗日热情亦日渐高涨，东、南满地区的反日游击斗争呈现欣欣向荣的新局面。

1938 年后，日伪加紧推行"三年治安肃正计划"，实行"武力战""经济战""思想战"，企图全力"剿灭"东北抗联第一路军。鉴于东北抗联第一军第一师师长程斌叛变，在 7 月中旬召开的第二次老岭会议决定将东北抗联第一路军第一、二军改编为第一、第二、第三方面军，并重新划分了游击区域。此后，第一路军警卫旅进行了长岗战斗、岔沟突围战斗。第一方面军激战于金川、辑安，第二方面军征

东北抗日联军第一路军警卫旅战士

战临江、长白，第三方面军苦战安图、额穆，沉重打击了日本侵略者。

1939年10月至1941年3月，日伪制订了"东边道治安肃正计划"，集结重兵，重点"讨伐"东北抗联第一路军。后东北抗联第一路军余部进入苏联整训，开展小部队活动，继续打击日伪统治者。

（五）东北抗联其他各军、各路军的建立

"八一宣言"及《东北抗日联军统一军队建制宣言》中关于建立反日统一战线以及建立东北抗日联军的指示精神，

对建立全国范围内的反日统一战线，以及统一东北人民革命军建制的东北抗联具有积极的推动作用。早在 1935 年 5 月以前，中国共产党在东北地区已创建东北人民革命军第一至第三军、东北抗日同盟军第四军、东北反日联合军第五军、东北人民革命军第六军。在东北人民革命军第一、二军相继改编为东北抗联第一、二军之后，东北人民革命军其他各军以及反日武装部队相继随之改编。自 1936 年 2 月开始，东北反日联合军第五军、东北抗日同盟军第四军、东北人民革命军第三军、东北人民革命军第六军、民众救国军、东北人民革命军第四军第二师、东北人民革命军第八军、自卫军吉林混成旅以及东北抗联独立师先后改编为东北抗联第五、四、三、六、八、七、十、九、十一军。至此，在中国共产党的直接领导与指挥下，在东北地区的南满、吉东、北满各地党组织及其组建的反日武装队伍的帮助扶持下，东北抗联在反日斗争的过程中日益发展壮大。

1937 年七七事变的爆发，标志着日本帝国主义全面侵华战争的开始。1937 年 9 月 22 日，国民党中央通讯社发表《中国共产党为公布国共合作宣言》。9 月 23 日，蒋介石公开发表《对中国共产党宣言的谈话》，实际上承认了共产党的合法地位，标志着以国共合作为基础的抗日民族统一战线的形成。随着国内抗战时局的变化，东北地区的抗日斗争任务也随之发生转化，即由在东北沦陷区以独立作战的形式对日作战，转化为与关内抗战部队以协同作战的形式开展游击战争，破坏敌军战略部署，牵制敌人入关进程，以支持全国抗战。

抗战全面爆发后，东北抗联第一路军分兵开展反日游击斗争，先后在兴京、怀仁、宽甸、本溪等地与敌军发生激烈交火，缴获敌军军需物资，不仅解决了东北抗联越冬的军需装备，并卓有成效地牵制了日军的侵占进程。与此同时，东北抗联第四、五军根据中共吉东省委对敌的最新部署，主动开展游击斗争，以歼灭敌军有生力量。1937 年 9 月 29 日，周保中召开中共吉东省委常委工作会议，旨在强调东北地区的反日游击斗争在全面抗战过程中的重要性，明晰了今后的革命斗争方向以及东北抗日游击斗争的新任务，尤其是"促使日贼主力作战方面之迅速崩溃，同时应避免东北抗日联军受日贼之个〔各〕个击破，依政治的战略的目的，吉东方面各抗日部队应有统一军事组织"。[1] 因此，东北抗联第五军于 1937 年 10 月 10 日发布东北抗联第二路军筹建通告，以东北抗联第四、五军为基础，组成东北抗联第二路军。周保中任总指挥。后东北抗联第七、八、十

---

[1] 中国人民解放军历史资料丛书编审委员会：《东北抗日联军·文献》，白山出版社 2011 年版，第 643 页。

军亦参加第二路军建制。东北抗联第二路军的建立，有效促进了吉东地区的抗日革命队伍的统一领导，进一步推动了抗日民族统一战线政策的贯彻与执行，对于建立东北地区反日武装同盟，共同抵御日军的侵略战争具有十分重要的意义。

1938 年后，日本帝国主义加剧了对东北地区的殖民统治，通过推行"战时经济体制""治安肃正"等政策加强对东北经济方面的掠夺，同时在政治、思想、文化上对东北地区进行了残酷的统治。对此，东北抗联第一、二路军分兵在不同地域开展反"讨伐"战争。北满地区东北抗联的主力队伍亦逐步向黑嫩平原地区转移，并先后建立西北临时指挥部，为进一步开辟黑嫩平原的抗日游击根据地奠定基础。1939 年之初，黑嫩平原地区的抗日游击运动呈逐步兴起之势，中共满洲临时省委适时调整北满地区的抗日武装力量，以适应新的革命斗争形势，为解决较为紧迫、亟须解决的现实问题，先后于铁骊、通河两地召开执委会议，两次会议的具体内容具有一定的互补性与互通性，由于战争形势的紧迫性以及省委执委分散各地无法聚齐的客观性，省委决定将两次会议合并统称为中共北满临时省委第二次执行委员会全体会议。此次会议根据战争局势适时调整北满地区的抗日游击运动的部署工作，同时，为进一步统一军队建制和巩固军事指挥，决定于 1939 年 5 月 30 日正式建立东北抗联第三路军，由东北抗联第三、六、九、十一军合并改编而成，并成立第三路军总指挥部。张寿篯（李兆麟）任总指挥。同时，在《东北抗日联军第三路军成立宣言》中提出"现在我们东北的抗日战争，已不像从前那样孤军无援了，已经得到了全国军民抗战的直接援助，成为全国抗战的有机组成部分"[①]。东北抗联第三路军在中共北满省委的领导下，为黑嫩平原地区抗日游击运动的有效开展提供人员上、组织上、军事上的支撑，并在政治教育工作、军事训练、干部培养等方面有效地提升了革命队伍的战斗实力。同时，积极开展对日游击斗争，有效打击了敌人的有生力量，广受人民群众的拥护与支持，增强了全民抗战的必胜信心。

东北抗联各军以及东北抗联第一、二、三路军的建立是实践抗日民族统一战线的具体表现。根据敌方资料记载，"这是制订治安'肃正工作长远计划'并开始实施的时期，也是共匪组成抗日统一战线，活动更加激烈的时期"[②]。但在日伪军严酷"讨伐"之下，到 1940 年初，东北抗联各路军

---

① 中央档案馆、辽宁省档案馆、吉林省档案馆、黑龙江省档案馆编：《东北地区革命历史文献汇集》甲 55，1991 年版，第 20 页。
② 吉林省公安厅公安史研究室、东北沦陷史吉林编写组编译：《满洲国警察史》，1990 年刊印，第 165 页。

接连受挫，处于兵力折损严重的艰难困境。为此，决定采取"逐渐收缩，保存实力"的作战方针，逐步将军队缩减至支队建制。与此同时，东北抗联与苏军达成协议，于 1940 年冬季，东北抗联第一、二、三路军陆续入境苏联进行军事整训，自此，东北抗联进入小部队活动时期。

1942 年 7 月，柴世荣（前右四）率领东北抗日联军小部队返回东北时，与前来送行的苏军官兵摄于中苏边境

第四章

最早践行抗日民族统一战线

一、最早践行抗日民族统一战线方针

九一八事变后，中国共产党率先提出"成立反帝的统一战线"[①]，尽管其间出现一些挫折，但抗日民族统一战线的方针得到了完善，并在实际斗争中发挥了重要作用。

（一）北方会议的召开与影响

1931年11月15日，共产国际执委会以中国东北问题为例给各国共产党发出指示："满洲的战争有可能引起帝国主义国家对中国革命和中国苏维埃进行新的武装干涉""被掠夺领域的扩大有可能引起对苏联的直接军事进攻，法国和英国帝国主义者企图通过军事挑衅的手法把在中国的战争变为同苏联的战争。"[②]在共产国际这种"左"倾思想的影响下，1932年6月，中共临时中央在上海紧急召开北方五省代表联席会议。与会人员有中共临时中央政治局的博古、张闻天、李竹生、康生、中央组织局巡视员魏抱一，河北、河南、陕西、山东四省的省委书记及满洲省委组织部部长何成湘。在"左"倾思想影响下，北方会议对于东北形势的判断与下达的指示发生一定程度的偏差，其着重强调"满洲在被日本帝国主义占领之后，成为日本帝国主义进攻苏联

[①] 中央档案馆编：《中共中央文件选集》第七册（1931），中共中央党校出版社1991年版，第412页。

[②] 中共中央党史研究室第一研究部译：《联共（布）、共产国际与中国苏维埃运动（1931—1937）》第十三卷，中共党史出版社2007年版，第73页。

的前线"①而忽视东北已被武装占领的不争事实，指示东北地区应着力加强一切反帝国主义的斗争与运动，武装保卫苏联，并与其他北方各省无差别地执行决议。然而，这些不切实际的指示与任务给当时东北的抗日运动造成了一定程度的危害。

在执行北方会议精神的过程中，东北党组织大力在城市中发展抗日爱国组织、建立工会、发动游行示威、举行飞行集会等公开活动，这种冒险的工作方式迅速引起了敌人的关注，致使多地党组织遭到敌人破坏，党团员不断被捕或被杀害；在建立新苏区的过程中，实行无差别的"没收一切地主土地"②、宣传武装保卫苏联的口号、发动士兵频繁哗变，致使一些地区的党组织、红军游击队与当地群众、其他抗日武装之间关系紧张，削弱了党的群众基础；在推动抗日义勇军发展的工作中，执行"分化他们脱离他们领袖的领导"③的策略，导致一些抗日义勇军逐渐分化乃至瓦解，还有一些抗日武装同党及游击队对立起来，既破坏团结又折损抗日力量。在落实上述这些不符合东北实际的方针政

---

① 中央档案馆编：《中共中央文件选集》第八册（1932），中共中央党校出版社 1991 年版，第 349 页。
② 中央档案馆编：《中共中央文件选集》第八册（1932），中共中央党校出版社 1991 年版，第 391 页。
③ 中央档案馆、辽宁省档案馆、吉林省档案馆、黑龙江省档案馆编：《东北地区革命历史文件汇集》甲 11，1988 年版，第 116 页。

策过程中，一些地方党组织、党团员干部都处于不理解的状态，甚至进行消极抵抗，因此在实际工作中出现了落实不到位或不落实的情况。例如省委派人到各地传达北方会议精神时，南满地区出现找不到游击队负责人的情况，"共青团磐石县委干脆以'磐石的实际情形是没有执行的可能'为理由拒绝执行北方会议和团省委给予的团的任务"①"省委的同志在哈尔滨协助市委书记杨靖宇同志和市委组织部部长杨德如同志往下贯彻北方会议精神的时候，一开始就碰鼻子了。支部的同志们都躲避我们，连支部会议都召集不起来了，甚至找个别同志谈话都是困难的"②。这种内部思想不统一的状态对于各级党组织工作的开展是十分不利的，也影响了东北抗日运动与统一战线的进一步发展。

（二）抗日民族统一战线策略的发展

1932 年 8 月，共产国际召开第十二次执委会。会议提出要在革命斗争的各个阶段上彻底地运用下层统一战线策略，这是"革命前整个时期共产党策略的最重要的组成部分"③。根

---

① 中共吉林省委党史研究室、吉林省东北抗日联军研究基金会编：《韩光党史工作文集》，中央文献出版社 1997 年版，第 89 页。
② 李实：《回忆北方会议前后》，中国人民政治协商会议黑龙江委员会文史资料研究委员会编：《黑龙江文史资料》第三辑，黑龙江人民出版社1982 年版，第 5 页。
③ 王学东主编：《国际共产主义运动历史文献》第五十三卷，中央编译出版社 2012 年版，第 69 页。

据会议精神，11月，召开了执委会东方书记处会议。会上中共代表团提交了关于东北形势与策略的报告，中共代表团负责人王明在会上做了主题发言，指出中国共产党"主张武装抵抗满洲的日本帝国主义。至于我们现在应该实行的策略方针，那就是在满洲建立广泛的反日反帝民族统一战线"[①]。12月，召开了执委会政治书记处会议，再次深入讨论中国的统一战线问题。会议指出在中国东北"严重问题是统一战线问题"[②]，中国共产党应该针对不同的抗日武装队伍或组织采取不同的态度与策略，不局限于下层统一战线，也可以进行一些上层统一战线的工作。上述会议中讨论的统一战线策略问题与有关中国东北的指示，证明共产国际已经开始重视统一战线策略的进一步发展与在各国适用的问题，关注中国且重视中国东北地区的革命斗争形势走向，并提出正确的、适合东北的策略方针，为中国东北的统一战线工作指明了方向。

1933年初，日军侵占山海关，华北局势日益紧张。1月17日，中国共产党以中华苏维埃临时中央政府和工农红军革命军事委员会名义，发表《为反对日本帝国主义侵入华北，愿在三条件下与全国各军队共同抗日宣言》，明确指出

---

① 中共中央党史研究室第一研究部译：《联共（布）、共产国际与中国苏维埃运动（1931—1937）》第十三卷，中共党史出版社2007年版，第239页。
② 中共中央党史研究室第一研究部译：《联共（布）、共产国际与中国苏维埃运动（1931—1937）》第十三卷，中共党史出版社2007年版，第275页。

日本帝国主义"已经开始侵入华北。这是帝国主义强盗更进一步地完全瓜分中国及奴役整个中国的侵掠（略）"[1]；强调蒋介石领导的国民党政府执行"不抵抗政策"、镇压反帝国主义的斗争与义勇军队伍，这些行为证实了国民党的卖国行径；为应对当前的严峻形势，中共中央呼吁中国民众及士兵团结起来"进行联合一致的民族革命战争"[2]，保卫中国的领土完整与独立统一，并提出愿在立即停止进攻苏区、保证民众民主权利和武装民众创立义勇军三个条件下，与任何武装部队订立作战协定，共同抗日。《宣言》的发表符合国内外时局发展的需要，是适用于全国的重要指示。

1933 年 1 月 26 日，经过几个月的研究与讨论后，中共代表团以中共中央的名义发出《中共中央给满洲各级党部及全体党员的信——论满洲的状况和我们党的任务》（又称"一·二六指示信"）。"一·二六指示信"是中国共产党为解决东北问题而发出的。信中首先详细分析东北地区当前的状况，即东北已完全沦陷，经济政治形势日益恶化，进而激发群众性反日运动的飞速发展。其次，指出目前东北的反日游击运动愈发带有群众性质，并依据这些参与游

---

[1] 中共中央文献研究室、中央档案馆编：《建党以来重要文献选编（1921—1949）》第十册，中央文献出版社 2011 年版，第 27 页。
[2] 中共中央文献研究室、中央档案馆编：《建党以来重要文献选编（1921—1949）》第十册，中央文献出版社 2011 年版，第 28 页。

一·二六指示信

击运动的游击队的不同成分、领导者及其影响程度进行分类，同时根据不同类型的游击队提出相应的联合方式；强调在游击运动中必须坚决地夺取和巩固共产党的领导权。再次，阐述中国共产党在东北的总策略方针即"尽可能地造成全民族的（计算到特殊的环境）反帝统一战线来聚集和联合一切可能的，虽然是不可靠的动摇的力量，共同地与共同敌人——日本帝国主义及其走狗斗争，另一方面准备进一步的阶级分化及统一战线内部阶级斗争的基础，准备满洲苏维埃革命胜利的前途"①，突出强调应正确、灵活地执行统一战线策略，根据不同情况决定实行统一战线的程度与范围，实行下层或上层统一战线，提出具体的联合方式如"订立具体的作战行动的协约……甚至可与他们订立某种反帝联盟的形式"②。最后，强调党的领导是东北抗日斗争取得最后胜利的重要保障，党要着力在各地建立强有力的党团组织，扩大党团员数量，委派党员干部到抗日武装队伍、抗日群众组织、重要企业中建立党支部，发展群众工作，扩大党的政治影响，以此吸引更多的力量参与抗日斗争中。"一·二六指示信"中提出建立"全民族反帝统一战线"的总策略方针是符合东北实际的，符合东北广大民众抗日的强烈愿望与迫切诉求。信中提出实行上层或下层统一战线、采取订立作战协约、订立反帝联盟等方式进一步巩固与发展抗日民族统一战线策略，在一定程度上纠正了北方会议以来"左"倾思想的消极影响，解放了东北党组织与党团员干部们的思想枷锁，因此受到了各级党组织与游击队的普遍拥护与欢迎。中共满洲省委书记李实（魏抱一）在回忆

---

① 中共中央文献研究室、中央档案馆编：《建党以来重要文献选编（1921—1949）》第十册，中央文献出版社 2011 年版，第 43 页。
② 中共中央文献研究室、中央档案馆编：《建党以来重要文献选编（1921—1949）》第十册，中央文献出版社 2011 年版，第 44—45 页。

中谈道："这个指示，为我们指出了新的奋斗目标，较之北方会议的决议，显然是比较合乎东北的实际情况一些，给我们工作的转变以必要的依据，也给东北党同志以兴奋。"①这些从侧面说明了"一·二六指示信"的下达其影响是巨大的，振奋了东北各级党组织，鼓舞了身处抗战一线党团员干部们工作热情，不仅有利于东北党组织各项工作的顺利开展，更加推动了东北抗日运动与抗日民族统一战线的蓬勃发展。"一·二六指示信"是中共最早在中国局部地区提出建立抗日民族统一战线的重要指导性文件，中国东北是最早确立抗日民族统一战线的地区。

为了进一步推动东北抗日斗争高潮的到来，促进抗日民族统一战线的扩大，1935 年 6 月 3 日，中共代表团根据东北的特殊情况再次发出了《给吉东负责同志的秘密信》（又称"六三指示信"）。信中首先肯定了东北党组织的工作成绩，"与一些反日队伍初步地实行了统一战线"②；但同时也存在一些缺点，如在抗日斗争的领导上存在散漫性与自发性、政治工作薄弱、组织形式复杂、一些抗日武装队伍与民众的关系紧张等问题；在估计到这些成绩与缺点的情

---

① 魏维凡:《关于"一·二六"指示信问题》,《东北抗日联军史料》编写组编:《东北抗日联军史料》下册,中共党史资料出版社 1987 年版,第 488 页。
② 中国人民解放军历史资料丛书编审委员会:《东北抗日联军·文献》,白山出版社 2011 年版,第 428 页。

况下，提出东北党组织应加强群众工作、积蓄力量、继续巩固与发展党的抗日武装队伍，为将来的更大的事变与战争奠定基础与条件。其次，指出要打破关门主义"实行全民的反日统一战线"①，联合一切抗日武装力量；灵活运用统一战线策略，一方面向反日队伍揭破日本帝国主义收买人心的诡计与逐个击破的阴谋，另一方面与他们广泛地开展下层和上层统一战线工作，"巩固和扩大建立抗日联军（或救国同盟军）总司令部一类的组织"②"准备召集全东北义勇军代表会议，建立全东北的军事领导机关"③；并指出红军游击队与抗日义勇军队伍之间建立的联合作战机构是值得提倡与肯定的，"上层的统一战线不是与下层统一战线对立，而是顺利于下层群众工作的进行"④，要积极"号召东北各种反日武装团结一致……吸收他们参加总司令部（或总指挥部）的组织"⑤，尤其是那些曾被批判为"上层勾结"而解散的地区，应在这些地区迅速开展下层统一战线工作；在统一战线中党应该掌握

① 中国人民解放军历史资料丛书编审委员会：《东北抗日联军·文献》，白山出版社 2011 年版，第 430 页。
② 中国人民解放军历史资料丛书编审委员会：《东北抗日联军·文献》，白山出版社 2011 年版，第 430 页。
③ 中国人民解放军历史资料丛书编审委员会：《东北抗日联军·文献》，白山出版社 2011 年版，第 431 页。
④ 中国人民解放军历史资料丛书编审委员会：《东北抗日联军·文献》，白山出版社 2011 年版，第 431 页。
⑤ 中国人民解放军历史资料丛书编审委员会：《东北抗日联军·文献》，白山出版社 2011 年版，第 430 页。

主动权，采取正确的引导方式，对于各种反日队伍，只要存在丝毫的可能性，就要利用各种形式与他们建立统一战线，在初期可以建立简单的协定，随着双方合作的不断深入愈加紧密彼此的关系。再次，随着各地反日会、农民委员会等抗日组织的迅速发展，有些地方的反日会或农民委员会已经转化为地方政权的初步形态，在民众中颇具影响，因此党要更加积极地发展这类组织进一步推动民众反日运动的发展，积极准备反日代表大会。最后，强调党的工作问题即要着力扩大党团员数量、发展新的党支部、注意公开工作与秘密工作等。"六三指示信"是对"一·二六指示信"的新发展，是针对东北抗日斗争形势不断发展变化而特别制定的方针策略，其提出的要灵活运用统一战线策略、肯定上层统一战线工作、推动建立联合作战机构等观点，为东北地区进一步发展抗日民族统一战线提供了理论与实践上的指导。

1935 年 7 月，共产国际召开了第七次代表大会。此次会议纠正了长期以来"左"倾思想的影响，分析了法西斯主义的性质及危害，总结了以往统一战线工作的经验教训，提出要在全世界范围建立"广泛的反法西斯人民战线"来阻止和消灭法西斯势力。中共代表团根据会议精神于 8 月 1 日以中国苏维埃政府、中国共产党中央的名义签署了《为抗日救国告全体同胞书》。宣言指出日本帝国主义加紧了对中国的侵略进程，继东北后华北地区形势也危在旦夕，在此千钧一发之际，中国共产党号召所有中国民众团结起来共同抗日；提出"应当停止内战，以便集中一切国力（人力、物力、财力、武力等）去为抗日救国的神圣事业而奋斗"[①]；尤其赞誉了东北地区的反日战士们在杨靖宇、赵尚志、王德泰、李延禄、周保中等党员干部领导下坚持不懈地进行斗争，展现中华民族救亡图存的伟大精神；提出愿与东北各地抗日政府联合成立临时领导机构，号召一切爱国同胞与军官、士兵们，所有抗日爱国党派与团体，一切受压迫民族团结起来，与东北人民革命军及各路抗日军队伍组建全国统一的抗日联军，"组成统一的抗日联军总司令部"[②]。"八一宣言"是中国共产党对抗日民族统一战线策略的进一步发展，不仅仅谈论工农联合，而是对各党派、各界、各军、各民族发起号召与呼吁，扩大统一战线的范围与对象，得到东北各级党组织及抗日队伍的赞同与欢迎；提出组建联合政府和抗日联军的建议为东北党组织领导今后的抗日斗争指明了前进的方向，扩大了党的政治影响，巩固与发展了党的抗日武装力量。

---

① 中央档案馆编：《中共中央文件选集（1934—1935）》第十册，中共中央党校出版社 1991 年版，第 522 页。
② 中央档案馆编：《中共中央文件选集（1934—1935）》第十册，中共中央党校出版社 1991 年版，第 524 页。

1935 年 8 月 1 日，中国苏维埃政府、中国共产党中央签署《为抗日救国告全体同胞书》（即 "八一宣言"）

　　纵观中国共产党对东北地区提出的关于抗日民族统一战线策略的重要指示文件，可见党对于抗日民族统一战线策略的认识是一直根据国内外形势变化而适时调整的，既有共产国际的影响，也有自己独立的思考与认识。虽然在此过程中偶尔会出现一些小的偏差，但从整体上看其发展趋势是一直进步向前的，提出的指示与东北的实际情况也愈加相宜，因此东北各级党组织在具体实践过程中，才能真正开展抗日民族统一战线工作，并取得一定成绩。

二、东南满东北人民革命军建立联合作战机构

"一·二六指示信"指出：要保持"最宽广的反帝统一战线"[①]；在执行统一战线策略时，必须根据具体情况采取不同的方式，可以采取下层统一战线或下层与上层相结合的方式，订立具体的作战协约或某种反帝联盟形式；但是必须牢记下层统一战线是党活动的基础，只有建立、巩固好下层统一战线才能进行上层统一战线的工作。

1933年4月，中共满洲省委接到"一·二六指示信"后立即召开省委扩大会议，共同讨论如何贯彻指示信精神以及南满党组织与游击队的工作问题。会议内容集中体现在7月1日《中共满洲省委给磐石中心县委和南满赤色游击队的信》。信中提出目前县委与游击队的主要任务，一是将南满游击队改编为东北人民革命军第一军，"运用反帝统一战线，树立党及赤色游击队的领导权"[②]，并提议与南满各路抗日武装队伍合作建立"抗日联合军司令部"[③]；二是领导并武装民众参与抗日斗争，建立更广泛的统一战线组织；三是巩固与发展党组织。7月10日，省委又以磐石人民革命

---

① 中共中央文献研究室、中央档案馆编：《建党以来重要文献选编（1921—1949）》第十册，中央文献出版社2011年版，第46页。
② 中央档案馆、辽宁省档案馆、吉林省档案馆、黑龙江省档案馆编：《东北地区革命历史文件汇集》甲14，1988年版，第37页。
③ 中央档案馆、辽宁省档案馆、吉林省档案馆、黑龙江省档案馆编：《东北地区革命历史文件汇集》甲14，1988年版，第38页。

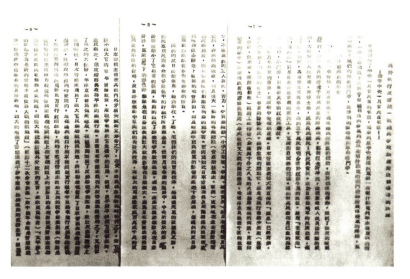

中共满洲省委《关于执行反帝统一战线与争取无产阶级领导权的决议——接受中央一月二十六日来信》

军的名义发表宣言，提出愿在以下三个条件下与各种武装队伍订立对日作战联盟，"一，不投降，不卖国，和日本强盗及其走狗'满洲国'作战到底。二，拥护工农及一切反日群众的斗争和运动，罢工，示威，游行，募捐慰劳农民的抗捐抗税，分粮斗争，没收日本及卖国贼一切财产，没收日货作为救济灾民失业者和抗日费的斗争，和保护工农及一切反日反帝团体，工会，农民协会，反日会，反帝同盟，青年反日同盟，等等。三，允许民众自动武装和帮助其武装对日作战"①。这些宣言的发表为南满乃至整个东北的抗日斗争运动注入活力，受到广大民众与各路抗日武装队伍的拥护。

（一）东北人民革命军第一军联合作战机构的建立与发展

1933 年 7 月 11 日至 18 日，南满游击队联合"宋营""马团""三江好"等抗日军队伍共同攻打了伊通一带、营城子、大兴东、呼兰等地，取得了多次胜利。②为了团结更多抗日力量，20 日，杨靖宇邀请"毛团""马团""赵旅""窜江龙""常占"等多支抗日军代表参加会议，共计人数 1500 余人。③经过共同讨论，会议决定所有参会队伍成立一个联合作战机构即"抗日军联合参谋部"，又称"南满抗日联合军指挥部"④，联合行动时接受统一的指挥，相互联系与配合。会议上完成"抗日军联合参谋部"领导层的选举工作、讨论了机构内部构成问题，推举毛作彬（毛团首领）任总指挥、

①《满洲磐石人民革命军为反对日本强盗"围剿"义勇军宣言》，载中国井冈山干部学院主编《斗争（苏区版）》第二辑，中国发展出版社 2007 年版，第 159 页。
②中央档案馆、辽宁省档案馆、吉林省档案馆、黑龙江省档案馆编：《东北地区革命历史文件汇集》甲 14，1988 年版，第 280 页。
③中央档案馆、辽宁省档案馆、吉林省档案馆、黑龙江省档案馆编：《东北地区革命历史文件汇集》甲 17，1989 年版，第 214 页。
④中央档案馆、辽宁省档案馆、吉林省档案馆、黑龙江省档案馆编：《东北地区革命历史文件汇集》甲 16，1989 年版，第 341 页。

杨靖宇任政治委员长、李红光任参谋长；下设"①作战计划科；②侦察科；③军医科；④政治科；⑤技术科；⑥交通科"①，每科推举游击队员任科长。总兵力3000余人。

"抗日军联合参谋部"成立后，召开了首次作战会议，并增加了吴团、金山等抗日军队伍。会议决定攻打敌人重要据点呼兰镇。该镇地势险要，有敌人重兵把守。8月13日晚，我方部队1600余人围困该镇，赵旅前来接应，第四天敌人援军赶到遂与赵旅遭遇，双方激战良久，赵旅久战不胜，导致其他抗日军队伍意志动摇心生退意。在游击队下达联合攻击命令之时，救国军头领傅殿臣率部撤退，致使冲锋在前的我军处于敌人猛烈的炮火中，我军临危不乱，稳定队伍并连续击退敌人的三次进攻后，率部撤退。②此战中，我方部队牺牲三名战士，毙伤一名敌方团长及部分日军。此战后，抗日军皆赞游击队一往无前、作战英勇，树立了党与游击队的威望，扩大了党与游击队的影响力。

"抗日军联合参谋部"的成立具有重要意义，这是东北地区最早成立的联合作战机构，是党对统一战线进行

---

① 中央档案馆、辽宁省档案馆、吉林省档案馆、黑龙江省档案馆编：《东北地区革命历史文件汇集》甲17，1989年版，第215页。
② 中央档案馆、辽宁省档案馆、吉林省档案馆、黑龙江省档案馆编：《东北地区革命历史文件汇集》甲17，1989年版，第213页。

实践探索的最初尝试,是正确的统一战线组织形式。[1]"抗日军联合参谋部"是在党与游击队的号召下创立的,团结了南满地区的抗日力量,在一段时期内打击了敌人。但是,此时的"抗日军联合参谋部"还处于初步发展的状态,内部关系较为松散,是极其不稳定的。所以,在成立后不久,敌人通过"收买上层反动的领袖投降来分裂反日义勇军的联合"[2],使"毛团""殿臣"等抗日军队伍陆续脱离参谋部转向投降日军,最终导致这一时期的联合作战机构被无形解散。

随着游击队的不断发展,1933年9月,南满游击队正式改编为东北人民革命军第一军第一独立师。同时独立师决定立即南下辉发江开辟新的游击区,并在途中与敌人展开激烈的战斗。在第一军军长兼独立师师长杨靖宇的领导下,独立师与部分抗日军进行了攻占三源浦、巧夺凉水河子、突围大荒沟、攻占八道江等战斗,获得了节节胜利,缴获了许多物资。[3]独立师转战江南后,其连胜战绩鼓舞了周围的抗日军队伍,使他们摆脱了之前消极的状态而逐

---

[1] 中央档案馆、辽宁省档案馆、吉林省档案馆、黑龙江省档案馆编:《东北地区革命历史文件汇集》甲15,1988年版,第90页。

[2] 中央档案馆、辽宁省档案馆、吉林省档案馆、黑龙江省档案馆编:《东北地区革命历史文件汇集》甲16,1989年版,第320页。

[3] 中央档案馆、辽宁省档案馆、吉林省档案馆、黑龙江省档案馆编:《东北地区革命历史文件汇集》甲60,1992年版,第219页。

城墙砬子会议（绘画）

渐活跃起来，开始纷纷主动与人民革命军联络，希望联合作战，如一度消沉的抗日军老常青也开始积极活动，曾意欲投降的抗日军赵参谋长、保国也改变了想法，决定坚持抗日。[①]

　　为了抓住联合的有利时机，将这一带的抗日军队伍组织起来拧成一股绳，1934年2月21日在东北人民革命军

----

① 中央档案馆、辽宁省档案馆、吉林省档案馆、黑龙江省档案馆编：《东北地区革命历史文件汇集》甲18，1989年版，第355页。

第一军第一独立师的号召下，于吉林省临江县三岔子附近城墙砬子召开抗日联合大会。会上独立师师长杨靖宇向在场的抗日军首领分析指出了东北抗日斗争的长期性、复杂性与艰苦性，号召只有大家紧密联合起来才能看到胜利的希望。杨靖宇提议成立"东北抗日联军总指挥部"以便团结更多的抗日力量，发挥联合作战的威力。这一决议得到了与会人员的赞同与支持，并投票选举出了总指挥杨靖宇、副总指挥隋常青（"老常青"首领），参谋长李红光，政治部主任宋铁岩，其余出席会议的抗日军首领均为指挥部的参谋委员。会上讨论并通过了《东北人民革命军斗争纲领》，并在此基础上增加了三项内容即"①不投降，坚决抗日到底。如有勾结敌人叛变等情，一经查觉得由总指挥部下命令解除该队武装，以军法行事；②在各队游击区内反日群众或非反日工作人员得任意进行工作，队伍应给以保护；③允许并帮助反日群众武装及反日本身要求斗争"[①]。此外，为了让抗日军队伍间的联系更加紧密，会议还决定将总指挥部领导下的各队伍进行编制，第一至第八支队分别为"老常青""四海""臣军""朱司令""双胜""保国""东边好""赵参谋长"，人数较少的队伍如"四

---

① 中央档案馆、辽宁省档案馆、吉林省档案馆、黑龙江省档案馆编：《东北地区革命历史文件汇集》甲18，1989年版，第377页。

季好""青林"等部则皆编入游击连。①据统计，此时这一带抗日联军的总人数已达 4000 余人。②

"东北抗日联军总指挥部"成立后对抗日军及一切的对外书信工作完全由总指挥杨靖宇负责，各部队对指挥部十分信服。③"东北抗日联军总指挥部"的成立证明了在党与人民革命军的不懈努力下"克服了许多抗日军对我们的怀疑及怕接头等等恶劣情况"④，实现了对江南一带抗日武装力量的联合，如对抗日军苏营、天和部队的领导力加强，在抗日军臣军、两省及大刀会中不仅建立了党团支部还收编了这些部队，直接接受党的领导，开启了"南满反日战争的新阶段"⑤。从"抗日军联合参谋部"发展为"东北抗日联军总指挥部"，不仅团结了越来越多的抗日军队伍在党的周围，服从党的指挥，更重要的是与之联合的抗日军能在党制定的统一斗争纲领下进行抗日斗争，提高了总指挥部的权威性，说明党已经成为南满地区抗日力量的指挥者与领导者。

① 中央档案馆、辽宁省档案馆、吉林省档案馆、黑龙江省档案馆编：《东北地区革命历史文件汇集》甲 18，1989 年版，第 376—377 页。
② 中共吉林省委党史研究室、吉林省东北抗日联军研究基金会编：《韩光党史工作文集》，中央文献出版社 1997 年版，第 219 页。
③ 中共吉林省委党史研究室、吉林省东北抗日联军研究基金会编：《韩光党史工作文集》，中央文献出版社 1997 年版，第 486 页。
④ 中央档案馆、辽宁省档案馆、吉林省档案馆、黑龙江省档案馆编：《东北地区革命历史文件汇集》甲 36，1989 年版，第 182 页。
⑤ 中央档案馆、辽宁省档案馆、吉林省档案馆、黑龙江省档案馆编：《东北地区革命历史文件汇集》甲 18，1989 年版，第 378 页。

　　1934 年 5 月，根据南满党组织提出在江北一带召开抗日军代表会议并"加紧领导江北抗日联合军总指挥部"[①] 的指示，独立师一团与少年营返回磐石地区同抗日军马团、天虎、赵旅、"四季好"等部组成"江北抗日联合军总指挥部"。[②] 总指挥为独立师一团团长袁德胜，副总指挥为仇天荣（"天虎"首领）与鞠荣久（"四季好"首领），参谋长为李红光，总人数 1000 余人。[③] 在"江北抗日联合军总指挥部"的统一领导下，独立师一团、少年营在半年内与日伪军作战次数约 33 次，其中与抗日军联合作战 11 次。[④] 如 6 月，独立师一团联合抗日军共 400 余人进攻伊通二道沟伪军；7 月，联合抗日军 400 余人攻打海龙小白山的伪军骑兵队；同月领导抗日军 300 余人进攻朝阳山；8 月与抗日军进攻吉林六区 3 次，缴获大量的武器弹药与军需，保证各部队的给养。[⑤] 不仅如此，独立师一团与抗日军一年以来在磐石、伊通、西安（今辽源市）、东丰、桦甸等地袭击汉奸组

① 中央档案馆、辽宁省档案馆、吉林省档案馆、黑龙江省档案馆编：《东北地区革命历史文件汇集》甲 20，1990 年版，第 54 页。

② 李铸、贾玉芹、高书全等译：《中华民国史资料丛稿 译稿 关于东北抗日联军的资料》第二分册，中华书局 1982 年排印，第 78 页。

③ 李铸、贾玉芹、高书全等译：《中华民国史资料丛稿 译稿 关于东北抗日联军的资料》第二分册，中华书局，1982 年排印，第 78 页。

④ 中央档案馆、辽宁省档案馆、吉林省档案馆、黑龙江省档案馆编：《东北地区革命历史文件汇集》甲 44，1990 年版，第 150 页。

⑤ 中央档案馆、辽宁省档案馆、吉林省档案馆、黑龙江省档案馆编：《东北地区革命历史文件汇集》甲 44，1990 年版，第 150 页。

织会房与壮丁团总计 18 所，其中 7 个会房被全部捣毁，其余 11 个处于残存状态，共缴获步枪等武器 129 支，战马等 338 匹，及大量武器弹药。[①] 江北一带的抗日队伍在与人民革命军联合作战中，亲眼见证人民革命军不畏困难、抗日到底的精神与勇气，于是，"自动找人民革命军来要求参加和收编或联合反日到底。自五月以来第一团在抗日弟兄热烈要求之下，正式收编抗日部队为一团直属游击队，共有十八个连，如登山好、占七国、电青、万盛、双盛、中山好、青山好……此外，最近一团代表在各地新收编之部队，尚未得团部批准者，也有五个连以上之多"[②]。"四海山"、"保国"、朝鲜革命军等抗日军围绕在人民革命军的周围，在其影响下，许多抗日军开始要求接受党的领导与队伍收编，如"大善人""朱团"等。[③]"江北抗日联合军总指挥部"的成立团结了江北一带的抗日力量，收编的多支抗日军队伍壮大了人民革命军队伍，为后期东北抗日联军的建立与发展奠定了基础。

---

① 中央档案馆、辽宁省档案馆、吉林省档案馆、黑龙江省档案馆编：《东北地区革命历史文件汇集》甲 44，1990 年版，第 153—154 页。
② 中央档案馆、辽宁省档案馆、吉林省档案馆、黑龙江省档案馆编：《东北地区革命历史文件汇集》甲 44，1990 年版，第 155—156 页。
③ 中央档案馆、辽宁省档案馆、吉林省档案馆、黑龙江省档案馆编：《东北地区革命历史文件汇集》甲 33，1990 年版，第 41 页。

（二）东北人民革命军第二军联合作战机构的建立与发展

1933 年 10 月，东满党组织接收到"一·二六指示信"。在践行指示信精神的过程中，得到群众的支持与理解，一些抗日军队伍与游击队的关系也得到缓和。游击队因其反日坚决、作战勇敢、善于团结在抗日军队伍中的影响越来越大，在执行统一战线策略过程中，与很多抗日军队伍结成攻守同盟的关系。[①] 在这种同盟关系中，党与游击队占主导地位，例如游击队在组织联合进攻某个敌人据点时，立即会有许多队伍响应，如人数较多的"靠友""久胜""李万龙"等部，还有规模较小的平日军、同山好等部。其中与游击队关系最密切的是史团，其首领史团长是共产党员，队伍内部还设有党团支部。其余还有孙团、李团等部对党的主张也是十分支持，并且在实际活动中真正落实。

攻守联盟结成后，进行数次联合行动，进攻双河镇、大肚川、东宁、八道沟等多个城镇，且截路截车，打乱敌人的计划。其中影响较大的当属东宁之役，游击队与救国军吴义成部、史团等抗日军联合围攻东宁县城。正当进攻之时，

[①] 中共延边州委党史研究室编：《东满地区革命历史文献汇编》上册，2000年版，第219页。

东北人民革命军第二军独立师第一团第一连士兵会

吴义成部动摇，提出要守住大甸子后伺机进攻，我军及意志坚定的抗日军队伍则主张继续攻打东宁，由于吴义成部的动摇与武器支援的不及时，导致敌人有时间做了充分准备，遂与我军激战良久，我军毫不退缩英勇应战。直至第二天十二时，我军久攻不破，此时敌人对我军采取合围之势，最终各部队混战冲出包围圈分兵撤退。[①] 此战中，"游击队起中坚作用，其影响北至宁安南至安图，给民众极大兴奋，影响着反日士兵愈走坚决道路"[②]。据当时由东北旅京同乡救国会出版的爱国刊物《抗日救国》中报道，东宁之役中游击队"可见以

① 中共延边州委党史研究室编：《东满地区革命历史文献汇编》下册，2000年版，第1285页。
② 中共延边州委党史研究室编：《东满地区革命历史文献汇编》上册，2000年版，第221页。

大无畏之精神奋勇干去，伪军虽顽强，日人虽狡毒，亦皆无如我何也"[①]。随着游击队的不断发展与壮大，在抗日军中的威望越来越高，"一般的民族反帝统一战线得到了很大的胜利，在军队在民间，反日的战线在扩大着"[②]。

1933 年 12 月，中共满洲省委向东满党组织与游击队发出指示"建立人民革命军第二军（磐石县人民革命军第一军）第一独立师……十百倍地扩大武装队伍的力量"[③]。据此，1934 年 3 月，东满党组织与游击队的主要干部在延吉县三道湾召开会议，正式成立东北人民革命军第二军独立师。

日伪当局为了破坏东满的统一战线，进一步加强其统治力度，开始频繁"讨伐"刚刚成立的第二军独立师。第二军独立师迅速集结分兵攻击敌人兵力薄弱之处作为回击。4 月，第二军独立师开始向安图方向转移，至 7 月间进行了攻克车厂子、围攻大甸子、攻击大蒲柴河等多次战斗。7 月中旬，时任第二军独立师政委王德泰率部至安图，联合该地区的抗日军队伍与独立师包围大甸子镇，最终在与敌周旋 11 个昼夜后取得胜利。王德泰领导的独立师骁勇善

---

① 于慧芝、胡淑英、李秉刚编：《东北抗日义勇军史料汇编》（吉林分册），1988 年版，第 306 页。
② 中共延边州委党史研究室编：《东满地区革命历史文献汇编》上册，2000 年版，第 221 页。
③ 中央档案馆、辽宁省档案馆、吉林省档案馆、黑龙江省档案馆编：《东北地区革命历史文件汇集》甲 16，1989 年版，第 109 页。

战、纪律严明，并且王德泰始终与战士们共同战斗在第一线，使其他抗日军队伍十分信服，"所有反日部队内部发生的任何事情，都要求他去解决，一切的战事活动，听他指挥。要求收编者，亦络绎不绝"①。1934年秋，在王德泰的提议下，与姚司令、田旅、钱营等十余支抗日军队伍，1000余人共同成立"东满抗日联合军指挥部"，并推选王德泰为总指挥，朱云光为副指挥。②此后，独立师开始在汪清一带活动，并积极同周围的抗日军队伍合作。根据日方资料《满洲评论》中发表的《间岛抗日军与共产党势力的展望》一文记载，1934年4月至12月间，在东满地区的抗日武装队伍出没次数103次，人数3537名，其中抗日军队伍50次，人数2187名；二军独立师53次，人数1350名。③不仅如此，第二军独立师还与抗日军队伍消灭敌人多处驻兵房所，并且"与'满洲国兵士'、当地自卫团、警察队、大排队等真正站在中国人不打中国人的立场上，开始了新的配合"④。

---

① 中共延边州委党史研究室编：《东满地区革命历史文献汇编》上册，2000年版，第776页。
② 中央档案馆、辽宁省档案馆、吉林省档案馆、黑龙江省档案馆编：《东北地区革命历史文件汇集》甲53，1990年版，第320页。
③ 嘉村龙太郎著，霍燎原译：《间岛抗日军与共产党势力的展望（摘译）》，载李鸿文主编《东北抗日斗争史论丛》，吉林社会科学院1983年刊印，第358页。
④ 中央档案馆、辽宁省档案馆、吉林省档案馆、黑龙江省档案馆编：《东北地区革命历史文件汇集》甲53，1990年版，第321页。

但是，在此期间日伪当局为了破坏东满地区建立的统一战线，立即采取了一系列措施。如"挑拨高丽人来反对中国人，组织民生团，提出欺骗口号，如系在日本统治下的间岛韩人民族自治区等等"①；提出"专打老高丽共产党，收降山林队救国军；专打人民革命军，不打山林队"等口号②，以此来破坏人民革命军与抗日军队伍间的关系。敌人实施的这些挑拨离间之举严重阻碍了东满抗日斗争的发展与统一战线策略的推进，为了缓解当时的紧张形势，中共满洲省委决定派魏拯民到东满指导工作。

1935 年 2 月至 3 月，中共东满党的第一次联席扩大会议（又称"大荒崴会议"）与东北人民革命军第二军独立师政委联席会议（又称"腰营沟会议"）依次召开。在魏拯民的主持下，会议提出要灵活运用统一战线策略，"建立东满抗日联合军的军事指挥机关，统一军事领导，号召一切反日的部队和反日的武装力量都来参加（不论人数多少）"③。在此期间，中共满洲省委也指示东满党与东北人民革命军要做到"不管任何政治派别、宗教、种族和民族，不管他是

① 中央档案馆、辽宁省档案馆、吉林省档案馆、黑龙江省档案馆编：《东北地区革命历史文件汇集》甲 21，1988 年版，第 43 页。
② 中央档案馆、辽宁省档案馆、吉林省档案馆、黑龙江省档案馆编：《东北地区革命历史文件汇集》甲 21，1988 年版，第 43 页。
③ 中共延边州委党史研究室编：《东满地区革命历史文献汇编》上册，2000 年版，第 362 页。

动摇的、不定的、暂时的，只要他是反日救国的都应当与之结成统一战线"①；"对于救国军要采取上层和下层的联合战线；对于农民武装队伍，反日山林队也要采取上层和下层的联合战线"②；提出要以"联合军、同盟军或联合指挥部的形式，与许多救国军及反日义勇军结成统一战线"③。

为执行上述指示，实现东满地区统一战线的进一步发展，1935 年 5 月末东北人民革命军第二军独立师正式扩编为东北人民革命军第二军，王德泰任军长，魏拯民兼任政委。6 月，第二军发布《东满抗日联合军指挥部致各反日部队的信》。信中指出东满各路抗日军队伍各自为战，面临着易被敌人逐个击破的危险局面；还会因敌人的挑拨产生不必要的摩擦，折损抗日力量。鉴于此，东满抗日联合军指挥部号召各路抗日军联合起来，积极加入指挥部并提出指挥部的四项基本宗旨，即：坚决抗日到底，拒不投降卖国；不论出身、不分党派与民族，不问宗教，心向抗日者联合起来；没收敌人及汉奸的财产用于抗战使用；基于群众言论、出版、结社、集会的权利，帮助民众建立武装，鼓励民众积

---

① 中共延边州委党史研究室编：《东满地区革命历史文献汇编》下册，2000 年版，第 1436 页。
② 中央档案馆、辽宁省档案馆、吉林省档案馆、黑龙江省档案馆编：《东北地区革命历史文件汇集》甲 21，1988 年版，第 45 页。
③ 中央档案馆、辽宁省档案馆、吉林省档案馆、黑龙江省档案馆编：《东北地区革命历史文件汇集》甲 21，1988 年版，第 22 页。

汪清县腰营沟抗日游击根据地入口处的石砬子

极参与到抗日救国的运动中。① 东满抗日联合军总指挥部强调指出不强迫任何一个队伍附属于指挥部之下，各部队可以保留自己的编制，是自由而独立的，在接受四项基本宗

① 中共延边州委党史研究室编：《东满地区革命历史文件汇编》上册，2000
年版，第 656 页。

旨的前提下要服从指挥部的统一领导。[①] 经指挥部诚挚号召与积极宣传，与第二军联系密切的抗日军日益增多，如救国军史忠恒部、吴义成部、马参谋部等，还有一些抗日军请求直接加入东北人民革命军"如苗团长、靠胜队、平日军、天良军、李营长等"[②]。

在东满抗日联合军总指挥部的领导下，第二军联合抗日军进行多次联合行动。如第二军独立师王德泰率部 30 余人于 8 月联合抗日军明山好、天良军、平日军等 170 余人共同袭击了京图线大石头至哈尔巴岭之间的运输车，点燃敌人油车、集中火力射击敌人兵车后，我军迅速撤出，但敌人见状紧追不舍并呼叫敦化、额穆的伪军意图歼灭我军，我军与敌人对战相持一日，最终我军趁夜色迅速集结队伍突破敌人包围圈而撤退。[③] 此外还进行了老爷岭遭遇战、老头沟截车、进攻图宁铁路车站、安图县战斗等，获得多次胜利。[④] "东满抗日联合军指挥部"实现了该地区抗日力量的大团结。

---

① 中共延边州委党史研究室编：《东满地区革命历史文件汇编》上册，2000年版，第 401—402 页。
② 中共延边州委党史研究室编：《东满地区革命历史文件汇编》上册，2000年版，第 399 页。
③ 中央档案馆、辽宁省档案馆、吉林省档案馆、黑龙江省档案馆编：《东北地区革命历史文件汇集》甲 46，1990 年版，第 189 页。
④ 李铸、贾玉芹、高书全等译：《中华民国史资料丛稿 译稿 关于东北抗日联军的资料》第一分册，中华书局 1982 年排印，第 195 页。

（三）吉东、北满地区联合作战机构的建立与发展

1934年2月，根据"一·二六指示信"精神，中共满洲省委向吉东党组织与周保中领导的救国军余部发出指示，要"以周保中部队为基础，去号召其他反日部队，缔结联合反日作战协定和组织联合指挥部"①。同月16日，根据该指示，周保中在宁安东南乡八道河子主持召开抗日军队伍的联合会议，参加会议的有周保中领导的救国军辽吉边区军第一与第三连、李荆璞领导的宁安反日工农义勇军，原密山反日革命军第二军王毓峰部，救国军余部柴世荣、傅显明、王汝起、裴振东部与八道河子自卫军。各部队的主要干部代表出席会议。会上周保中详细阐述了党的统一战线策略，传达了省委关于建立联合指挥部的指示，得到与会人员的一致赞同与支持，决议所有参会队伍正式组成绥宁反日同盟军，并成立"宁安东南乡救国军第一游击区同盟军办事处"②（后改为"绥宁反日同盟军办事处"③）。会议推举周保中为办事处主任，并设立军事委员会、经济委员会与总政治部，以定期每月召开一次联席会议的方式讨论军事、政

---

① 中央档案馆、辽宁省档案馆、吉林省档案馆、黑龙江省档案馆编：《东北地区革命历史文件汇集》甲17，1989年版，第72页。

② 中央档案馆、辽宁省档案馆、吉林省档案馆、黑龙江省档案馆编：《东北地区革命历史文件汇集》甲18，1989年版，第400页。

③ 中央档案馆、辽宁省档案馆、吉林省档案馆、黑龙江省档案馆编：《东北地区革命历史文件汇集》甲39，1990年版，第203页。

治、经济等问题。3月初，办事处军事委员会召开首次会议，决定联合进攻新官地。3月下旬，在地方反日会的协助下，同盟军带领 60 余人攻打新官地并收缴当地伪军的武器装备。①4月至5月，在办事处的统一领导下，同盟军所属部队联合进攻八道河子、卧龙屯、小城子等地，打击了敌人，对部分地区的伪警察与伪军进行缴械，获得大量物资与武器弹药。

在吉东地区还存在李延禄领导的"吉东抗日同盟军总司令部"。1934 年 10 月，巡视员吴平（杨松）来到密山哈达河子与中共密山县委、李延禄领导的东北人民抗日革命军召开了扩大会议，决定将密山游击队与东北人民抗日革命军合编，联合十余支抗日军队伍，共同组成"吉东抗日同盟军总司令部"，总司令为李延禄。②吉东抗日同盟军总司令部成立后，立即以"总司令部名义已开始连〔联〕络各山林队，拉出来的机关枪连等等，并致信吴义成、孔宪荣等等义勇军领袖"③，以此联合更多的队伍共同打击敌人。11月，以总司令部的名义发表《吉东抗日同盟军总司令部告抗

---

① 中央档案馆、辽宁省档案馆、吉林省档案馆、黑龙江省档案馆编：《东北地区革命历史文件汇集》甲 18，1989 年版，第 93 页。
② 中央档案馆、辽宁省档案馆、吉林省档案馆、黑龙江省档案馆编：《东北地区革命历史文件汇集》甲 20，1990 年版，第 266—267 页。
③ 中央档案馆、辽宁省档案馆、吉林省档案馆、黑龙江省档案馆编：《东北地区革命历史文件汇集》甲 20，1990 年版，第 267 页。

日山林队的宣言》，指出三年来总结出对敌斗争的经验教训就是抗日必须共同联合起来，现在李延禄、张魁、杨志和、白龙、访友、平心、占东山、明山、义君、红五洲、双洋等抗日队伍已经联合起来，共同成立吉东抗日同盟军总司令部，数月来有力打击了日伪军，盼望更多抗日队伍能加入总司令部，共同抗日。[①] 同时，总司令部也向伪军发布了倡议书，鼓励伪军发动哗变，提出"抗日同盟军专打日本子和卖国贼，不打'满洲国'军队内的中国兵士！""中国兵士不打中国兵士！"[②] 等口号，以此争取伪军的力量。吉东地区联合指挥机构的建立，证明了"以联合军、同盟军或联合指挥部的形式，与许多救国军及反日义勇军结成统一战线，不仅是可能而且是必要的"[③]，集结抗日力量的同时也促进了该地区抗日斗争的发展。

同一时期，在北满地区也建立了联合作战机构。1934年2月，中共满洲省委巡视员与珠河县委召开扩大会议，对执行"一·二六指示信"精神进行了反思与总结，同时提出进行游击运动、扩大游击区、组织抗日军代表大会，建

---

① 中央档案馆、辽宁省档案馆、吉林省档案馆、黑龙江省档案馆编：《东北地区革命历史文件汇集》甲44，1990年版，第209—210页。
② 中央档案馆、辽宁省档案馆、吉林省档案馆、黑龙江省档案馆编：《东北地区革命历史文件汇集》甲44，1990年版，第271—272页。
③ 中央档案馆、辽宁省档案馆、吉林省档案馆、黑龙江省档案馆编：《东北地区革命历史文件汇集》甲35，1989年版，第3页。

立联合作战机构等任务。[1]为了贯彻此次扩大会议的指示，3月，珠河游击队队长赵尚志率部至大道北，联合青林、北来、七省、好友等抗日军队伍召开联合会议。[2]会上赵尚志向各抗日军讲述了建立统一战线的重要意义并与在场的抗日军队伍达成抗日协议，即在"反日到底、没收敌伪财产、武装群众"[3]三个前提下，成立"东北反日联合军司令部"（又称"哈东反日联合军司令部"）。会议决定将各部队编成2个中队，共同推举赵尚志为总司令兼第一大队长，串江南为第二总队长，李爱民为指挥部参议。[4]联合军会议的召开表明了珠河游击队与该地区抗日军之间的关系已经缓和。"哈东反日联合军司令部"建立后，党与游击队一直主动联络、积极参与，不仅努力维护好司令部内的抗日军队伍，也在积极与还在观望的抗日军队伍进行沟通。例如5月，在赵尚志的号召下珠河游击队联合九江、黄炮、朱万金等抗日军队伍攻打了宾县，7月再次联合进行了三岔河突围战。[5]

---

① 中央档案馆、辽宁省档案馆、吉林省档案馆、黑龙江省档案馆编：《东北地区革命历史文件汇集》甲18，1989年版，第287—288页。

② 中央档案馆、辽宁省档案馆、吉林省档案馆、黑龙江省档案馆编：《东北地区革命历史文件汇集》甲18，1989年版，第304页。

③ 中共吉林省委党史研究室、吉林省东北抗日联军研究基金会编：《韩光党史工作文集》，中央文献出版社1997年版，第94页。

④ 中央档案馆、辽宁省档案馆、吉林省档案馆、黑龙江省档案馆编：《东北地区革命历史文件汇集》甲62，1990年版，第333页。

⑤ 中央档案馆、辽宁省档案馆、吉林省档案馆、黑龙江省档案馆编：《东北地区革命历史文件汇集》甲38，1990年版，第71—77页。

这些抗日军在与游击队合作的过程中逐渐被影响，至 8 月，黄炮、铁军、北来、双城等抗日军也加入司令部，接受司令部的统一指挥。随着司令部规模的扩大，司令部开始通过召集抗日军代表大会的方式来处理日常事宜与紧急情况，联合作战时则以赵尚志总司令的名义调动各队伍相互配合。① 这说明，此时党与游击队已经逐渐走向"哈东反日联合军司令部"的领导核心。1934 年 6 月，珠河县委决定以珠河游击队为核心与愿意参加改编的一些抗日军队伍整编为哈东支队。1935 年 1 月，哈东支队发展为东北人民革命军第三军。3 月，第三军军长赵尚志率部至方正县大罗勒密与抗日军李华堂部、谢文东部会合。赵尚志向两人讲述当前形势下建立统一战线的重要性与迫切性，他们对此表示十分赞同，经三方协商后决定以第三军为核心，与李华堂部、谢文东部及之前已加入联合军司令部的抗日军共同组成"东北反日联合军总指挥部"，总指挥赵尚志，副总指挥李华堂，军事委员长谢文东，总政治部主任张寿篯（李兆麟）。3 月 25 日，以总指挥部的名义发表布告，"号召一切反日队伍联合一起（不投降、不出卖、不搅民、不障碍民

---

① 中央档案馆、辽宁省档案馆、吉林省档案馆、黑龙江省档案馆编：《东北地区革命历史文件汇集》甲 38，1990 年版，第 106 页。

众反日斗争等条件之下），民众与武装队伍结成共同战线"①，一起完成抗日反"满"大业。4月，总指挥部部署了进攻方正县的联合行动。10日，人民革命军第三军及李华堂部等抗日军600余人联合攻打方正县城，在总指挥部的统一指挥下，各部队之间配合默契有力打击了城内的日伪军，缴获了大批武器弹药，各部队气势如虹，彰显了在总指挥部领导下联合作战的巨大威力。②"东北反日联合军总指挥部"是对前期"哈东反日联合军司令部"的扩大与升级，随着更多抗日队伍的加入，证明党成功开启了"哈东反日运动中左右一切力量的新形势"③，使哈东、方正及下江一带地区的抗日斗争得到更好的发展，验证了党提出的统一战线策略是正确的。1936年1月25日，为"推进全东北反日统一战线的扩大，走向完全组织化，政治化，纪律化的道路"④，在汤原召开了军政扩大联席会议（又称"汤原会议"）。与会人员有东北人民革命军、抗日同盟军、反日游击队的主要领导赵尚志、李延禄、夏云杰、张寿篯，抗日军首领

① 中央档案馆、辽宁省档案馆、吉林省档案馆、黑龙江省档案馆编：《东北地区革命历史文件汇集》甲44，1990年版，第442页。
② 中央档案馆、辽宁省档案馆、吉林省档案馆、黑龙江省档案馆编：《东北地区革命历史文件汇集》甲62，1990年版，第355页。
③ 中央档案馆、辽宁省档案馆、吉林省档案馆、黑龙江省档案馆编：《东北地区革命历史文件汇集》甲38，1990年版，第153页。
④ 中央档案馆、辽宁省档案馆、吉林省档案馆、黑龙江省档案馆编：《东北地区革命历史文件汇集》甲45，1990年版，第420页。

李华堂、谢文东、祁致中等。会议上决定成立"东北民众反日联合军总司令部"（又称"北满抗日联军总司令部"），推举赵尚志为总司令，李华堂为副总司令，张寿篯为总政治部主任，谢文东为军事委员会委员长。"东北民众反日联合军总司令部"的建立，有力促进了活动在北满地区的抗日队伍的联合，各队伍之间的联系更加紧密，并在之后推动了东北抗日联军的建立。

（四）东北各地区联合作战机构的特点、不足与重要意义

"统一战线策略是客观的必需的，而其运用是非常具体的，而非抽象的。"[①] 在中国共产党的领导下，东北各地区先后建立的参谋部、司令部、办事处等联合作战机构都是具有统一战线性质的组织，是各地区贯彻实行统一战线的具体实践。各地区建立的联合作战机构对于团结某一个区域的抗日力量具备明显优势，但是由于地理环境的限制、敌人的严密统治及通信困难等多种客观因素的影响，使作战机构之间无法实现有效沟通与配合，因此没有形成更大规模的作战机构。从发展程度上看，各地区的联合作战机构都经历了由小变大，从简略到完备的发展过程。南满地区

---

① 中央档案馆、辽宁省档案馆、吉林省档案馆、黑龙江省档案馆编：《东北地区革命历史文件汇集》甲39，1989年版，第315页。

东北人民革命军第一军最早建立的"抗日军联合参谋部"是小规模、临时性的联合作战机构，虽然其形成时间最早，对其他地区联合作战机构的建立与发展起到了榜样示范作用，但其内部联系相对松散，状态是不稳定的，这也为后期其他地区建立联合作战机构提供了宝贵的经验与教训。随着统一战线实践的不断推进，南满地区与吉东地区的"参谋部"与"办事处"进一步发展，逐渐形成有众多抗日军加入的大规模的、有部队编制的、内部稳定的联合作战机构。东满地区人民革命军第二军建立的"抗日联合军指挥部"与北满地区的"联合军司令部"都是在有共同纲领的条件下形成的，并从简略的联合协议发展成有正式、具体的抗日斗争纲领。

然而，党与人民革命军在建立联合作战机构的过程也不是一帆风顺的，不可避免地会出现一些偏差。例如对联合作战机构的认识上出现摇摆不定的情况，导致在实践过程中出现了建立时犹豫不决的情况，建立后关系不紧密、机构内部队伍流动性大、存在时间短乃至最终瓦解等问题；对上层与下层统一战线的认识问题上，一度指示必须坚决实行下层统一战线，提出"要兵不要官"的过激口号，一度要求可以根据具体情况实行上层与下层统一战线相结合的方式，这些指示导致各地党组织在认识上的疑惑与实践上的混乱，进而在处理与抗日军关系方面各地区出现了不同程度的问题与困难，这些因素对统一战线策略的推进与抗日形势的发展产生了一定程度的消极影响。

但是，东北各地区联合作战机构建立的重要意义是毋庸置疑的。

一是实现了东北区域性抗日力量的大联合，通过联合作战机构，东北人民革命军与抗日军队伍之间密切联系、默契配合，为后期东北抗日联军与各路军的建立提供组织基础。

二是威胁了日伪当局在东北各地的统治。通过联合作战机构统一部署对敌的进攻计划，集中力量粉碎敌人多次"讨伐"，袭击其主要据点与城镇，破坏其重要交通线路与通信设备，实现从多方面打击敌人，钳制敌人兵力，扰乱敌人计划，使他们疲于奔命，进而动摇其统治的目的。

三是推进了党的统一战线策略在具体实践上的深入发展。在东北各地成功建立的联合作战机构证明党提出的统一战线策略是正确的，是符合东北抗日形势需要的，进而推动东北各地群众性抗日组织与抗日政权的发展与壮大，如反日会、救国会、农民委员会等在各地区的建立与发展及东北人民革命政府的成立，形成了与"满洲国"傀儡政权的对立。

　　四是促进了东北抗日斗争形势的高涨发展。在联合作战机构的统一领导下，在党的游击队与人民革命军的影响下，一些抗日军队伍真正认可并在实际中践行党提出来的抗日斗争纲领，保护群众利益与安全，逐渐获得群众的支持与拥护，鼓舞群众的抗日热情，使广大群众更加活跃地参与到抗日斗争中，在抗日斗争形势高涨发展的过程中推动实现真正的全民抗战。

　　五是加速了中国共产党在东北抗战中的角色转变。在建立联合作战机构的初期，党与东北人民革命军还处于发起者、提倡者的角色，随着形势不断发展，东北人民革命军在一次次的对敌战斗中彰显自己的能力与勇气，用实力赢得了各路抗日军的信任与敬服，这也使得党可以对联合作战机构内的各路抗日军队伍进行政治宣传与指导，派遣党员干部到抗日军队伍中工作，帮助抗日军的战士们成长为有信仰的革命战士，使抗日军成为真正抗日救国的队伍并逐渐将其转化为由党直接领导的抗日武装力量，实现从军事作战上的统一到信念与精神上的统一，拥护党的指示，听从党的指挥，使党成为东北战场上真正的组织者、推动者、领导者。

三、东北抗联第一路军贯彻与实践抗日民族统一战线

"六三指示信"中指出,在东北党组织的不懈努力下"许多队伍在我们的影响下初步地联合"[①]"与一些反日队伍初步地实行了统一战线"[②]。"八一宣言"提出要在全国范围内建立广泛的抗日民族统一战线和组织全中国统一的抗日联军。根据上述指示,1936 年 2 月 20 日,以杨靖宇、赵尚志、周保中、李延禄、王德泰、谢文东及汤原、海伦游击队联名发表《东北抗日联军统一军队建制宣言》,提出将中国共产党直接领导的东北人民革命军、抗日同盟军、东北反日联合军共六个军与反日游击队"一律改组军队建制为东北抗日联军第一、二、三、四、五、六军,以及抗日联军××游击队"[③];提出只要是抗日救国,东北抗日联军都与之拥护;欢迎东北各路反日武装队伍加入东北抗日联军,并共同建立东北抗日联军总司令部;愿同一切被压迫民族朝鲜族、蒙古族等个人或者团体、军队结成民族联合战线,对抗日本侵略者。

---

① 中国人民解放军历史资料丛书编审委员会:《东北抗日联军·文献》,白山出版社 2011 年版,第 429 页。

② 中国人民解放军历史资料丛书编审委员会:《东北抗日联军·文献》,白山出版社 2011 年版,第 428 页。

③ 中央档案馆、辽宁省档案馆、吉林省档案馆、黑龙江省档案馆编:《东北地区革命历史文件汇集》甲 46,1990 年版,第 10 页。

东北抗日联军各军军长雕塑

东北抗联的成立过程与抗日民族统一战线的实践过程受到各界的关注。1936 年 3 月 20 日，《救国时报》上刊登了由抗日军战士撰写的关于东北抗联的文章，指出共产党与游击队、人民革命军在研究过去的全部抗日斗争经验与教训，总结得出东北抗日武装部队要想战胜敌人"不仅要靠这个部队本身有好的军事计划，士兵能勇敢作战，而主要则在于各抗日部队之间要有行动的一致，相互呼应、声援、夹攻、救急等。要保证有行动的一致，必须有统一的指挥。要有统一的指挥，就必须有联合的组织。只有抗日联军这样的联合组织，只有各义勇军及反日游击队都加入抗日联军，这才能使各自为战的各抗日队伍有指挥上的统一；只有抗日联军的统一指挥，才能使以前散漫的零乱的各自为

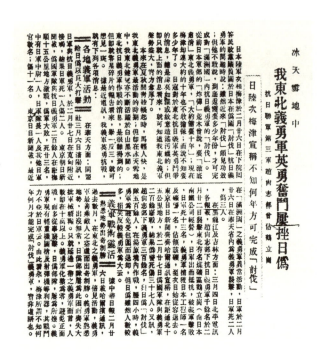

1937 年 3 月 10 日，巴黎《救国时报》关于东北抗日联军第三军攻占鹤立岗的报道

战的抗日队伍有作战行动的一致。只有各部队行动得一致，才能更有把握地打败日军获得较大的胜利"。[①] 同年 4 月 20 日，《救国时报》刊登了一篇名为《学习东北抗日联军的教训》的文章。作者并非共产党员也非抗日战士，但是作者在文中热情地赞扬了中国共产党领导下建立东北抗联的伟

---

① 胡育：《东北义勇军致本报信（七续）——述抗日联军成立之经过》，《救国时报》1936 年 3 月 20 日，第 19 期第 2 版。

大成绩，客观指出东北的抗日队伍虽然多呈现零星散乱带自发之特点，但其总的趋势是趋于一致团结的。在杨靖宇、王德泰、赵尚志、周保中、李延禄等优秀共产党员的领导下成立的东北抗日联军是由众多部队结合而成，都是与日伪军进行过无数次残酷战斗而成立起来的，绝非乌合之众。从九一八事变至今，东北反日游击队、东北人民革命军、东北抗日联军之成功组建，证明了只要齐心合力，众志成城团结抗日，中国有力量抵抗日本侵略者，有力量挽救我们的国家与民族。东北坚持不懈的抗日斗争、抗日联军的成立打碎了一些汉奸提出的"中日开战，日本三日可亡中国"的可笑结论。[①]

（一）东北抗联第一军的发展及与对抗日民族统一战线的践行

为响应"八一宣言"精神，1936 年 6 月，中共南满第二次代表大会在金川县河里根据地召开，参会代表约 50 人。此时，正值东北抗联第二军政委魏拯民率部到达河里，魏拯民应邀参会，并在会上阐述了当前国际形势的发展，传达了共产国际七大精神。东北人民革命军第一军军长杨靖宇与南满特委书记李东光也进行了主题发言。会上总结了

---

① 青：《学习东北抗日联军的教训》，《救国时报》1936 年 4 月 20 日，第 25 期第 4 版。

金川河里会议（绘画）

一年半以来南满党的工作成绩，地方党组织数月内成立了五个新党部；军队方面，东北人民革命军第一军的规模在逐步扩大，新增一个师，军部扩大了五倍之多，游击战术与战斗力大大增长；伪军工作与中心城市工作也初见成效；在干部培养方面，提拔了一些地方的领导干部，一些党员干部的政治水平与工作能力也在持续提高。① 会议强

---

① 中央档案馆、辽宁省档案馆、吉林省档案馆、黑龙江省档案馆编：《东北地区革命历史文件汇集》甲33，1989 年版，第 140—141 页。

调"为了不久将来更大战争的胜利，顺利地冲破敌人'讨伐'政策起见，必须正确地运用全民统一战线新策略"①。此次会议提出今后南满党的任务是巩固和扩大党的抗日武装队伍，决定将东北人民革命军第一军改编成东北抗日联军第一军，并积极运用抗日民族统一战线，讲求多种方式与手段与抗日军队伍之间建立良好、密切的关系，可以以联合军的名义将其改编；采取灵活的游击战术扩大游击区；广泛地组织抗日爱国组织；鼓励动员群众支援党的抗日武装队伍；派遣优秀的党员干部到伪军中进行士兵工作，采取多种方式进行宣传动员，组织伪军哗变，同时要特别注意秘密工作，保护自身安全；要积极、大胆地扩大统一战线的范围，城市的资产阶级与工商业者、从事各个行业的工人群体、被地主剥削的广大农民群体，应加强动员与领导这些群体在政治、经济、文化等各个方面的抗日斗争运动。②

会议结束后，东北抗日联军第一军正式成立。杨靖宇为第一军军长兼政委，宋铁岩为政治部主任，下辖教导团与3个师，总兵力为3000余人。③7月中旬，为了更加深入

---

① 中央档案馆、辽宁省档案馆、吉林省档案馆、黑龙江省档案馆编：《东北地区革命历史文件汇集》甲33，1989年版，第140页。
② 中央档案馆、辽宁省档案馆、吉林省档案馆、黑龙江省档案馆编：《东北地区革命历史文件汇集》甲33，1989年版，第142—143页。
③ 李倩：《东北抗日联军第一军》，吉林人民出版社2017年版，第160页。

实践党的抗日民族统一战线策略，有力推动东北抗日斗争进一步走向高潮，在河里根据地又召开了中共东南满党与东北抗联第一军、第二军主要干部联席会议（又称"河里会议"）。会议决定将东南满党组织合并为中共南满省委，书记为魏拯民；东北抗联第一军与第二军合编成东北抗联第一路军，总司令为杨靖宇，副总司令为王德泰，魏拯民兼任总政治部主任。东北抗联第一路军总司令部还发布了《东北抗日联军第一路总司令部布告》与《东北抗日联军第一路总司令部告"满"军同胞书》，号召"我东北全体同胞，应在全国总动员之下……亲密联合，响应中日大战，暴动起来，打倒日本帝国主义，推翻傀儡政府'满洲国'，为独立自由幸福之中国而奋斗。万勿丝毫受日寇挑拨离间"[1]；"满军"同胞们"参加我东北抗日联军为祖国独立而战，以雪耻辱而谢国人"[2]。河里会议对于东南满党组织及东北抗联的发展来说都是具有重要意义的。会议中提议成立的东北抗联第一路军，使东南满两支具有影响力与战斗力的队伍更加密切地联系、配合起来，可以更好地推动抗日民族统一战线在东南满地区的深入发展。

---

[1] 中央档案馆、辽宁省档案馆、吉林省档案馆、黑龙江省档案馆编：《东北地区革命历史文件汇集》甲49，1991年版，第276页。

[2] 中央档案馆、辽宁省档案馆、吉林省档案馆、黑龙江省档案馆编：《东北地区革命历史文件汇集》甲49，1991年版，第279页。

东北抗联第一路军成立后，"第一路军辖一、二军，活动于西起辽、沈，南达安东，北至长图铁路，东至鸭绿江地区，共三十余县"①。杨靖宇领导的第一军军部教导团南下，至通化、宽甸、桓仁等地，积极与周围的抗日军队伍进行联系，计划收编一些基础较好的队伍。在桓仁、宽甸一带活动的规模较大的抗日联合救国军左子元部，总人数 400 余人，该部抗日信念坚决，与群众的关系处理得较好，在当地抗日军队伍间颇有影响力。左子元十分信服杨靖宇领导的东北抗联第一军，早在 1935 年就与杨靖宇进行多次通信联系，盼望能有所合作。②1936 年 8 月，杨靖宇率部来到宽甸，应左子元部强烈要求，杨靖宇召开了第一军的党部会议，决议将左子元部改编为东北抗联第一军直属第十一师，师长左子元，下设 2 个团。③加入第一军后不久，9 月 13 日，第十一师就同第一军教导团共同合作打击了宽甸大荒沟伪警察小队，俘虏伪警察 30 余人，缴枪 30

---

① 周保中：《周保中文选》，解放军出版社 2014 年版，第 128 页。
② 姜继先口述、王勇整理：《抗日英烈左子元》，载中国人民政治协商会议辽宁省委员会文史资料委员会编《"九·一八"烽火》第三十二辑，辽宁人民出版社 1991 年版，第 219 页。
③ 赵俊清：《杨靖宇传》，黑龙江人民出版社 1994 年版，第 289 页。

余支。① 于万利部是"伪军哗变出来的一支队伍，有200余人"②，他听闻杨靖宇在宽甸立即找到杨靖宇本人，并请求自己率队加入第一军。杨靖宇见他意志坚定，十分具有爱国思想，对他说道："我们抗日救国不分民族、党派，不分宗教信仰，只要是抗日打鬼子，我们就要联合起来，协同作战，共同抗日。"③ 不久后，杨靖宇正式将于万利部收编为东北抗联第一军直属独立旅，于万利任旅长。④ 为了庆祝其正式加入第一军，应于万利的邀请，杨靖宇来到独立旅对全体战士们发表讲话："同志们，从今天起，独立旅就是在中国共产党领导下的一支抗日救国队伍了，是一支人民的子弟兵。我们这支队伍，有铁的纪律，绝不允许损害人民群众的利益"⑤，我们抗日就是要打倒日本侵略者，解放东北。杨靖宇希望独立旅所有战士明白东北抗日斗争的长期性与艰苦性，一定要坚定意志，抗战到底。杨靖宇振奋人心的讲话鼓舞了在场的所有将士，赢得了大家的阵阵掌声，

---

① 中国抗日战争军事史料丛书编审委员会：《东北抗日联军·综述·表册·图片》，解放军出版社2015年版，第144页。
② 李倩：《东北抗日联军第一军》，吉林人民出版社2017年版，第156页。
③ 赵俊清：《杨靖宇传》，黑龙江人民出版社1994年版，第289—290页。
④ 董崇彬：《奋战在东南满的抗联第一路军》，中国抗日战争军事史料丛书编审委员会：《东北抗日联军·大事记·回忆史料·参考资料》，解放军出版社2015年版，第223页。
⑤ 赵俊清：《杨靖宇传》，黑龙江人民出版社1994年版，第290—291页。

讲话结束后于万利与一百多人相送杨靖宇。宽甸还有一支比较活跃的抗日军队伍高维国部，该部对第一军十分向往，多次主动联系杨靖宇请求加入东北抗联第一军。杨靖宇将高维国部改编为东北抗联第一军第十三独立师。随着这些抗日军队伍的加入，在杨靖宇的领导下，东北抗联第一军以"不分见解、信仰、枪口一致对外，坚决抗日"的口号，影响了许多抗日军队伍。至 1936 年秋，第一军收编的各路抗日军队伍总人数达 5000 余人。[①]

自 8 月，在宽甸、桓仁一带新加入第一军的这些抗日军队伍，在杨靖宇的引领与帮助下，信念坚定，更加奋勇杀敌。据敌"同盟社"1936 年 6 月 9 日奉天讯，"新由日本开抵'满洲国'日本第一师团，七日在宽甸附近与义勇军六百名首次交绥，日军阵亡五名。同盟社此项消息，各报均多发表于醒目之地位，因此系日军第一师团到满洲进行讨伐中之首次牺牲云。又据东京十四日电，同盟社长春讯，日军第一师团冈田部下，十三日被义军七十名袭击，结果日军死三名，伤八名"[②]。

对于其他还没有加入东北抗联第一军的抗日军队伍，

---

① 中共吉林省委党史研究室编著:《杨靖宇将军》,吉林人民出版社 2005 年版,第 163 页。
②《东北义军倍加活跃》,《救国时报》1936 年 6 月 30 日,第 39 期第 2 版。

第一军依然秉持积极态度，争取一切可以合作的可能。如 8
月中旬，第一军警卫连、于万利率领的独立旅与抗日军天
和等 500 余人，在牛毛坞错草岭埋伏，共同歼灭了日军一
支 37 人编制的守备队，焚毁运输汽车 11 辆，缴获大批枪
支弹药及物资。[①]1937 年 5 月，第一军一部与抗日军万顺
部 200 余人在临江县万拉子沟共同袭击了伪军第三旅第三
团，毙伤伪军 30 余人。[②]

　　东北抗联第一军的战斗捷报，受到了全国各界的关注。
《救国时报》连续刊登了多篇报道。7 月 8 日报道"杨靖宇
部下义军近分为二十大队，在安东、凤城及朝鲜边界一带，
极为活动，屡挫日伪'讨伐'部队，日寇接连增援，现又派
大队前往云。日寇之同盟社亦不得承认我义军之胜利"[③]。第
一军在南满的战斗成绩显示出了统一战线策略的巨大力量。
10 月 30 日《救国时报》再次刊登《杨靖宇部义军飞快发展》
一文，指出"东北抗日联军第一军总司令杨靖宇，领导第一
抗日联军，屡挫日军，据大陆报社，由于农民之帮助和拥护，

① 于学胜等人口述、马文杰整理：《杨靖宇在宽甸收编分散的抗日救国军》，
载中国人民政治协商会议辽宁省丹东市委员会文史资料研究委员会编《丹
东文史资料》第二辑（内部发行），1986 年版，第 100 页。
② 中国抗日战争军事史料丛书编审委员会编：《东北抗日联军·表册》，解
放军出版社 2015 年版，第 158 页。
③《东北义军捷报频来杨靖宇部屡挫日伪》，《救国时报》1936 年 7 月 8 日，
第 41 期第 2 版。

杨部义军，人数益增，声势益盛，闻日前袭击海伦及呼兰各部义军与杨靖宇部均有联络……国通社讯（伪国通讯社），九月份内，在东三省东部，日伪军与义军作战共九十四次。参加作战之义军共四千一百九十余人。而驻沈阳之某部日军，九月份内与义军作战共五十四次，日军战死十五名，受伤十七名"[1]。第一军深入贯彻抗日民族统一战线方针，团结各路抗日军、帮助并武装群众，其成功实践受到了各方的关注与赞扬。当时中共在汉口创办的报刊发表了《铁一般的东北人民的英勇斗争》，文中指出东北抗联进行的统一战线实践是成功且有效的，"他们的'团结御侮''共同抗日'的真理说服了各部义勇军、山林队、游击队。大家在不相互攻击，互相帮助条件下结成了统一战线"[2]。

随着东北抗联第一军不断地发展与壮大，第一军各部在南满各地坚持开展游击运动，扩大游击区，至 1936 年 6 月游击区已发展到二十多县，"分为五大区：第一个区域——磐石、桦甸、双阳、伊通、铁岭。第二个区域——濛江、安图、抚松、金川、辉南。第三个区域——临江、通化。

---

[1]《杨靖宇部义军飞快发展》，《救国时报》1936 年 10 月 30 日，第 64 期第 2 版。
[2] 雷丁：《铁一般的东北人民的英勇斗争》，《新华日报》1938 年 8 月 11 日，第 4 版。

第四个区域——桓仁、宽甸、辑安。第五个区域——清源、柳河、海龙、兴京、抚顺、本溪"[1]。东北抗联第一军在党的领导下，不断贯彻党的指示方针，在进行统一战线工作，实现了自己发展与扩大，由一支小部队成长为人数众多、成分各不相同，但却可以团结一致的大部队，是东北战场上抗日武装力量的重要组成部分。

艰难行进中的东北抗日联军（绘画）

---

[1] 松五：《东北最坚强的抗日武装东北抗日联军第一军》，《救国时报》1937年9月18日，第123—124期第10版。

（二）东北抗联第二军的发展与对抗日民族统一战线的
践行

1936 年 3 月，东北人民革命军第二军与东满党组织主
要领导干部在安图县迷魂阵密营召开会议，与会人员有魏
拯民、王德泰、李学忠等。会上讨论道"为了更广泛运用统
一战线，人民革命军的名称〔不〕适合统一战线，所以将人
民革命军改称为抗日联军第二军，把许多小的反日山林队改
编到我们的周围，集中军事上、政治上的领导，更进一步夺
取反日军队党的领导权"①。于是，在此会议上决定正式将东
北人民革命军第二军改编为东北抗联第二军，军长为王德泰，
政委为魏拯民，政治部主任为李学忠。下设 3 个师，另设军
部直属部队教导团与少年营，基干部队总人数 1200 余人。②
第一师由原第一团与收编的部分抗日军队伍组成，下编 2 个
团；第二师由原三团、四团以及收编的救国军史忠恒部组成，
下编 3 个团③；第三师由原二团与收编的 6 个抗日军游击中队
组成，下编 2 个团。④ 会议强调，为了实现军事上的集中领导，

---

① 中央档案馆、辽宁省档案馆、吉林省档案馆、黑龙江省档案馆编：《东北
地区革命历史文件汇集》甲 46，1990 年版，第 48—49 页。
② 中共延边州委党史研究室：《东满地区革命历史文件汇编》下册，2000
年版，第 1511 页。
③《东北抗日联军统一战线愈扩大》，《救国时报》1937 年 1 月 30 日，第
79—80 期第 2 版。
④ 中央档案馆、辽宁省档案馆、吉林省档案馆、黑龙江省档案馆编：《东北
地区革命历史文件汇集》甲 46，1990 年版，第 47—48 页。

同时使各部队可以在各自活动区域独立工作，从军部到各团都需要正式设立党委组织；同时注重对内政治工作的持续开展，特别指出应对那些已改编的或一直处于观望状态的抗日军队伍根据不同的客观情况分别进行工作。

东北抗联第二军正式成立后，各队伍开始分区进行游击运动。第一师与第三师向南满地区抚松、长白、濛江、临江一带进军，计划与第一军相呼应；军部直属部队在抚松、临江一带[①]；第二师则在绥宁地区活动，与第五军配合在中东路以南的地区开辟新的游击区，"这片游击区以宁安南湖头为中心，西起额穆、苇河，东至穆棱、绥芬河，沟通着南、北满的抗日斗争"[②]，具有重要意义。4月，王德泰与魏拯民带领第一师主力部队进入敦化、桦甸交界一带，计划进攻敌人的重要军事据点大蒲柴河镇。6日，我军派出一支队伍佯攻该地，目的是引诱敦化县内的日伪军前来增援，我军则埋伏在必经之路的周围准备伏击敌人。8日中午，敦化县日伪军700余人进入我军埋伏圈后，我军伺机而动痛击敌人，激战良久敌人死伤过半，余下者纷纷逃窜。10日，我军乘胜追击攻打真正的目标大蒲柴河镇，我军主力部队攻

[①] 中共延边州委党史研究室编：《东满地区革命历史文件汇编》上册，2000年版，第722—723页。

[②] 徐学新、王德贵编著：《东北抗日联军第一路军简史》，载《吉林文史资料》编辑部编《吉林文史资料》第21辑，1987年版，第89页。

破大蒲柴河镇后迅速占领了镇内敌人防所，除少数几名逃脱的伪军外，其余全部俘虏。第一师进入城后，军纪严明，就地召开群众大会，宣传党的抗日主张，说明东北抗联是真正抗日的部队，是不会伤害民众利益的队伍。广大群众听后反响热烈，十分受鼓舞。与此同时，第一师的其他部队在敦化县内也连续出击，在双庙子、三道河子、板庙子等地打击敌人。

5月初，东北抗联第二军在东岗召开了一次军政干部会议（又称"东岗会议"），主要讨论队伍未来的作战计划与开辟长白游击区等事宜。会议在王德泰与李学忠的主持下，决议第二军第三师以安图、抚松、临江、长白一带为主要活动区域，开辟新的游击区；并对第三师进行扩编，新增2个团。会议指出，应加强该地区的统一战线工作，"联合一切不愿当日本亡国奴的人，建立韩人内部反日联合战线……吸收忠实的韩国工农加入中国共产党"[1]。在安图、抚松一带有着良好抗日斗争基础，小规模的抗日军队伍也较多，我们不应因其为小股抗日力量忽视他们，反而要积极地与这些队伍沟通并争取他们。[2] 会议结束后，第三师率领

---

[1] 中央档案馆、辽宁省档案馆、吉林省档案馆、黑龙江省档案馆编：《东北地区革命历史文件汇集》甲28，1989年版，第10页。
[2] 霍辽原：《东北抗日联军第二军》第二版，黑龙江人民出版社2005年版，第121页。

一支队伍回到安图、抚松一带，根据东岗会议的指示精神计划收编该地区的抗日军队伍，第三师余下部队则前往抚松北岗、西岗、临江边境一带活动；第一师各部继续在原来活动区域。为了促进第二军的扩大与推动各部队游击运动的进一步发展，5 月 30 日第二军与第五军联合发表告民众书，强调"我抗日联军，是中国东北四省有组织有正确政治路线的抗日军队"[1]，现号召广大民众、各路抗日军队伍团结起来里应外合切断敌人后路，捣毁敌人交通与通信，坚决抗日到底。在此号召下，抚松地区的民众很受鼓舞，纷纷向第二军提供敌人情报信息，在群众的帮助下，第三师七团一部乔装成农民混入群众中进入西岗屯，奇袭了西岗屯伪军驻所。[2] 6 月，第三师再次乔装混进临江县内，袭击了该县西南岔的伪军。

东岗会议结束后，东北抗联第二军军部在抚松一带活动，计划袭击敌人兵力薄弱之处。数月内，进攻了南甸子自卫团、西南岔集团部落伪军、西岗集团部落伪军，缴获部分枪支弹药及俘虏数名伪军。对待俘虏的伪军，第二军都是对其进行严肃教育后释放，这些行为让一些伪军及附

---

① 中央档案馆、辽宁省档案馆、吉林省档案馆、黑龙江省档案馆编：《东北地区革命历史文件汇集》甲 46，1990 年版，第 109 页。
② 徐学新、王德贵编著：《东北抗日联军第一路军简史》，载《吉林文史资料》编辑部编《吉林文史资料》第 21 辑，1987 年版，第 88 页。

近活动的抗日军队伍折服。^① 于是，一些伪军弃暗投明自愿加入第二军。抗日军吴义成部、久占、李司令、万顺、万军等部也积极与第二军联络，盼望有机会可以联合作战。1936 年 8 月 14 日，第二军率部进攻抚松县松树镇，缴枪 20 余支。次日我军主力队伍攻取镇内伪军营，再次缴获部分枪支。随后第二军立即部署联合进攻抚松县城的计划，第二军率部 200 余人与李司令 60 余人、久占 200 人、岳团、安廷 100 人、万军 100 人、万顺 500 人，总计 1000 余人参与此次战斗，并组建了临时指挥部，总指挥为第二军军长王德泰，副指挥万顺。^②30 日，战斗打响后，李司令、岳团及其他抗日军半数以上未到计划地点就慌忙撤退了，只有我军配合万顺部共同进攻了城南门。此时敌人察觉我方部队内部复杂且配合有误，于是拼命还击欲全歼我方部队。我军与万顺部因恐后路空虚无援兵驰往，最终不得已于拂晓撤出战斗。次日，我军再次攻入城内并与敌人激战一日，占领了东山炮台及东大岗。此时，一些抗日军队伍没有按计划行动而早早撤退，加之敌人的火力愈加猛烈，我军权衡再三最终无奈于当日晚捣毁炮台后也相继撤出。此战中我军

① 中央档案馆、辽宁省档案馆、吉林省档案馆、黑龙江省档案馆编：《东北地区革命历史文件汇集》甲 46，1990 年版，第 156—159 页。
② 中央档案馆、辽宁省档案馆、吉林省档案馆、黑龙江省档案馆编：《东北地区革命历史文件汇集》甲 46，1990 年版，第 157 页。

牺牲 1 名战士，负伤 8 人，击毙日伪军 30 余人。[①] 第二军的足智多谋、英勇善战在此次战斗中展现得淋漓尽致，对此从敌人当时发布的通信记录中可见一斑："同盟社沈阳讯，抚松县城现为某部义军二千余人所包围。日军一面自长春派出军用飞机两架，飞往抚松县城，一面从四平街派出日军某部，前往救援。同盟社声称，现在包围抚松县城之某部义军，八月十七日开始，即向抚松县城进攻……八月十八日，日本爆炸机两次向义军集结之地点投掷炸弹多枚，义军因躲避得法，未受损失。东京八月二十二日电：同盟社汉城讯，现在包围抚松县城之一部义军，为数千余人。八月二十一日又向抚松县城猛攻。日军方面有爆炸飞机多架助战，投掷炸弹，抚松县城被毁三分之二，人民惨死者无算。同盟社声称，二十一日的战争，日伪军队死三十二人，受伤四十三名，为义军俘虏者八名。步枪被义军缴获二十五支。此外，日伪军士兵不知下落者数名。而战争的最后结果，现尚不明。"[②]

同年 8 月 2 日，东北抗联第二军联合抗日军李洪斌部在东岗四公里处黄泥河子两岸设伏，当驻干巴河子的日伪

[①] 中央档案馆、辽宁省档案馆、吉林省档案馆、黑龙江省档案馆编：《东北地区革命历史文件汇集》甲 46，1990 年版，第 156—158 页。
[②]《东北义军活跃近讯》，《救国时报》1936 年 9 月 5 日，第 53 期第 2 版。

军进入伏击圈时，各部队猛烈射击，当场击毙日伪军 19 人，缴获了步枪 20 余支及一些军需。[1] 9 月初，第二军第四团在中东路东段附近活动，并与周围的抗日军取得了联络。在抗日军队伍与群众的情报帮助下，第二军计划与抗日军队伍 20 余人袭击穆棱站，事先破坏了九站台的路轨并埋伏在两侧，待火车进站，我方部队目标明确火力集中，袭击了日军兵车，击中了兵车上的大部分日军，缴获了大米、白面等大量物资。此役我军牺牲 2 名战士，日军死伤 140 余人。[2]

9 月 20 日，为进一步推动东满、吉东地区抗日民族统一战线工作的开展，第二军与第五军在宁安东泉眼头召开军政干部联席会议（又称"泉眼头会议"）。会议指出要充分执行抗日民族统一战线策略，第二军与第五军必须在认识与实践上有彻底的转变，对一直坚持抗日的队伍如九标队（300 余人），应与其积极联络、争取深入合作；在实际工作中必须重视与一些小规模的抗日军队伍的联合，些许小的抗日力量团结起来就是能有力打击敌人的重要力量。[3] 在此次会议精神的指示下，1937 年 2 月 21 日晚，第二军

---

① 姚雷：《抚松县抗战史略》，载白山市文史资料编纂委员会编《白山市文史资料综合集》，吉林人民出版社 2017 年版，第 101 页。

② 林维：《东北抗日联军第二军在与日寇血战中发展和巩固起来》，《救国时报》1937 年 9 月 18 日，第 123—124 期第 10 版。

③ 中央档案馆、辽宁省档案馆、吉林省档案馆、黑龙江省档案馆编：《东北地区革命历史文件汇集》甲 46，1990 年版，第 287 页。

与救国军余部、万顺等抗日军队伍计划在下头山附近伏击日军的清野部队。万顺部在头道庙岭村附近特意暴露自己，释放信号给敌人。22日晨，清野部队在万顺部的诱导下顺利进入我方伏击圈，经过一个半小时的激战，我方部队击毙清野下吉中尉及川木甫中尉以及前来支援的工藤光江上尉，此次战役共击毙日伪军23人，其余敌人则慌忙逃回驻地。[1]4月20日，第二军一部与抗日军朱树堂部200人共同袭击了安图县东南岔的伪警察，毙伤伪警察20余人。[2]7月，第二军、第五军与抗日军姚振山部在穆棱县十站西盘道与敌人的一支押运小队展开战斗，我方部队炸毁了敌人的军用列车，毙伤日伪军130余人。[3]

总之，在党的抗日民族统一战线策略指导下，东满党组织与东北抗联第二军各部坚持贯彻执行党的指示精神，坚持团结抗日力量，积极与各路抗日军队伍进行合作，不断对敌人进行打击，极大地挫伤了日本侵略者的嚣张气焰。

---

① 姚雷：《抚松县抗战史略》，载白山市文史资料编纂委员会编《白山市文史资料综合集》，吉林人民出版社2017年版，第101页。
② 中国抗日战争军事史料丛书编审委员会：《东北抗日联军·综述·表册·图片》，解放军出版社2015年版，第156页。
③ 中国抗日战争军事史料丛书编审委员会：《东北抗日联军·综述·表册·图片》，解放军出版社2015年版，第164页。

第五章

最早建立东北抗日游击根据地

一、中共中央和中共满洲省委关于创建抗日游击根据地的指示

九一八事变爆发后，东北各地区积极开展抗日武装斗争。至 1932 年夏秋，党直接领导的抗日游击队陆续建立。这些游击队在建立之初因缺乏根据地的依托，普遍存在一定的流动性，游击队的发展及对敌斗争受到一定程度的阻碍。因此，抗日游击队迫切需要开辟抗日游击根据地，作为队伍生存、整训以及战斗的可靠基地。但由于受北方会议中"左"的路线政策影响，东北各级党组织和各反日游击队对于抗日游击根据地问题还缺乏清醒的认识，不可避免地将这种游击区域与"创造苏维埃区域"相提并论。

1933 年 1 月 26 日，中共代表团发出"一·二六指示信"，纠正了北方会议中的错误思想，提出了基本正确的指导思想。以此为依据，东北党组织领导建立东北抗日游击区与抗日游击根据地逐渐走向新阶段。1933 年 8 月 10 日，中共满洲省委认为在当时的政治形势下，应该把扩大游击战争作为工作中心任务，并具体提出"巩固和开辟四大中心赤色游击区"[①] 的主张，这四大中心赤色游击区分别为：磐石、汤原、吉东、哈埠近郊。游击区的开拓与根据地的建立离

① 中央档案馆、辽宁省档案馆、吉林省档案馆、黑龙江省档案馆编：《东北地区革命历史文献汇集》甲 14，1988 年版，第 101 页。

不开人民群众的支持。1933 年 9 月，中共满洲省委在《秋收斗争决议及秋收斗争纲领》中要求在磐石、汤原、东满的赤色游击区域，把秋收斗争与反日民族革命密切联系起来，并强调"在开展反日游击运动中去扩大与巩固这些地方的赤色游色（击）区域"①。

针对当时存在的建立革命根据地过早的错误观点，中共中央于 1934 年 2 月 2 日发出《给满洲省委的指示信》，信中严厉批评这一错误观点，高度肯定磐石人民革命军以及延边人民革命政府的影响，强调："'满洲'党必须把建立和扩大革命政权与革命根据地的任务，提到实际的工作日程上来"②，并同意了中共满洲省委把磐石、间岛③、汤原、绥宁、珠河等五个游击区当作工作中心的设想。1934 年 10 月 20 日，中共满洲省委致信全党同志，再次着重强调目前党迫切地需要动员最广大人民群众"扩大与巩固游击区域"④。

为了更顺利地建立抗日游击根据地，中共满洲省委还进一步向各级党组织以及党员详细解释如何创建根据地。

---

① 中央档案馆、辽宁省档案馆、吉林省档案馆、黑龙江省档案馆编：《东北地区革命历史文献汇集》甲 15，1988 年版，第 36 页。
② 中共中央文献研究室、中央档案馆编：《建党以来重要文献选编（1921—1949）》第十一册，中央文献出版社 2011 年版，第 240 页。
③ 1934 年，伪满洲国设置"间岛省"，下辖延吉、珲春、和龙、汪清、安图 5 县。东北光复后，这一名称弃用。
④ 中央档案馆、辽宁省档案馆、吉林省档案馆、黑龙江省档案馆编：《东北地区革命历史文献汇集》甲 20，1990 年版，第 67 页。

1934 年 12 月 16 日，中共满洲省委致信磐石县委，指出磐石县委应当在过去有工作基础的地方扩大游击运动，巩固和扩大党与群众组织，"同时选择军事上优越的地域（如敌人不易进攻的）去创造根据地"①。同时，中共满洲省委针对抗日游击战争中抗日游击根据地经常遭到日伪疯狂"讨伐"而存在被消灭的现象，向各级党组织明确提出不应死守根据地的原则。1933 年 7 月 1 日，中共满洲省委向磐石县委和南满赤色游击队下达任务时指出："赤色游击队目前主要的任务不是死死的守住那个很狭小的根据地，而是要扩大游击运动，开展反日的游击区域。"②1935 年 2 月 10 日，中共满洲省委吉东巡视员指导东满特委工作时，强调："我们不应该轻易放弃反日根据地；同时，如果我们的队伍和群众在反日游击区内有完全被消灭危险时，也不应死守根据地。"③

此外，中共中央和中共满洲省委对抗日游击根据地建设工作，尤其是建立抗日民主政权做出重要指示。1934 年 2 月 2 日，中共中央在《给满洲省委的指示信》中指出："在

---

① 中央档案馆、辽宁省档案馆、吉林省档案馆、黑龙江省档案馆编：《东北地区革命历史文献汇集》甲 20，1990 年版，第 113 页。
② 中央档案馆、辽宁省档案馆、吉林省档案馆、黑龙江省档案馆编：《东北地区革命历史文献汇集》甲 14，1988 年版，第 36 页。
③ 中央档案馆、辽宁省档案馆、吉林省档案馆、黑龙江省档案馆编：《东北地区革命历史文献汇集》甲 21，1988 年版，第 51 页。

暴动胜利的区域或我们领导下的游击战争胜利的区域，都有建立临时革命政权机关（临时的人民革命委员会）的可能，党应争取这种可能。"[1]中共满洲省委也认为："创造根据地与建立政权是不可分离的。"[2]1935年2月1日，中共满洲省委在《给各级党部的信》中指示各地党组织积极筹备建立抗日政权，为建立人民革命政府而斗争，要求："在南满、东满、珠河，应当即刻准备全区代表大会，建立特区政府的任务，在这个过程中同时把各县区政府建立起来。"[3]同年4月，进一步要求各地党组织在"红五月"工作中建立起南满、东满、哈东、吉东等四个特区政府和汤原县政府，以期在8月1日建立全满人民革命政府。

在中共中央和中共满洲省委关于创建抗日游击根据地的正确方针指导下，经过抗日军民的共同努力，东北地区创建了若干块抗日游击根据地，并在之后的一段时间内得到较大的发展。这些抗日游击根据地在东北抗日斗争中发挥了重要作用。

[1] 中共中央文献研究室、中央档案馆编：《建党以来重要文献选编（1921—1949）》第十一册，中央文献出版社2011年版，第243页。
[2] 中央档案馆、辽宁省档案馆、吉林省档案馆、黑龙江省档案馆编：《东北地区革命历史文献汇集》甲20，1990年版，第112页。
[3] 中央档案馆、辽宁省档案馆、吉林省档案馆、黑龙江省档案馆编：《东北地区革命历史文献汇集》甲21，1988年版，第39页。

二、南满抗日游击根据地的建立与发展

南满地区 [①] 党组织领导南满抗日军民，积极贯彻中共中央及中共满洲省委关于创建革命根据地的指示，选择在党组织力量、社会基础和地理环境等方面具有优势的地方建立起若干块抗日游击根据地，使其成为发展抗日武装和驱逐日本侵略者的重要基地。

（一）南满抗日游击根据地的建立与扩大

九一八事变后，中共磐石中心县委带领群众经历了几次大规模的反日斗争，在反日斗争中逐步奠定了群众基础。同时，磐石较早建立了磐石工农反日义勇军，后经整顿发展为南满游击队。磐石地区民族革命斗争的发展为创建抗日游击根据地提供了可能。从1932年冬开始，磐石党组织和南满游击队利用现实条件着手革命根据地的建设。1933年初，在磐石西部率先开辟了东北地区第一个抗日游击根据地即以红石砬子为中心区域的抗日游击根据地。这块根据地四周有青顶山、猪腰岭、马鬃岭环抱，又有生财沟、斗沟子、玻璃河套等谷地，是易守难攻的地方。它的地理面积辐射范围广泛，北至明城、集场子，南至拐子

---

① 南满地区大体上为今辽宁省的东南部和吉林省的南部地区。包括磐石、伊通、桦甸、西丰、东丰、海龙、通化、濛江、清原、柳河、临江、金川、辑安、西安、兴京、桓仁、宽甸、本溪、安东、辽阳、海城等县（市）。

坑，西至朝阳山，东至蛤蟆河子。在开辟抗日游击根据地过程中，1933 年 1 月至 4 月，日伪向游击队和抗日游击根据地连续发起四次"围剿"。杨靖宇带领南满游击队经历数十次战斗，粉碎了敌人进攻，建立与保卫了抗日游击根据地。随着抗日游击运动的不断高涨，南满游击队的战斗力不断增强，磐石一带游击区也不断扩展。1933 年 9 月，游击区范围覆盖磐石全部及永吉、桦甸、西安、东丰、海龙等县境。同时，在磐西、磐北和磐东建立了以红石砬子、西玻璃河套、石虎沟、驿马泊子为中心的抗日游击根据地。

红石砬子抗日根据地旧址

磐石抗日游击根据地的建立促使磐石地区抗日武装斗争进入新发展阶段。

东北人民革命军第一军独立师和抗日游击根据地的建立引起了日伪当局的不安。1933年10月1日，日伪调动一万余名兵力对磐石、伊通、桦甸等抗日游击区域进行秋季大"讨伐"，妄图消灭抗日武装力量和彻底摧毁磐石抗日游击根据地。面对敌人的大肆进攻，中共磐石中心县委同东北人民革命军第一军独立师司令部鉴于敌强我弱的客观形势，根据不死守抗日游击根据地的原则以及中共磐石中心县委针对游击区域问题下达的"必须活动到辉南、桦甸、金川、柳河、海龙等地"①的指示，为了保存实力和将抗日斗争推向更广阔的区域，决定将抗日重心由磐石向外扩展，仅留部分兵力继续在原游击区坚持战斗，司令部、第三团和政治保安连等主力部队转向其他地区。1933年10月，杨靖宇率领独立师主力冒着严寒，蹚过冰冷的河水，徒步从磐石东南黑石镇向辉发江南挺进。独立师南下部队英勇作战，保护人民群众免受日伪的侵犯，得到了群众的热情拥护，打开了辉南、金川、濛江等地的抗日局面。至1934年4月，抗日游击区已经覆盖了磐石、永吉、辉南、金川、濛江、伊通、

① 中央档案馆、辽宁省档案馆、吉林省档案馆、黑龙江省档案馆编：《东北地区革命历史文献汇集》甲36，1989年版，第87页。

那尔轰会师（绘画）

柳河、通化、临江等县境。同时，杨靖宇带领独立师主力，开辟了濛江那尔轰抗日游击根据地和金川河里抗日游击根据地。

那尔轰抗日游击根据地位于濛江县的北部龙岗山脉与那尔轰河上游地区。这块根据地森林茂密、多险山峻岭，而且人民群众因经过抗俄斗争的洗礼具有反侵略斗争的传统，同时该区域距县城较远。因此，那尔轰地区具有"进可攻、退可守"的地理优势、建立抗日根据地的群众基础以及远离敌人统治区的有利条件，是建立抗日游击根据地的理想地方。杨靖宇领导东北人民革命军第一军独立师边进行抗日游击斗争，边组织与发动群众，最终于 1934 年夏成功创建了南下辉发江后第一块抗日游击根据地。这块根据地东西 90 余里、南北 200 多里，[1] 呈狭长状，包括东南岔、西南岔、西北岔、沙河子、东大沟、河南、三角卧石、五斤顶子等地。

河里抗日游击根据地位于龙岗山脉中段的哈泥河上游地区。这块根据地地处金川与柳河、通化、临江、濛江等县交界，交通闭塞，地势复杂，山高林密，敌人统治力量薄弱，是有利于开展游击战斗的地方。东北人民革命军第一军独立师在金川河里宣讲党的抗日主张，打击消灭附近敌人，独立师的到来使地方党组织和群众斗争更加活跃。经过抗日军民的共同努力，河里抗日游击根据地大体于 1934 年夏建成。这块根据地包括金川县的凉水河子、回头沟、大甸子、哈泥河、大荒沟，临江县的太平、板石沟，柳河县东南部的大甸子、凉水等地，方圆达几十公里。

1934 年 5 月 15 日，中共满洲省委就创建根据地和行动方向问题向杨靖宇提出："目前必须以北区、中区及西南区三游击区为对象来创造革命根据地"的要求，还进一步指出以中区和西南为中心配置部队的力量，北区留较小的力量，"行动的总方向应当向西南发展"。[2] 依照中共满洲省

① 赵俊清：《杨靖宇传》，黑龙江人民出版社 2015 年版，第 189 页。
② 中央档案馆、辽宁省档案馆、吉林省档案馆、黑龙江省档案馆编：《东北地区革命历史文献汇集》甲 18，1989 年版，第 118—119 页。

委做出的行动部署，杨靖宇率领第一军军部继续向西南方向挺进，其活动区域涉及清原、西丰、柳河、桓仁、兴京、宽甸、本溪等地带。杨靖宇带领第一军在新游击区域站稳后，立即投入创建根据地工作中。1935 年，以老秃顶子、和尚帽子为中心的抗日游击根据地正式建成，涉及范围 150 平方公里左右。①

　　老秃顶子抗日游击根据地处于桓仁县与兴京县交界处。该地物产丰富、峭壁耸立、森林茂密，是连绵群山的制高点，延伸至宽甸，东望通化，西连本溪。它周围形成了一个天然的屏障，是进可攻、退可守的最佳地方，为创建根据地提供了优越的天然条件。九一八事变后，桓仁、兴京一带的人民群众有着急迫的抗日心愿并自发地组织各种形式的抗日武装队伍奋勇抗日，这为根据地提供了良好的群众基础。韩震、高大山、迟奎等亲自带领一部分东北抗联战士深入老秃顶子地区各个村落、沟岔，满腔热忱地向群众做艰苦细致的宣传工作。从 1935 年起，老秃顶子周围的仙人洞、高俭地、海青火洛、川里等村庄成为东北抗联的后方战略基地。东北抗联第一军的司令部以及南满党组织的领导机关曾在该根据地驻扎，指挥着南满地区抗日斗争。

---

①《东北抗日联军史》编写组：《东北抗日联军史》上册，中共党史出版社 2015 年版，第 437 页。

　　和尚帽子抗日游击根据地地处宽甸与本溪县交界处，包括碱厂、二道沟、三道沟、外三堡、大地、蒲石河等地。这块根据地与老秃顶子根据地相衔接，形成了延绵二百余里的抗日战线。东北抗联第一军第一师以和尚帽子根据地为开展游击活动的后方基地，凭借这片区域山高林密的自然优势，加上灵活运用适于山区作战的游击战术，给予伪军邵本良等部沉重的打击。另外，宋铁岩曾在这块游击根据地召开西征政治动员大会，带领第一师从附近山区出发踏上西征之路。

　　1938 年 2 月，杨靖宇率领部队由桓仁北上辑安，进入长白山南麓的老岭山区。为了建立抗日游击根据地，东北抗联第一军干部和战士采取认干亲、拜把子的方式接近群众，力争群众的支持与帮助。同时，东北抗联第一军灵活运用抗日民族统一战线政策，积极开展对伪警察署的联合与斗争工作，教育争取了部分伪警察署力量。经过努力，在以老岭山脉为依托，东北由天桥沟起，中间经过大东岔和八宝沟，西南抵苇塘沟、皂笠头沟的狭长百余里的山区创建老岭抗日游击根据地。这块根据地是东北抗联第一军、第二军领导人汇集并商讨战斗任务的重要地点，是辑安一带抗日游击斗争发展的可靠后方。第一路军领导人杨靖宇、魏拯民在此处召开两次老岭会议，在袭击老岭隧道工程、进攻伪军索旅部队、袭击土口子隧道等战斗中取得不少胜利。老岭抗日游击根据地的建立鼓舞了抗日军民的斗争热情，推动了辑安地区抗日斗争的发展。

（二）南满抗日游击根据地的建设

南满各抗日游击根据地自创建以来，根据地抗日军民在党组织领导下，纷纷开展了发展基层党组织、建立抗日政权、组织民众团体与抗日武装等各项建设工作，巩固与发展了南满抗日游击根据地。

发展党员与建立基层党组织是一项重要的任务，能够为抗日游击根据地的发展提供坚实的领导力量。中共中央在"一·二六指示信"中指出："省委须在各地建立起强健的和有独立及自动的工作能力的党委员会。"[1] 根据这一指示精神，南满抗日游击根据地普遍地发展壮大了党员人数和建立完善了基层党组织。在南满各抗日游击根据地建立之前，中国共产党已经派党员赴磐石、柳河、清原等县开展活动。1931 年 8 月，成立了磐石、海龙中心县委。至 1932 年，中共磐石中心县委下设中共磐西、磐北区委。南满各抗日游击根据地建立后，党组织建设取得很大的成就。磐石根据地及周围游击区，至 1933 年末，玻璃河套区有 5 个党支

---

[1] 《东北抗日联军史料》编写组编：《东北抗日联军史料》（上），中共党史资料出版社 1987 年版，第 55 页。

部，80 名党员；磐北区有 4 个党支部，35 名党员；伊（通）双（阳）特支有 16 名党员；磐东特支有 16 名党员；拐子坑特支有 15 名党员。[①] 那尔轰根据地及附近游击区，主要是 1934 年 1 月建立的中共江南特支，下辖 3 个支部，党员 35 名。[②] 老秃顶子与和尚帽子根据地及附近游击区，主要有 1935 年春建立的中共桓兴县委，有 3 个区委分别设在兴京县岔路子、桓仁县海青火洛和大小青沟，以及桓仁县的仙人洞、洼子沟、高俭地等也建立了多个党支部或党小组。抗日游击根据地及周围游击区党组织的发展与壮大，可以带领人民群众应对东北抗日斗争中的复杂环境和完成艰巨任务。

抗日政权的建立与发展是抗日游击根据地形成的重要标志。关于抗日政权的形式，受北方会议思想的影响，1933 年之前，中国共产党主张在东北抗日游击根据地进行土地革命，建立苏维埃政权。1933 年 1 月 26 日，中共中央在"一·二六指示信"中纠正过去"左"的指导思想，明确表示："农民委员会应该成为实际的乡村政权机关，并成为

---

① 中央档案馆、辽宁省档案馆、吉林省档案馆、黑龙江省档案馆编：《东北地区革命历史文献汇集》甲 36，1989 年版，第 173—174 页。
② 中共吉林省委党史研究室：《中国共产党吉林历史》第一卷，中共党史出版社 2021 年版，第 227 页。

民众政权宽广的和强大的基础之一。"① 按照中共中央关于建立抗日政权的新指示，南满各级党组织快速地建立了以农民委员会、农民协会或反日会为主要形式的抗日民主政权。这些组织实际代行抗日政权的职能。其中磐石地区效果显著，磐石率先在玻璃河套、拐子坑、磐北、磐东建立政权组织。据统计，到 1933 年 9 月，磐石抗日游击根据地有农民委员会会员 1200 人，农民协会会员 290 人，反日会会员 3660 人。② 该地区 80% 的农户都加入了反日会。在本溪县，1934 年 12 月，杨靖宇派张洪阁在碱厂二、三道沟开展工作，经过努力，建立了本溪县最早的具有政权性质的机构即抗日地方委员会。1934 年冬，本溪县外三堡组织了人民革命政府。

为了扩大和巩固各地出现的抗日政权组织，根据中共满洲省委指示，中共磐石中心县委于 1934 年 8 月 20 日组织召开代表大会，成立南满反日总会。南满反日总会下设县会、区会、支会和分会，设有组织部、宣传部、青年部等机构。南满反日总会成立后，南满反日会蓬勃发展，遍布磐石、伊通、海龙、柳河、临江、通化、辉南、桓仁、

① 中共中央文献研究室、中央档案馆编：《建党以来重要文献选编（1921—1929）》第十册，中央文献出版社 2011 年版，第 47 页。
② 《东北抗日联军史》编写组：《东北抗日联军史》上册，中共党史出版社 2015 年版，第 438 页。

兴京等 18 个县，至 1934 年 11 月，全南满反日会员 6000 余名。[①]南满地区农民委员会、反日会等政权组织的广泛发展与逐步完善为建立人民革命政府打下了基础。

1935 年 2 月 19 日，中共满洲省委向南满特委发出指示信，提出："目前特委最中心的任务是真正把新开展的游击区域从组织与实际上去把他巩〔固〕起来，以人民政府纲领为群众运动的中心，立即开始建立南满特区政府的准备工作。"[②]根据省委的指示精神，1935 年 8 月 17 日，中共南满特委在河里根据地召开了民众代表会议，成立南满特区政府筹备委员会。此后，创建人民革命政府工作在南满地区迅速展开。1935 年 8 月，在那尔轰成立同心乡政府。同月，成立桓仁特区政府。9 月 15 日，南满特区人民革命政府筹备委员会发表宣言，宣告："已在临江、金川、柳河、通化、濛江、磐石、西安、海龙、桓仁、辉南等地，建立了很多乡政府；临江、濛江、金川及柳河等地的民众，目前正在准备建立区政府。"[③]9 月 18 日，成立了临（江）金（川）柳（河）特区人民政府。到 10 月，南满地

---

① 中央档案馆、辽宁省档案馆、吉林省档案馆、黑龙江省档案馆编：《东北地区革命历史文献汇集》甲 33，1989 年版，第 44 页。
② 中央档案馆、辽宁省档案馆、吉林省档案馆、黑龙江省档案馆编：《东北地区革命历史文献汇集》甲 21，1988 年版，第 66 页。
③ 《东北抗日联军史料》编写组编：《东北抗日联军史料》上册，中共党史资料出版社 1987 年版，第 293 页。

区已经建立 15 个乡政府，56 个区政府。^①同月，在柳河县吴家沟成立柳河县人民革命政府，下辖 4 个区政府。11 月，南满特区人民政府成立。中国共产党领导南满抗日军民，克服各种困难，建立了与日伪政权相对立的抗日民主政权。这些乡、区、县以及特区人民革命政府或政权机构对根据地的发展起着重要的作用，它们在其所管辖的根据地内负责指挥抗日军民锄奸、从事生产、支援作战以及保卫根据地。

发动和组织群众性抗日武装，提高群众斗争是抗日游击根据地建设的重要任务之一。各根据地利用新式、旧式武装来武装群众，组成了农民反日自卫队、青年义勇军等规模不等的武装队伍。据统计，1933 年 9 月，磐石有农民自卫队 220 名，青年义勇军 16 个小队。^②1934 年 9 月，1500 余名自卫队与青年义勇军队员积极活跃在辉发江北游击区。这支队伍配有洋炮 200 多个，新武装 60 余支。^③江南党团所管辖的濛江、辉南、桦甸一带，有 120 余名青年

---

① 李铸、贾玉芹、高书全等译：《中华民国史资料丛稿 译稿 关于东北抗日联军的资料》第二分册，中华书局 1982 年排印，第 21 页。
② 《东北抗日联军史》编写组：《东北抗日联军史》上册，中共党史出版社 2015 年版，第 440 页。
③ 中央档案馆、辽宁省档案馆、吉林省档案馆、黑龙江省档案馆编：《东北地区革命历史文献汇集》甲 36，1989 年版，第 307 页。

义勇军战士，配备 10 多个洋炮，3 支快枪。① 在河里抗日
游击根据地周围的柳河、金川、临江等县组织的农民自卫
队约有 1000 人，并以此为基础改编成了东边道游击队，成
立了一个总队，下设 6 个大队，每队人数 150 名左右。②
这支农民自卫队在 1934 年反"讨伐"斗争中，配合抗日
主力部队攻破柞木台子和五道沟街。还组织二三百人利
用仅有的四支正式武器同金川大荒沟近百名敌人做斗争，
把敌人围困了三天两夜。老秃顶子、和尚帽子抗日游击
根据地及周围的碱厂、海青火洛、横道河子、川里、仙
人洞、哈塘沟等地农民自卫队和青年义勇军也不断组建
与扩大。1934 年 6 月，杨靖宇派其传令兵张永林在兴京
碗铺组建了一支由 70 余人组成的农民自卫大队。③ 同年
冬，在本溪碱厂二、三道沟也组织了一支农民自卫大队，
共有 110 余人。④ 各地群众性抗日武装团体都呈现出快速
发展的局面，至 1934 年 11 月，全南满自卫队有 1000 余人，
青年义勇军有六七百名。⑤ 1935 年 6 月，桓仁六区建立

---

① 中央档案馆、辽宁省档案馆、吉林省档案馆、黑龙江省档案馆编：《东北
地区革命历史文献汇集》甲 36，1989 年版，第 307 页。
② 中央档案馆、辽宁省档案馆、吉林省档案馆、黑龙江省档案馆编：《东北
地区革命历史文献汇集》甲 20，1990 年版，第 98 页。
③ 赵俊清：《杨靖宇传》，黑龙江人民出版社 2015 年版，第 190 页。
④ 赵俊清：《杨靖宇传》，黑龙江人民出版社 2015 年版，第 190 页。
⑤ 中央档案馆、辽宁省档案馆、吉林省档案馆、黑龙江省档案馆编：《东北
地区革命历史文献汇集》甲 33，1988 年版，第 44 页。

民间抗日武装

了桓仁农民反日自卫队，下设两个大队，赵文喜任第一大队长、于殿仲任第二大队长。同年，部分桓仁农民自卫队在不断斗争中，经过锻炼和考验，提升了战斗能力，被编入东北人民革命军第一军第一师第四团。

这些群众性抗日武装虽然没有经过专业的军事训练，不善于灵活运用游击战略战术以及武器装备不足和落后，但他们抗日斗争情绪高涨，敢于同敌人殊死搏斗，积极活跃在抗日游击根据地及周围。这些由群众组织的抗日武装

在当地党团和政权机关领导下，平时积极参与没收日伪和
走狗粮食财产的斗争并将没收的财产分给群众，参与反对
修道和归屯斗争以及主动维护和保卫游击根据地的秩序与
安全；战时负责站岗放哨、逮捕密探、传递情报，配合主
力部队作战。另外，还经常为人民革命军输送补充兵源，
是人民革命军的后备力量。

为保障抗日斗争的军需，南满各抗日游击根据地及周
围游击区设有简易兵工厂、修械厂、被服厂、印刷厂和后
方医院，分别进行修理各种坏枪、制造少量子弹和土炮，
为游击队缝制军服和子弹袋，为抗日军民印刷小报和传单
以及收治作战负伤战士的工作。磐石抗日游击根据地设有
生财沟铁工厂、八家沟修械所和被服厂以及三所秘密医院。
生财沟铁工厂既能炼铁和修理制造军械，如修复子弹，制
造大刀、简易的手枪、土炮等，又能制造镰刀、斧头等生
产生活用具。八家沟修械所工人通过一些简单的生产工具
能够修枪械和制造土炮，在吉昌镇战斗中土炮发挥了重要
作用。每所秘密医院由一名医生和两名同志负责。那尔轰
抗日游击根据地及附近游击区设有修械所，分布双沟子、
西南岔、马架子、五斤顶子、那尔轰等地。其中那尔轰修
械所在杨靖宇部队到达后归独立师管理，有技师 3 名，15

名战士负责警戒保卫。^①同时，在小西北岔、双沟子、西南岔等地设有被服厂，在小西北岔、沙河子、小东沟、三角卧石等地建有医院，在东大沟、沙河子北岭、新胜北岭、那尔轰口子、两江口、干沟子、三角卧石等建有粮食仓库。河里抗日游击根据地在不易被敌人发现的地方设有地下物资贮存库，把凡是第一军暂时不需要或不使用的枪械、弹药、军服、药品、粮食等物品，用大缸或木板仓装好，密封后埋入地下，等到需要时再取出。在回头沟、干饭盆山里就设了四五处地下储粮点，每一处可储粮十几麻袋。^②河里抗日游击根据地的修械所和被服厂，主要设在水曲柳川、迎门岔、王六沟、西南岔、轱辘屯、会家沟等地。其中，水曲柳川修械所有铁匠 20 多人，主要任务是修理枪支、制造弹药。水曲柳川被服厂有缝纫机 4 台，7 名工人轮流用缝纫机制作军服、军帽和子弹袋等。迎门岔被服厂有 3 台缝纫机和 6 名工人。^③被服厂工人们上山采树叶等作为染料，把购买或从日伪军中缴获来的白花旗布染成黄褐色或草绿色，再制作成军服、军帽或军被等。

---

① 陈晓光总纂：《吉林省志·重工业志·机械》卷 21，吉林人民出版社 2006 年版，第 141 页。

② 中国人民政治协商会议辉南县委员会文史资料研究委员会编：《辉南文史资料》第三辑，1986 年版，第 29 页。

③《东北抗日联军史》编写组：《东北抗日联军史》上册，中共党史出版社 2015 年版，第 441 页。

河里抗日游击根据地临时医院分别建在回头沟、头道河子、高丽沟、大青沟、大牛沟。每所医院由一两名医生和三五名护士负责。[①]

日伪千方百计地对药品和医疗器械的流通进行封锁，给东北抗联医疗工作带来很大的困难。为了解决医疗困难，东北抗联主要通过三种途径获得药品器械，一是上山采集白芍、黄白、蒲公英、五味子等中草药，制成药丸、药膏或煎服等为战士疗伤。二是在历次作战中从日伪手中缴获不少药品，如绊创膏、注射器等稀缺药品和器械。三是暗地开设药店或通过关系在敌占区购买。虽然这些军工厂生产设备简陋、生产能力低，但是对解决抗日军民的需要和支援抗日前线起到了重要的后勤保障作用。

敌人频繁的"讨伐"和严厉的经济封锁，导致抗日游击根据地内普遍存在粮食匮乏问题。因此，各抗日游击根据地把抓粮食生产作为经济工作的头等任务，调整出台适应战时经济需要的土地政策、粮食政策和税收政策等，积极发动群众进行生产。土地是农业生产的最突出问题。1933年以后，各抗日游击根据地的抗日政权机关适当调整土地政策，纠正了没收一切豪绅地主土地的做法，采取没收走

---

① 《东北抗日联军史》编写组：《东北抗日联军史》上册，中共党史出版社2015年版，第441页。

狗土地分配给贫苦农民。同时，根据实际情况恰当制定粮食政策，严格控制根据地内粮食外流。1933年，磐西农民委员会规定："向区外卖粮只限大豆、大麦、小麦三种。"①1935年，南满特区人民革命政府筹委会针对游击区内的粮食买卖问题发出通告，规定游击区内农民种植的粮食不准运出游击区外，大豆、苏籽、烟等农作物需要经过政府同意之后，才可以自由买卖。最后，抗日游击根据地内废除日伪一切苛捐杂税，制定合理的税收政策，以减轻农民的税捐负担。在税收方面，根据地内规定在政府区内的民众按其收获量的十分之一缴纳军粮；凡抗日队员家属，免除缴纳军粮的义务。同时，为了建立和巩固抗日民族统一战线，在经济政策中适当地照顾了支持抗日的地主的利益，规定这种地主的租粮可与佃农当面酌商。另外，由于敌人的"讨伐"、土匪的骚扰，一般农民没有耕畜，不能用犁耕地，大多用镐头刨地，所以每户最多耕种七八顷地，普遍都是一二顷，所得粮食仅是够吃，游击区内有三分之二的土地没有耕种。为了保证春耕生产，东北人民革命军第一军部队会用军马帮助农民犁地，来扩大耕种面积。在磐石游击根据地玻璃河区春耕的时候，第一军向农民提供了四五十匹马，使得

---

① 中央档案馆、辽宁省档案馆、吉林省档案馆、黑龙江省档案馆编：《东北地区革命历史文献汇集》甲17，1989年版，第341页。

该区域比其他地区多种一些地。[①]

中共南满特委和各中心县委在极其困难的条件下，仍然尽可能地开展文化宣传教育工作。1933年5月，中共满洲省委出台重要决议，指示："各级组织必须立刻出版群众的反日反帝的报纸、画报、墙报，系统地进行反日反帝的宣传鼓动工作。"[②]从1932年11月至1936年初，南满各级党组织同其领导的军队在南满根据地创办了《红军消息》《人民革命报》《南满抗日联合报》《东边道反日画报》《青年义勇军画报》等多种报纸和画报。中共满洲省委宣传部曾评价南满地区宣传工作称："这些报纸和画报在群众和义勇军中发行得非常普遍，在群众中影响很大，尤其是画报，同时，编制和技术还相当地群众化和通俗化。"[③]另外，在游击区和根据地通过教唱革命歌曲、开故事会、演出抗日话剧等文艺活动，以群众容易接受的形式开展革命宣传工作。1936年，杨靖宇根据真实事件自编自导话剧《王二小放牛》，在宽甸、兴京、通化一带多次演出，故事情节深深打动了群众内心，引起群众共鸣和激发群众抗日斗志。南满抗日游击根据地

---

① 中央档案馆、辽宁省档案馆、吉林省档案馆、黑龙江省档案馆编：《东北地区革命历史文献汇集》甲44，1990年版，第77页。

② 《东北抗日联军史料》编写组编：《东北抗日联军史料》上册，中共党史资料出版社1987年版，第67页。

③ 中央档案馆、辽宁省档案馆、吉林省档案馆、黑龙江省档案馆编：《东北地区革命历史文献汇集》甲20，1990年版，第87页。

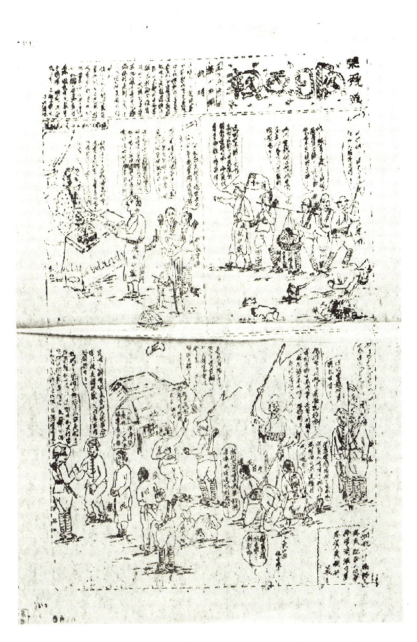

1935 年 6 月发行的第十五期《东边道反日画报》

通过创办革命报刊、油印画报以及开展艺术活动，以通俗易懂的话语和生动形象的表演不仅深刻地揭露了日本帝国主义的侵略罪行，全面地宣传了党的抗日方针政策，而且还活跃与丰富了抗日军民文化生活。

"王二小放牛"演出情景（绘画）

三、东满抗日游击根据地的建立与发展

九一八事变后，东满地区①掀起抗日斗争浪潮。根据中

---

① 东满大体相当于今吉林省东部的延边地区，包括延吉、和龙、珲春、汪清、安图、敦化、额穆等县市。

共中央和中共满洲省委的指示，东满地区党组织在创建游击队的同时，注意开创革命根据地。而且当时东满地区的客观形势为创建革命根据地奠定了现实基础。一是东满地区党组织发展较快，到1931年，东满特委领导了延吉县委、和龙县委、珲春县委、汪清县委和安图县委5个县委，21个区委，600余名党员，[①] 当时东满是东北地区党组织和党员数量最多的区域。二是东满人民在九一八事变前，在党的领导下已经经历了"红五月斗争"、秋收暴动等反帝反封建斗争；九一八事变爆发后，东满各族人民爆发秋收斗争、春荒斗争等，掀起新的更大的反日风暴，东满各族人民经过长期革命斗争的锻炼为创建根据地提供了群众基础。三是1933年初，延吉县游击队、汪清县游击队、珲春县游击队、和龙县游击队相继成立，抗日武装的初步建立为抗日游击根据地的建立提供保障。四是至1932年秋冬，敌人统治力量主要集中在城镇和铁路沿线，而农村则是敌人力量薄弱的区域，这为在广大农村建立抗日游击根据地提供契机。正是基于上述有利条件与恰当时机，东满党组织领导抗日军民在敌人力量薄弱、群众抗日斗争活跃、利于进行隐秘和迂回作

[①] 中共吉林省委组织部、中共吉林省委党史研究室、吉林省档案馆编：《中国共产党吉林省组织史资料（1924.8—1987.11）》，吉林人民出版社1994年版，第44页。

战的地方开辟抗日游击区以及建立根据地。

（一）东满抗日游击根据地的建立

1932 年夏秋间，东满地区开辟了四大片游击区，分别是延吉游击区、汪清游击区、和龙游击区与珲春游击区，主要包括延吉县的北部与中部、汪清县的南部与中部、和龙县的西北部与东部、珲春县的西北部与东南部。自 1932年冬至 1933 年春，东满地区相继建立十几块抗日游击根据地，其中有延吉县的王隅沟、石人沟、苇子沟，汪清县的小汪清、嘎呀河、腰营沟、马村，和龙县的渔浪村、牛腹洞，珲春县的大荒沟、烟筒砬子等。每块抗日游击根据地的范围多在方圆三十平方公里到五十平方公里之间，人口少则五六百人，如珲春县的烟筒砬子、汪清县的嘎呀河，多则一二千人，如珲春县的大荒沟、延吉县的王隅沟。抗日游击根据地总人口约二万人。[①]

东满抗日游击根据地初步创建时期，日本侵略者就将其视为重点"讨伐"对象。从 1932 年冬至 1933 年春，日伪当局调集兵力对初具规模的抗日游击根据地发起"春季大讨伐"。东满党组织领导根据地的抗日军民，同敌人展开英勇抵抗，粉碎了敌人的"讨伐"，保卫了抗日游击根据地。

① 中央档案馆、辽宁省档案馆、吉林省档案馆、黑龙江省档案馆编：《东北地区革命历史文献汇集》甲 17，1989 年版，第 228 页。

反"讨伐"斗争锻炼了根据地抗日军的斗争能力。东满抗日游击根据地反"讨伐"斗争的胜利，使敌人万分惊恐。自1933年冬至1934年春，日本帝国主义再次调集兵力围攻东满抗日游击区和游击根据地，并推行"集团部落"政策，妄图摧毁各抗日游击根据地，彻底消灭东满抗日武装力量。在反"讨伐"斗争中，除小汪清抗日游击根据地外，其余根据地基本保持下来。由于小汪清抗日游击根据地经过敌人40多天的大"讨伐"，遭到了严重破坏。于是，1934年1月，党组织决定撤出小汪清抗日游击根据地。中共小汪清区委所属的党员和小汪清人民群众转移到大荒崴活动，在汪清、延吉和敦化三县交界处正式建立大荒崴抗日游击根据地。

1934年冬，敌人又一次调动日本关东军精锐部队和伪满军部队以及地方警察对东满抗日游击根据地进行第三次"讨伐"。日伪当局使用了更加残酷的手段，在军事上，采取"分区包围""轮流扫荡"的战术，用大量兵力围攻、袭击狭小的抗日游击根据地。在政治上，挑拨离间，企图破坏中朝民族联合战线。在经济上，加紧实行经济封锁政策，切断东北人民革命军第二军独立师的粮食给养。在思想上，宣传所谓"日满韩民族平等"等欺骗口号。在这紧要关头，东北人民革命军第二军独立师根据中共满洲省委"向外发展，采用游击战术的方法，和安图北满（宁安、东宁）反日游击队联合起来"①的指示，决定实行战略转移，撤离原根据地，开辟新游击区域。独立师各部队分别从延吉县王隅沟、石人沟、三道湾转移到安图县车厂子和宁安县南湖头等地；从和龙县的渔浪村转移到安图县车厂子一带；从汪清县大荒崴转移到腰营沟，后转移到绥芬大甸子；从珲春县河南、潘家窑转移到火烧铺、金仓一带。1935 年 3 月 21 日，东北人民革命军第二军政委联席会议提出"今年要创造两个根据地，一个是绥芬大甸子，一个是安图"②。1935 年，东北人民革命军第二军部队转移到新区后，同当地群众一起创建东满地区最后三块较大的根据地即绥芬大甸子、车厂子和奶头山抗日游击根据地。

绥芬大甸子抗日游击根据地位于汪清县城东北一百多公里，与吉东的绥宁地区相连。大甸子四面环山，绥芬河穿流其中，人口集中，有一万至一万五千余人，③土地面积广阔、土地肥沃，生产小麦、高粱、小米、大米等，能够为抗日部队提供给养，是理想的屯兵之地。1930 年 9 月，

① 中共延边州委党史研究室编：《东满地区革命历史文献汇编》下，2000 年版，第 1213 页。
② 中共延边州委党史研究室编：《东满地区革命历史文献汇编》上，2000 年版，第 644 页。
③ 中央档案馆、辽宁省档案馆、吉林省档案馆、黑龙江省档案馆编：《东北地区革命历史文献汇集》甲 30，1989 年版，第 301 页。

党组织在罗子沟镇成立中共罗子沟区委。罗子沟区委成立后，积极发展党员和组织群众进行反帝斗争。九一八事变后，罗子沟区委发动人民群众开展轰轰烈烈的秋收斗争、春荒斗争、抗日斗争，表现出高涨的反日情绪。1934年冬，因汪清、珲春县内的根据地无法继续生存，两县的抗日部队和革命群众逐渐向绥芬大甸子聚集。1935年，中共东满特委也转移到绥芬大甸子，并设立特委交通处。同年3月，绥芬大甸子抗日游击根据地正式成立。

车厂子抗日游击根据地位于和龙、安图两县交界处（今和龙县卧龙乡和安村），是东满地区最大、最有影响的根据地。早在1933年冬，中共和龙县委派人到车厂子秘密进行开辟游击区活动，联合这里的反日山林队袭击日伪，缴获大量军需品。1934年4月至8月，东北人民革命军第二军联合救国军、义勇军、反日山林队等先后发动攻克车厂子、进攻安图县城、攻打安图大甸子等系列战斗，控制了安图车厂子、太平沟、大沙河一带。上述活动为开创车厂子抗日游击根据地打下了基础。1934年末至1935年初，延吉、和龙各根据地抗日军民陆续转移至车厂子。到1935年1月，车厂子聚集了千余人，车厂子抗日游击根据地正式成立。

奶头山抗日游击根据地位于安图二道白河镇东南25公里的奶头山村。整个根据地隐藏在深山密林之中，地点偏僻，有利于开展游击活动。由于车厂子抗日游击根据地抗日斗争猛烈发展，使敌人将其视为"心腹大患"。1935年10月，日伪当局集结重兵包围车厂子根据地，使这块根据地陷入困境。根据抗日斗争形势的变化，王德泰率领第二军第二团主力主动撤离车厂子根据地，向奶头山挺进，依靠和动员奶头山群众，创建了延边地区最后一个根据地。车厂子的兵工厂、被服厂、后方机关等相继搬迁到奶头山根据地。

（二）东满抗日游击根据地的建设

东满党组织为了满足抗日斗争的现实需要，在抗日游击根据地领导开展了发展党组织、建立抗日政权、组织民众武装、从事经济生产、开展文化教育等根据地建设工作。

东满各抗日游击根据地的创建与发展，促进了东满地方党组织的发展。中共东满特委及各县县委根据实际情况，在各根据地内积极发展党员和建立基层党组织。据1933年发表的《东满党、团等组织情况》报告统计，东满地区党员发展至1200名，其中延吉有党员500名、珲春有党员200名、和龙有党员200名、汪清有党员200名，安图、敦化等其他地区有党员100名。① 随着抗日游击根

---

① 中央档案馆、辽宁省档案馆、吉林省档案馆、黑龙江省档案馆编：《东北地区革命历史文献汇集》甲30，1989年版，第443页。

据地的变化，中共东满特委机关先后在王隅沟游击根据地，小汪清、腰营沟根据地等地驻扎，并形成了抗日游击战争的指挥中心。中共延吉、珲春、和龙、汪清县委机关所在地也一度成为各县抗战活动的指挥中心。同时，东满各级党组织领导抗日军民在根据地内开展政治、军事、经济和文化等工作的过程中，积累了斗争经验，提高了领导能力。

东满各抗日游击根据地较为普遍地建立了抗日政权。北方会议强调东北地区应加紧建立苏维埃区域，建立苏维埃政权。按照北方会议要求，东满党组织借鉴南方创建革命根据地的经验，选择在那些具有群众基础和武装力量、能够开展反日运动和土地革命的地方建立苏维埃政府。自1932年11月至1933年2月，在延吉县王隅沟和石人沟、汪清县嘎呀河和小汪清、珲春县大荒沟和烟筒砬子建立区苏维埃政府，然后在区苏维埃政府管辖的村庄建立了20余个村苏维埃政府。此外，在延吉县的三道湾、苇子沟，和龙县的浪渔村、牛腹洞等没成立苏维埃革命政府的地区建立代行政权职能的革命委员会。但是，苏维埃政权建立后实行了共同劳动、共同生活的错误做法，侵犯了富农、中农利益。事实证明这种政权形式不符合当时东北地区民族矛盾上升为主要矛盾的现实情况。

中共代表团发出"一·二六指示信"对政权问题做出明确指示，纠正了过去的错误做法。之后，东满党组织贯彻"一·二六指示信"，开始建立人民革命政府或农民委员会、反日会等形式的抗日民主政权。延吉县、汪清县、珲春县以及和龙县的原区、村苏维埃政府一律改建为利于统一战线的区、村人民革命政府，在各村一律设农民委员会、反日会等行使政权机关的职能。1935 年 2 月，王隅沟、八道沟、瓮声砬子三个区人民政府驻扎在车厂子抗日游击根据地。区人民政府一方面重视发展农业经济，组织群众开荒种地和合理分配土地，通过军民生产为根据地的抗日军民提供粮食和生活必需品。另一方面组织根据地群众从事保卫根据地等工作，带领抗日军民齐心协力建设车厂子抗日游击根据地。1935 年 5 月，绥芬大甸子抗日游击根据地召集代表大会，成立反日会。反日会内设农民自卫部、粮食部、妇女部、司法部、财政部、义勇军部等多个部门。绥芬大甸子反日会在群众中具有较高的权威，"凡在大甸子住的没有一人不知道反日会（连小孩、妇女都算在内）。大甸子反日总会是公开的机关（在群众）是扩大群众的实际政权机关"①。群众无论什么事情都不到伪满洲国政府机关处

---

① 中央档案馆、辽宁省档案馆、吉林省档案馆、黑龙江省档案馆编：《东北地区革命历史文献汇集》甲 30，1989 年版，第 305 页。

理，而是到反日会去报告，如关于地亩、地租、婚姻、偷盗案等有争执的问题都找反日会帮助解决。奶头山根据地召集村民，集体决议废除伪区长，建立农民委员会来掌握根据地政权，并且由村民自主协商选举会长、副会长。农民委员会成立后带领群众开展各种形式的抗日斗争。总之，东满党组织根据中共中央和中共满洲省委的指示，在东满抗日游击根据地建立抗日民主政权，制定政治纲领，保障了广大人民群众的政治权利和革命利益，更进一步地团结和领导人民群众进行抗日斗争。

东满各抗日游击根据地不仅进行政权建设，而且十分注意密切联系群众，建立与扩大群众反日团体、反日武装。东满各级党组织和各根据地政府通过宣传教育和组织工作，建立与发展了反日会、妇女会、儿童团、少先队等群众反日团体，农民反日自卫队、青年义勇军（主要以少先队为基础建立的）等群众性抗日武装。据 1933 年 9 月统计，东满抗日游击根据地共有反日会员 19190 人，儿童团员 1964 人，反日自卫队、少先队员 1600 余人。[1]1934 年仍有 1000 余名群众武装。[2]1935 年，车厂子抗日游击根据地在党组

---

[1] 中国人民政治协商会议吉林委员会文史资料研究委员会编：《吉林文史资料选辑》第二十一辑，1987 年版，第 57 页。
[2] 《东北抗日联军史料》编写组编：《东北抗日联军史料》下册，中共党史资料出版社 1987 年版，第 673 页。

织的领导下，恢复了共青团、妇女会、儿童团等群众团体，还组建了农民反日自卫队。绥芬大甸子抗日游击根据地也成立了妇女会、儿童团。1936 年 2 月，奶头山抗日游击根据地成立了妇女会和儿童团。东满各抗日游击根据地的群众组织积极开展支前工作和保卫根据地工作。妇女会承担了根据地后勤工作，包括做饭、缝洗衣物、护理伤员等工作。儿童团参与宣传、站岗放哨。农民反日自卫队、青年义勇军以及半武装性质的少先队等帮助抗日部队侦察、锄奸、站岗放哨、防备"讨伐"，或者直接配合作战。中共东满党团特委高度肯定这些群众性反日团体和反日武装的作用，称"他们的作用极大"①。

由于日伪频繁的袭扰和严密的封锁，东满各游击根据地普遍出现严重的物资匮乏现象。为了满足根据地抗日军民在生产生活和与敌斗争方面的物资需求，各地党组织和政权机关带领抗日军民积极从事经济生产工作。东满特委宣布废除旧的具有剥削性质的土地和税收制度，实施维护人民群众经济利益的新经济政策。1933 年 1 月通过的《中共东满特委苏维埃建设工作大纲》中宣布废除封建剥削制度，实行"没收中、日、韩一切地主阶级及走狗的土地财产，

---

① 中央档案馆、辽宁省档案馆、吉林省档案馆、黑龙江省档案馆编：《东北地区革命历史文献汇集》甲 30，1989 年版，第 6 页。

分配给雇农、贫农、中农及游击队战士，取消高利贷和苛捐杂税""土地分配以劳动力为基准（男子十五岁以上五十岁以下，女子十五岁以上四十岁以下者为一个整劳动力），实行平均分配"①的经济政策。各根据地土地面积不等，按照这个分配原则，每个劳动力可分到二亩到几亩不等。之后，1933 年 6 月，中共东满特委宣布实行"没收日本帝国主义和走狗的土地，把土地分给农民，把粮食分给农民和兵士"②的经济政策。这些经济政策极大地调动了农民生产积极性。当时，大面积耕地被敌人破坏，外加经济封锁，导致无法在外面购买粮食，所以东北抗联和群众陷入了粮食危机。抗日军民经常忍受饥饿或以树皮、草根充饥。因此，解决粮食问题成为当时根据地内最紧迫最突出最主要的经济任务。为了动员群众参加生产，保证粮食产量，东满党组织于 1935 年初做出硬性规定，要求"凡在游击区内住的，必须参加生产，不参加生产，不论党团员（专门工作员除外）与群众，一律驱逐游击区以外"③。在东满党组织的领导和组织下，东满游击区耕种情况得到改善，

① 中共延边州委党史研究室编：《东满地区革命历史文献汇编》上，2000 年版，第 83 页。
② 中央档案馆、辽宁省档案馆、吉林省档案馆、黑龙江省档案馆编：《东北地区革命历史文件汇集》甲 29，1989 年版，第 289 页。
③ 中央档案馆、辽宁省档案馆、吉林省档案馆、黑龙江省档案馆编：《东北地区革命历史文献汇集》甲 30，1989 年版，第 235 页。

1935 年"耕地的面积约有一千垧——一千四百垧，耕的东西吃粮占全体耕地面积百分之九十以上""春耕比去〔年〕增加五倍以上，除去老人小孩（不能耕地者）及担任专门工作不能参加生产者外，人人都参加了生产"[①]。同时，东北人民革命军第二军抽出一部分兵力帮助农民春耕，东北人民革命军第二军各团部负责解决牛马、种子、吃粮三种主要问题。

除了重视粮食生产之外，各根据地内还进行军工生产，创办了一些小型的兵工厂、被服厂、印刷厂，用来修理枪械、生产弹药、制作军装和印刷传单报刊等。延吉县王隅沟、三道湾，和龙渔浪村，珲春大荒沟，汪清小汪清，安图车厂子等都建有规模不等的兵工厂。其中，1932 年秋冬，延吉县创建了王隅沟、三道湾和八道沟兵工厂，这几个兵工厂能够自主研制手枪和土炮，特别是制造了著名的、杀伤力极强的"延吉炸弹"。1932 年春季与秋季，在和龙境内分别创建了金谷鹰嘴砬子兵工厂和渔浪村兵工厂，这两所兵工厂后来合并。在兵工厂里除了修理军械，还研制了"辣椒面炸弹"和继续生产"延吉炸弹"。车厂子抗日游击根据地的兵工厂设备比较齐全，6 名朝鲜人工匠利用锻冶工

[①] 中央档案馆、辽宁省档案馆、吉林省档案馆、黑龙江省档案馆编：《东北地区革命历史文献汇集》甲 30，1989 年版，第 369 页。

具和废旧的马车车轮的铁圈、废铁锅等，修理枪、炮和复装子弹以及自制枪支、炸弹等军事武器。随着抗日游击根据地的转移，这些兵工厂也相应地转移到新的区域，进行合并重组。至 1935 年 12 月 20 日，在东满抗日游击根据地，小型兵工厂有 4 个，技术工人共 18 人。[1] 兵工厂工人由于工具限制和工艺落后，靠自己摸索，能够制造出五六磅重、二三磅重和一磅重的三种炸弹，还能够修理枪支和制造出一次打一粒子弹的手枪。虽然这些兵工厂修理和自主制造的武器在数量和质量上存在很大的局限性，但在当时的特殊环境下，这些武器在抗日斗争中发挥了很大的作用。据 1935 年 12 月 20 日的报告，东满抗日游击根据地有被服厂 4 个，共 36 名工人，25 架机器。[2] 车厂子抗日游击根据地兵工厂附近设被服厂，有 7 名朝鲜人工人和 4 台缝纫机。[3] 根据地的被服厂可以制作军装、军帽、军备、子弹袋等。每个被服厂每天能制作一二套军服。党组织领导的被服厂不仅仅是给东北抗联、抗日群众做服装，还会免费给前来求助的反日山林队做服装，因此密切了党组织、东北

---

[1] 中共延边州委党史研究室编:《东满地区革命历史文献汇编》上,2000 年版,第 403 页。
[2] 中共延边州委党史研究室编:《东满地区革命历史文献汇编》上,2000 年版,第 404 页。
[3] 李铸、贾玉芹、高书全等译:《中华民国史资料丛稿 译稿 关于东北抗日联军的资料》第一分册,中华书局 1982 年排印,第 166 页。

抗联同东北抗日义勇军的关系，推动了抗日民族统一战线的发展。有印刷厂3家，即安图、汪清和珲春每县一家，印刷机有十七八台，[①] 设法买印刷纸来印刷各种传单、文件和小册子。有两种医院，一种是专门接收治疗时间短的轻伤者的临时性医院；另一种是专门接收治疗时间长的重伤者，设在比较安全的深山密林地带。当时有七八名医生，十几个看护人员。[②] 虽然这些军工生产基地规模小，生产设备简陋，但在艰苦的抗战环境中，通过这些军工生产工厂能够为抗日部队提供必要的军需物资。

东满抗日游击根据地为了丰富抗日军民的文化生活和提升抗日军民的精神力量，广泛开展了丰富多彩的文化教育工作。在教育方面，东满党组织高度重视少年儿童的教育工作。为了解决适龄儿童上学难的问题，东满特委明确规定在有苏维埃政权的地方，开设学校和免除学费。在东满特委关于学校教育的政策指导下，延吉县王隅沟、汪清县小汪清、珲春县大荒沟等根据地尽可能地建立小学、儿童俱乐部，对少年儿童实施免费教育。另外，还将成人纳入教育范围，通过开办扫盲班和夜校等对成年人进行文化

---

① 中共延边州委党史研究室编：《东满地区革命历史文献汇编》上，2000年版，第405页。
② 中共延边州委党史研究室编：《东满地区革命历史文献汇编》上，2000年版，第405页。

教育。其中，小汪清根据地设立小学校，招收学龄儿童入学，学习科学文化知识，并开办成人夜校，扫除文盲。安图车厂子根据地也设有学校，可容纳儿童 60 余名，[①] 在学校里向儿童传播文化知识、军事知识以及用革命词汇讲授抗日救国道理。在文化工作方面，各抗日游击根据地十分重视文化艺术事业的发展。在一些根据地成立文艺表演队，以表演话剧、歌剧、歌曲以及讲述民间故事等形式开展文艺宣传活动，《反日歌》《延吉监狱歌》《赤旗歌》等歌曲被广泛传唱，《血海之唱》《战斗的密林》等话剧被经常演出。抗日游击根据地的各种文艺宣传活动都以抗日救国为主题，通过群众喜闻乐见的形式表达人民群众抗战的愿望，深刻揭露日本帝国主义的罪恶，愤怒控诉日伪当局血腥的统治，呼吁和号召人民群众为了国家独立，为了民族解放而奋起抗日。

在宣传方面，东满抗日游击根据地在极端困难的情况下创办了党报、军报、青年报，有《斗争》《两条战线》《少年先锋》《农民斗争》《战斗日报》等多种革命刊物。这些抗日刊物面向游击区群众，主要宣传革命思想、刊登党的政策主张和战略部署，报道反日游击运动消息，揭露日本侵

---

① 李铸、贾玉芹、高书全等译：《中华民国史资料丛稿 译稿 关于东北抗日联军的资料》第一分册，中华书局 1982 年排印，第 166 页。

略者罪行，传播军事知识等。如中共东满特委创办的《两条战线》，主要刊发批判错误路线、宣传党的正确路线方针的文章。在中共延吉苇子沟创办的《战斗钟声》，主要刊发具有爱国主义教育意义的文章，通过报纸向群众宣传革命思想，还刊发时事消息，向群众介绍政治形势。东满党组织大力进行教育工作和开展各种生动活泼的文艺活动以及各种行之有效的宣传工作，激发了人民踊跃参与抗日斗争的热情，鼓舞和增强了军民抗战斗争到底的决心和信心。

四、东南满地区密营的创建

　　东北抗日游击根据地的另一种特殊形式即密营。日伪当局疯狂"讨伐"和大肆实施"集团部落"政策，妄图将东北抗联围困在深山中饿死、冻死。特别是1936年，由于日伪残酷的"讨伐"，抗日游击根据地遭到严重破坏，范围严重缩小。在极端残酷的斗争环境中，建立公开、固定的抗日游击根据地显然十分困难，东北抗联被迫在原始森林中同敌人周旋，粮食、衣物、弹药补给十分困难。为了克服这种困难，保存部队的抗日力量，东北地区抗日军民根据东北民居文化中土饺子的建筑形式创造性地建立与发展了军事密营，使其成为东北抗联集生活、生产和作战于一体的多功能综合性的后方基地。

　　密营一般选址在深山密林、背风向阳、靠近水源、远离道路、易守难攻的地方，这样人迹罕至的地方可以使密营不轻易被敌人发现，而且优越的地势也利于粉碎敌人的"讨伐"。密营与有一定地域范围、有抗日政权、有地方武装、与敌占区明显区别开来的固定的公开的抗日游击根据地不同，它是在日伪严密监控和统治下，利用原始森林和山岳地带的自然条件建立的，具有小型分散性、隐蔽性和临时简易性的军事基地。密营里没有建立革命政权、群众组织和地方武装，但是一般与群众保持着秘密联系。

　　密营建筑方式灵活多样，有马架子式、地窨子式、霸王圈式、天然式等。马架子式是一种简易的房屋，没有梁、柱，用比较粗的木杆交叉架在一起，中间搭上横木，顶部抹泥，用树皮遮苫。这种密营具有简易快捷、取材方便的优势，也存在空间狭小、面积有限的缺点。地窨子式以挖地穴为特点，选择地形有利的向阳坡，先向下挖洞一至两米深，然后四周用圆木或石头垒起，作为墙体。地上部分起脊，形似马架子。屋内建有土石炕，可生火取暖，保暖性强，面积大。霸王圈式密营一般借助沟膛子修建。在沟膛子一侧向下挖掘数尺，四周用木头垒成墙，挖出的土倒在沟膛子里并在上面栽种树木或草皮，使原来的沟膛变成山岗。在密营内搭火炕，顺炕洞子的墙壁挖出一个浅槽，引向洞外，然后在墙外顺地皮挖出一、二里长小沟，使烟在远处沿地皮渗出去，可以防止烧炕的烟被敌人发现，暴露目标。天然式密营一般是选择不易被外面发现，又便于多角度向外观察的高山深处的天然山洞，洞顶有天然通气孔，在洞口布置伪装，用来贮藏物资和宿营。密营种类繁多、专用性强。根据密营的地理位置、交通条件等设置党军领导机关、兵营、交通站、通信处、粮仓、修械所、后方医院、被服厂等。

魏拯民住过的密营

密营在东南满地区建立时间早、分布广泛。在南满地区，1932 年，东北抗日义勇军部队便开始修筑密营且初具规模。其中东北抗日义勇军唐聚伍部队在金川河里修筑密营，设有兵工厂、粮食库等，后来发展成为东北抗联的一处重要基地。1933 年，王凤阁率领部队与敌周旋苦战之时，为了解决部队的生活给养问题，在通化、辑安交界的大罗圈沟建立密营。1933 年 11 月，东北抗联第一军在濛江那尔轰境内修筑了第一座密营——那尔轰的东大顶子医疗所。1933 年冬建立了第二座密营——那尔轰修械所。之后，在那尔轰根据地共修筑密营 70 余处，其中粮仓密营 29 座、修械所 12 座、宿营地 7 座、医疗所 7 处、联络点 6 处、被服厂 5 处、印刷所 3 处，[1]至 1940 年遭到彻底破坏。在磐石抗日游击根据地修建的密营主要有三棚乡大安屯边 2 处、三棚乡红石村八家沟 4 处；明城镇解放村碱草沟 2 处、富民村小生财沟 1 处；官马屯 1 处、官马屯大葫芦头沟 1 处、石虎沟红军医院 1 处和铁西红军医院 1 处，共 13 处。[2]1934 年夏，原磐石、伊通密营陆续迁到河里，在河里建立起多处密营。在老秃顶子抗日游击根据地，1935 年韩震指导后

---

① 中共浑江市委党史研究室：《长白山抗联斗争史》，吉林文史出版社 1992 年版，第 149 页。
② 金昌国：《南满抗日游击根据地探讨》，《延边大学学报》1989 年 Z1 期。

勤二分队同地方工作人员于永明、王凤鸣等人，在老秃顶
二层顶子、湾沟子滚兜岭、大冰沟老盘道、老盘道、小冰
沟子小西沟、半截沟等地修建密营6处，每处可容几十人
居住，共计可住三四百人左右。① 到1937年，桓仁县形成
以老秃顶子为中心的密营群，老秃顶子周围大网沟、杨木沟、
西岔沟、西北天沟、前后夹道子等处修建军事密营十余处，
可容纳千余人居住、休养。本溪和尚帽子山里修筑几十处
密营，构成了一个密营网。② 据不完全统计，1936年以来，
通化县境内有25处，桦甸县境内有11处，③ 其他各县辉南、
柳河、抚松、清原等都修筑了抗联密营且修建密度较高。

在东满地区，1936年东北抗联第二军发展了长白山抗
日游击根据地，相继在敦化的榆树川、马号，桦甸的汉阳
沟，额穆的六道沟，宁安的南湖头、团山子，临江的西南岔，
抚松的东岗、西岗、漫江，长白的黑瞎子沟，红头山等地
建立数十处密营。④ 其中，黑瞎子沟密营是规模比较大的一

---

① 政协辽宁省抚顺市委员会文史委员会编：《抚顺文史资料选辑》第7辑，
第143页，1986年版，第94页。
② 赵俊清：《杨靖宇传》，黑龙江人民出版社2015年版，第257页。
③ 中共吉林省委党史研究室编著：《杨靖宇将军》，吉林人民出版社2005
年版，第174页。
④ 中国抗日战争军事史料丛书编审委员会：《东北抗日联军·综述·表册·图
片》，解放军出版社2015年版，第80页。

东北抗日联军长白山密营

个密营。它位于离长白县 90 余里路，长白山东南约 90 里的红头山脉的西端，是天然的游击根据地。

东南满地区密营遍布深山密林中，其分布情况梳理如下：

表5.1 吉林省抗联密营 [①]

吉林省抗联密营		
吉林市	桦甸市	夹皮沟镇——摩天岭密营、二道河子密营、四方顶子密营、吊水壶密营、牡丹岭四道沟密营；白山镇——马驮子沟密营、穷棒子沟密营、鸡爪顶子密营；桦南乡——张家趟子东山密营、张家趟子西山密营、东兴沟密营、王家店张家北山密营（2处）；苏密沟乡——水舀子沟密营、旗杆顶子密营、小酒厂密营；老金厂乡——大楞场密营（3处）、北沟岔密营；红石砬子镇——韩仁和密营；红石国家森林公园内——蒿子湖密营（又称南岗头密营或大顶子密营）、五道岔密营、金银鳖密营、葫芦头沟密营、湍河子沟密营、三和屯密营、大东沟密营、青眼沟密营、放牛沟密营等
	磐石市	三棚乡——红石砬子密营（包含八家沟密营3处和西沟密营2处）；明城乡——生财沟密营；黄顶子密营、小杂木沟密营、头道二沟密营、草苗子密营、碱厂子密营、红石砬密营、山棚砬子密营
	蛟河市	青背乡农林村——三合顶子密营；康大砬子密营（包含三道沟南岗密营1处和三道沟北岗密营8处）
通化市	集安市	榆林镇——红军洞密营、五道沟密营、东岔密营；五女峰密营、五道阳岔密营
	通化县	兴林镇——惠家沟密营；石湖镇——八道沟密营、九道沟密营、大西南岔密营；蚂蚁河密营
	辉南县	样子哨镇——甘饭盆密营；石道河镇——石道河密营
	柳河县	大牛沟密营、大青沟水曲柳川密营

[①] 王丽君：《东北抗联密营研究》，《地域文化研究》，2022年第6期，第145页。

续表

吉林省抗联密营		
白山市	抚松县	西顶子密营、东岗大碱厂密营、黑河密营、东岗孙家峰密营、东岗杨木顶子密营、大牛沟密营
	靖宇县	那尔轰镇——东大顶子密营；景山镇——冰湖沟密营、暖木条子被服厂密营；西南岔镇——全家沟子密营、前庙子密营、于家沟密营；东兴乡——石门子密营；小西沟村西——旗杆顶子密营
	长白朝鲜族自治县	长白县——黑瞎子沟密营、红头山密营、长白山密营、鲤明水密营
四平市	伊通满族自治县	三区头道沟小猪圈密营、宋奎两密营、黄顶子密营、小杂木沟密营、头道二沟密营
延边朝鲜族自治州	敦化市	寒葱岭林场——寒葱岭密营、寒葱沟西沟密营；牛心顶子密营
	汪清县	东光镇——抗日游击大队密营
	安图县	新合乡——迷魂阵密营；二道白河镇——奶头山密营、西苇子沟密营、二道沟密营、干河子密营

表5.2 辽宁省抗联密营[①]

辽宁省抗联密营		
抚顺市	清原满族自治县	南山城镇——狼洞沟密营、老虎圈密营、小北岔密营、二杠沟密营、三十道河密营；清原镇——九道河密营；大苏河乡——沙河西密营、王家坨子密营、史家坨子密营、沙河子密营、五桦顶子密营；湾甸子镇——大刺嫩芽沟密营；英额门镇——湾龙背密营、小黑石头密营、马四梁子密营、岗西密营；北三家乡——牛肺子沟密营；红透山镇——歪头砬子密营；北三家乡、枸乃甸乡、夏家堡镇交界——莫日红密营；大孤家镇——天桥岭抗联密营；敖家堡乡——黑牛密营
	新宾满族自治县	响水河子乡——大坎子密营；红庙子乡——兔洞沟医院、被服厂密营；大四平镇——磨石青山洞抗联医院密营
本溪市	本溪满族自治县	东营坊乡——大石湖密营、红土甸子密营、洋湖沟中共南满省委密营；草河掌和兰河峪同凤城满族自治县赛马集蒲石河交界——和尚帽子密营
	桓仁满族自治县	仙人洞村西——老秃顶子密营、抗联一军一师地方游击连密营；高俭地村北——高俭地密营；新农村——海青伙洛密营医院；普乐堡镇——前后夹道子密营
丹东市	宽甸满族自治县	双山子镇——"杨洞"密营；八河川镇——雅河密营；下露河乡——左子元密营；白石砬子自然保护区——白石砬子黑沟密营；一根绳砬棚密营、大黑沟密营、大牛沟密营、湖盖子密营

① 王丽君：《东北抗联密营研究》，《地域文化研究》，2022年第6期，第146页。

这些军事密营虽然存在时间长短不一、设备简陋、条件艰苦，但对处于严峻的抗日游击战争环境中的东北抗联而言，则是军队继续生存发展、与敌人长期斗争的重要基地，在抗日游击战争中发挥重要作用。首先，东北抗联第一路军利用密营团结群众。东北抗联第一路军撤出固定的抗日游击根据地后，以建立密营的方式继续同日伪做斗争，维护人民群众的利益。这些密营并未脱离群众，反而同周围群众建立密切的联系。密营周围的村屯中，设有地方工作人员和秘密联络点、联络员，这些人同密营内驻扎的东北抗联密切配合，负责沟通联络和筹集物资工作。密营附近村屯的群众也冒着生命危险千方百计地支援密营，秘密为密营筹集、运输粮食、布匹、药物，传递情报等。其次，东北抗联第一路军利用密营储存军需物资。东北抗联第一路军将从日伪手中缴获或者群众筹集的物资贮存在密营中。密营中储存的物资较为丰富，从日伪当局歪曲性报道中可以看出：抚松东 60 公里的一个密营中储备了"衣服五、修补衣服的材料多数、背裹八，米八石、大麦五十石、白菜萝卜一万斤、猪肉三百斤、盐五十斤、豆油八十斤"[1]。东北抗联第一路军在深山密林中修建密营储存物资，可以防止

---

① 赵俊清：《杨靖宇传》，黑龙江人民出版社 2015 年版，第 258 页。

物资遭到敌人的破坏，能够为部队与敌人做长期斗争提供后勤补给。再次，东北抗联第一路军可以利用密营基地来休息和整训部队，保持和提升抗日力量。在面对敌人大肆进攻或东北抗联部队遭受严重损失的情况下，东北抗联部队会选择转入密营进行休整。1936 年，东北抗联第一军第一师、第三师西征均损失严重。面对敌人疯狂"讨伐"，为了避免遭受更大的损失，第一师、第三师转入密营避开敌人"讨伐"锋芒，在密营中休整队伍，从而保存了抗日力量。最后，东北抗联还可以利用密营的天然地理优势，运用游击战略战术消灭敌人力量。密营驻地分散隐蔽、便于防御，而且密营多是重复建设，在周围有多个密营防御阵地互相掩护和支援，构成了多个环形防御部署。同时密营基本上都修有战壕、掩体、瞭望哨位等工事。东北抗联战士利用密营基地的优势，灵活运用避实击虚、避强攻弱等游击战略战术，巧妙地与敌周旋，神出鬼没地四处出击日伪军，使前来"讨伐"的敌人频频遭受重创。1937 年 1 月，东北抗联第二军第六师在红头山密营南侧平头岭粉碎敌人的进攻。当时，日伪军偷偷穿越密林，越过东北抗联第二军第六师警戒哨，猛攻平头岭，妄图袭击第六师指挥部。然而，东北抗联第二军第六师早已在平头岭选择险僻地带隐藏埋伏，暗设瞭望哨，以铲雪做掩体，防御来犯之敌。结果，日伪军陷入埋伏阵地，遭受重创。

东南满抗日游击根据地建立与发展的同时，吉东和北满地区也相继建立抗日游击根据地。吉东地区，1933年5月以后，在宁安的东南山区大、小塘沟和二、三道河子一带建立根据地。之后，随着抗日游击队的发展和抗日游击区的扩展，在密山南部穆棱河南、密山河北哈达河沟里、方正县大罗勒密一带建立若干块抗日游击根据地。北满地区，从1933年10月至1936年，陆续开辟以三股流为中心的道南抗日游击根据地，以侯林乡、秋皮囤、黑龙宫和宾县三岔河为中心的道北抗日游击根据地，以太平川为中心的抗日游击根据地，汤原、萝北、绥滨和依兰、桦南抗日游击根据地以及汤旺河后方基地等多块抗日游击根据地。由此，东北抗日游击根据地遍布白山黑水间，推动了东北抗战的发展。

从创建时间看，东南满抗日游击根据地相对于北满、吉东抗日游击根据地而言，创建得较早、发展较完善、持续时间较长。东南满抗日游击根据地是在反日伪频繁"讨伐"的斗争环境中创建与发展，经历了艰难、曲折、复杂的过程，导致其范围较小，具有很大的流动性。但不能忽视和否认东南满抗日游击根据地的重要作用。东南满抗日游击根据地对东北抗联第一路军的抗日游击战争起到战斗

堡垒的作用，东北抗联第一路军依托抗日游击根据地频繁
进攻日伪军与粉碎日伪军的进攻，给予敌人以沉重的打击。
东南满抗日游击根据地对东北抗联第一路军起到了保障的
作用，东北抗联第一路军依靠抗日游击根据地能够获得物
资给养，能够休息整顿部队，也能够得到人民群众的支持。
另外，东南满抗日游击根据地在创建与建设方面的成功
实践为北满、吉东抗日游击根据地的创建提供了经验。

密营休整中的抗联队伍

第六章

开展独立自主的抗日游击战争

一、制定东北抗日游击战争的战略战术

九一八事变爆发时，中国共产党在东北地区的组织力量相对较弱，更没有党直接领导的武装队伍，而日本侵略者却在战力与战斗资源上占有很大的优势。根据这一现实情况，中共中央和满洲省委及时地提出在东北进行游击战争的决策。游击战争对于人力资源要求较低的特点恰好适合于东北地区敌强我弱的战争形势，因此在 14 年漫长的抗战过程中一直占据重要的地位，同时也是东北抗战中的唯一作战方式。中国共产党在领导东北抗日游击战争的过程中，将其从战术层面上升到战略层面，根据战争的需要制定相应的游击战略与游击战术。东北抗日武装在东北地区坚持进行抗战达 14 年之久，以有限的兵力牵制日军的大量有生力量，这不仅与我党制定的游击战略方针紧密相关，同时，也离不开我军各级指战员与战士在斗争过程中对具体游击战术的灵活运用。

（一）东北抗日游击战争的战略问题

九一八事变发生后，国民党政府所采取的"不抵抗政策"，致使日本关东军迅速占领了一些重要城镇。面对如此危急的情况，中共中央和中共满洲省委在第一时间即刻做出反应，连续发表多篇宣言及决议，提出一系列口号与指示，号召东北人民奋起反抗。9 月 22 日，中共中央发出《关于

日本帝国主义强占满洲事变的决议》，明确提出"党应该加紧士兵中的工作，各省委应该派大批的同志到白军中去发动他们的争斗，组织他们的游击战争"①。9 月 23 日，中共满洲省委发表的《对士兵工作的紧急决议》，进一步明确了"到农村去（最好到有工作的地方），帮助与发动农民的斗争，并深入土地革命，进行游击战争，解除地主警官武装给农民，扩大与改编原来的队伍"②。

中共满洲省委在中共中央的带领与号召之下，积极领导东北地区人民进行抗日游击斗争。但在初始时期，基于抗战形势的初步发展以及党内"左"倾路线的统治，尚未形成系统完备的抗日游击战争理论。直至 1935 年 1 月，中央红军长征到达贵州召开了遵义会议，毛泽东重新取得领导地位，党的路线才开始转为正确的方向。1935 年末，中共中央在政治局扩大会议上通过了毛泽东起草的《中央关于军事战略问题的决议》，决议以土地革命时期的作战经验为基础，提出当前形势下党的军事策略以及"游击队应有根据地，但反对保守主义（这容易给游击队以损害）""使游击

① 中共中央文献研究室、中央档案馆编：《建党以来重要文献选编（1921—1949）》，第八册，中央文献出版社 2011 年版，第 568 页。
② 中央档案馆、辽宁省档案馆、吉林省档案馆、黑龙江省档案馆编：《东北地区革命历史文献汇集》甲 9，1988 年版，第 72 页。

队变为正规的革命军"①等游击战争中的一系列战略指导原
则，并强调"游击战争对于战胜日本帝国主义及汉奸卖国贼
的任务，有很大的战略上的作用"②，这是对东北抗日游击战
争战略决策的初步指导。1936 年 7 月，美国著名记者、作
家斯诺来到中国。毛泽东与斯诺就中国抗日战争以及抗日
民族统一战线等备受关注的问题进行了多次会谈。在谈话
中毛泽东提到"除了调动有训练的军队进行运动战之外，还
要在农民中组织很多的游击队。须知东三省的抗日义勇军，
仅仅是表示了全国农民所能动员抗战的潜伏力量的一小部
分"③，这实际上对游击战在抗日战争中的重要地位进行了强
调，为抗日游击战争战略方针的提出奠定了一定基础。抗
战全面爆发以后，党完成了由国内革命战争时期的运动战
向抗日游击战争的战略转变。为更好地指导实现这一转变，
毛泽东于 1938 年 5 月分别写了《抗日游击战争的战略问题》
和《论持久战》两篇著作。在《抗日游击战争的战略问题》
中，毛泽东深度分析了中日双方的具体情况以及中国抗日
战争的特点，从而肯定了游击战争的重要地位，并将游击

---

① 中央档案馆编：《中共中央文件选集》第十册（1934—1935），中共中
　央党校出版社 1991 年版，第 591 页。
② 中央档案馆编：《中共中央文件选集》第十册（1934—1935），中共中
　央党校出版社 1991 年版，第 591 页。
③《毛泽东文集》第一卷，人民出版社 1993 年版，第 406 页。

战争从战术层面提升到战略层面。在《论持久战》中，毛泽东系统地阐述了在中日战略关系变化的三个不同阶段中所应采取的作战形式，从而肯定了抗日游击战争的战略地位和作用。

作为最早开始进行抗日游击战争的东北地区，在游击战争方面起到了率先垂范的作用。九一八事变发生时，中国共产党在东北地区还没有形成自己领导的武装力量，只在个别地区存在少数的规模较小的地方性武装队伍。而日本关东军在东北的兵力 1931 年底时已达到了近 7 万人，[①]同时还存在大量投降的伪军，可以说，无论是在人力资源方面还是在战斗物资方面，双方都存在着巨大的差距。然而，东北地区地域辽阔，地形复杂，尽管日军陈兵数万，依然存在敌人统治薄弱的地区，这为东北抗日游击战争的开展提供了良好的条件。中共满洲省委根据中共中央关于抗日战争战略方针的转变以及东北地区的自然条件与现实状况，相应地制定了适于东北地区的抗日游击战争的战略决策。

抗日游击战争的战略问题，关系到整个抗日战争的全局发展。在抗日战争中，游击战争和正规战争相互配合，以达到对敌人的牵制和削弱的目的，虽然二者目标一致，

[①] 孔令波：《关于东北抗日战场敌方兵力的研究》，《军事历史研究》1991 年第 3 期。

但存在一定差别。毛泽东在《抗日游击战争的战略问题》中指出："游击战争又区别于正规战争，它本身有其特殊性，因而游击战争的战略问题颇有许多特殊的东西。"① 毛泽东在这篇文章中，从战略的高度全面而系统地论述了有关游击战争的具体问题，同时提出了六个战略方针：①主动地、灵活地、有计划地执行防御战中的进攻战，持久战中的速决战和内线作战中的外线作战。从战争全局出发，宏观地论述了如何正确处理防御和进攻、持久和速决、内线和外线之间的辩证统一关系，这不仅适用于游击战争的战略方针，且同样能够指导抗日战争中的正规战争。不同之处就在于，游击战争的进攻性相较于正规战争更强一些，且进攻的方式必须是奇袭。同时提出了游击战争的主动性、灵活性、有计划性的要求，在抓住敌人兵力不足、异国作战及指挥笨拙的弱点后，游击战争的主动权便会日益建立起来，同时，辩证地将灵活性与有计划性相互结合。②和正规战争相配合。毛泽东指出，游击战争的配合作用体现在战略、战役和战斗三个层面，无论在哪个层面上，游击战争均在不同程度上起到削弱、钳制敌人的作用。③建立根据地。毛泽东从

---

① 《毛泽东选集》第二卷，人民出版社 1991 年版，第 406 页。

抗日战争具有长期性和残酷性特点的角度考虑，指出根据地"是游击战争赖以执行自己的战略任务，达到保存和发展自己、消灭和驱逐敌人之目的的战略基地。没有这种战略基地，一切战略任务的执行和战争目的的实现就失掉了依托""没有根据地，游击战争是不能够长期地生存和发展的，这种根据地也就是游击战争的后方"①，并对根据地的三种不同样式、建立根据地的条件以及根据地如何发展等问题做了全面阐释。④游击战争的战略防御和战略进攻。文章论述了游击战争应根据敌我双方不同的战略形势，相应地采取战略防御或战略进攻的不同战略方针，并达到二者的相互转化与辩证结合。⑤向运动战发展。毛泽东指出，抗日战争必须向正规战发展以适应其长期性和残酷性的特点，只有这样，才能使抗日战争得到长久的发展。⑥指挥关系。在指挥方法上，游击战争的高度活泼性决定了游击战争不同于正规战争，在二者并存时，更加要求二者配合行动，这就对统一指挥提出了较高的要求，根据这一点，毛泽东提出了"游击战争的指挥原则，一方面反对绝对的集中主义，同时又反对绝对的分散主义，应该是战略的集中指挥和战役战斗的

---

① 《毛泽东选集》第二卷，人民出版社 1991 年版，第 418 页。

分散指挥"①。

　　以抗日战争全局作为立足点，毛泽东提出了有关游击战争的六个战略问题，不仅对全国的抗日战争给予了重要的指导方向，且对东北的抗日游击战争同样起到了重要的指导作用。但由于特殊的地理位置与历史因素，东北地区的抗日战争与全国抗战存在较大的差别。东北地区是日本帝国主义最先侵入并占领的地区，在九一八事变爆发之初，并没有我党直接领导的武装力量，且东北军奉行蒋介石的"不抵抗政策"，因此，无从谈及正规部队及正规战争，即使后来党创建了自己的武装力量，但始终与敌人实力相差悬殊，加之日本帝国主义的疯狂"讨伐"与镇压，并没能将游击战争发展成为正规战争。其他几个方面对东北抗日游击战争都形成了一定的指导，尤其是建立根据地问题，党在开始创建游击队，领导抗日游击战争之初就着手创建抗日游击根据地与游击区，根据地的创建与抗日游击战争的发展起着相辅相成的作用。东北地方党组织领导抗日军民因地制宜、因事制宜，在斗争与实践中根据客观形势的变化发展制定相应的政策，提出了适于东北地区抗日游击战争发展的战略方针，东北抗日游击战争的战略问题包括三

①《毛泽东选集》第二卷，人民出版社 1991 年版，第 435 页。

个方面：一是实行抗日民族统一战线；二是建立抗日游击根据地；三是创建人民武装，展开对敌斗争。

1.东北抗日民族统一战线

统一战线是中国革命取得胜利的三大法宝之一，中国共产党在领导中国革命斗争的过程中，根据政治形势、阶级关系变化情况，相应地创建了不同类型的统一战线方针。抗战开始后，中日之间的民族矛盾上升为中国社会的主要矛盾，抗日民族统一战线是中国共产党取得抗日战争胜利的根本保证。东北地区的抗战斗争开始得最早，尤其是东南满地区的抗日斗争活动，无论是在东北还是全国都是最早的，因而也最早开始贯彻执行中国共产党的抗日民族统一战线政策。由于客观的国际因素以及复杂的斗争形势，东北抗日民族统一战线在酝酿与形成的过程中经历了一定的曲折，但中国共产党与东北地方党组织灵活运用马克思主义，并在东北抗战实践中进一步发掘马克思主义的真谛，使得抗日民族统一战线在东北地区得到了发展与完善，为东北抗日游击战争的持续进行奠定了基础。

九一八事变爆发后，中共中央及中共满洲省委关于九一八事变发表的一系列宣言与决议，蕴含了团结各阶层共同抗战的思想，体现了中国共产党对抗日民族统一战线的初步构想。

东北地区的形势变化引起共产国际的高度重视，共产国际根据国际形势以及东北地区的实际情况适时地转变了对华政策，在对待东北问题的态度上也发生了一定的变化，提出了"在群众的反帝斗争中，广泛而彻底地运用下层统一战线策略，在革命的民族解放战争的口号下把群众组织起来，以争取中国的独立、统一和完整"[①]。根据共产国际的态度与指示，中共代表团发出"一·二六指示信"，提出东北地方党组织在斗争中的任务以及党在政治和组织上的巩固与发展对于东北抗战胜利的意义等，并提出"在满洲群众运动现在发展的阶段上，我们总策略方针，是一方面尽可能地造成全民族的（计算到特殊的环境）反帝统一战线来聚集和联合一切可能的，虽然是不可靠的动摇的力量，共同的与共同敌人——日本帝国主义及其走狗斗争"[②]。中共满洲省委对"一·二六指示信"精神高度重视，并组织各级党组织进行学习贯彻。根据指示信的指导与要求，各地党组织积极广泛开展抗日游击战争，抗日武装力量得到不断的发展，各地在游击队的基础上组建了人民革命军及领导统一战线的军事指挥机关。同时，

---

① 中国社会科学院近代史研究所翻译室编译：《共产国际有关中国革命的文献资料》第二辑（1929—1936），中国社会科学出版社 1982 年版，第185 页。

② 中共中央文献研究室、中央档案馆编：《建党以来重要文献选编（1921—1949）》第十册，中央文献出版社 2011 年版，第 43 页。

人民革命政权和抗日游击根据地建设也得到很好的发展。

1934 年冬，中共代表团派吴平（杨松）到东北地区指导党组织及抗日斗争工作。吴平到东北以后，首先肯定了"一·二六指示信"的正确性，重申了巩固和扩大反日统一战线的主张，并多次提及东北地区严峻的抗战形势，并论述了在东北地区建立反日统一战线的必要性及条件。同时，他还强调了上层联合与下层统一战线的辩证关系以及如何灵活地执行党的统一战线策略，并提出组建"东北抗日联军"的建议。吴平向东北各级党组织传达的指示，代表了中共代表团的主张与共产国际对"下层统一战线"策略的突破，在肯定了"一·二六指示信"基本方针的基础上，提出了更进一步的指示。

1935 年 5 月，日本加紧对华北进行政治、军事攻势，其侵略野心昭然若揭，中国各阶级的抗日呼声越来越高。与此同时，资本主义经济危机爆发，法西斯势力的发展，促使共产国际转变了对中间力量的态度。1935 年 7 月，共产国际七大召开，会议明确提出了工人阶级统一战线和人民阵线政策，指出为战胜法西斯势力，只依靠工人阶级的力量远远不够，必须建立最广泛的反法西斯的人民阵线，这表明了共产国际在工人阶级与其他阶级联合的问题上发生了实质性的转变，并提出"努力争取在无产阶级领导下，联合劳苦农民、城市小资产阶级和各被压迫民族的劳动群众的斗争时，共产党人必须谋求在无产阶级统一战线的基础上建立一个广泛的反法西斯人民阵线"①。针对工人阶级斗争任务问题，季米特洛夫做出《关于法西斯的进攻以及共产国际在争取工人阶级团结起来反对法西斯的斗争中的任务》的报告，提出了"由于国际和国内形势发生了变化，在所有殖民地和半殖民地国家，反帝统一战线问题乃具有特别重要的意义"②。共产国际根据殖民地半殖民地国家的具体情况，制定了反帝统一战线策略。7月下旬，中共代表团根据共产国际的策略指示，签署了"八一宣言"。"八一宣言"是中国共产党统一战线策略转变的重要标志。宣言发表后，中共中央召开了政治局扩大会议，并根据其指示精神制定了新的抗日统一战线政策。

由于东北沦陷区受到敌人的严密封锁，东北党组织没能够获得关于建立全国抗日民族统一战线的决议。但"八一宣言"在1935年10月传到了东北，加速了东北地区抗日统一战线的正式形成，东北抗日武装力量与抗日游击战争得

---

① ［英］珍妮·德格拉斯选编：《共产国际文件》（1929—1943），东方出版社1986年版，第458页。
② 中国社会科学院近代史研究所翻译室编译：《共产国际有关中国革命的文献资料》第二辑（1929—1936），中国社会科学出版社1982年版，第391页。

到极大的发展，东北地区的抗日斗争形成了崭新的局面。

2. 东北抗日游击根据地

根据地的创建在游击战争中占有关键的战略地位，"游击队某一时期特别是在作战以后，必须有距离敌人较远比较安全的地带，求得一定时间，进行队内必须的休息和人事处理"①，东北地区处于日伪的全面统治之下，因此，根据地的创建在东北抗日游击战争中尤为重要。九一八事变发生后，中共满洲省委领导东北军民顽强抵抗日本侵略者，在协助东北抗日义勇军进行抗日斗争的基础上，创建了我党独立领导的抗日武装，同日伪的"讨伐"与镇压行动进行坚决的斗争。中国共产党在领导东北抗日游击战争的过程中，突破重重困难，在一些敌人统治力量薄弱、党的工作基础较好且自然环境有利的偏远山区，先后创建了一批抗日游击根据地。根据地的人民群众积极配合部队作战，在侦察敌情、袭扰敌军等方面有效地协助了抗日武装的对敌斗争。同时，根据地也成为东北抗日联军的发展基地，承担了为主力部队输送兵员和保证后勤补给的任务，为东北抗日游击战争做出了重大贡献。

"1933 年'一·二六指示信'提出在东北实行全民族反

---

① 中央档案馆、辽宁档案馆、吉林档案馆、黑龙江省档案馆编：《东北地区革命历史文献汇集》甲 29，1989 年版，第 118 页。

日统一战线策略方针，抗日游击队有了相当发展，中共满洲省委开始重视在东北农村开辟抗日游击区和建立根据地问题"①，各地党组织在东北广大地区建立了多块抗日游击根据地和众多密营。经过东北地方党组织和抗日武装的积极努力，东北地区的抗日游击根据地覆盖了东北的大片区域，尽管一直遭受日伪统治者的残酷打击，但根据地一直处于此消彼长的状态。在东北抗日游击战争转向高潮的几年时间里，各地党组织根据东北地区的现实情况以及斗争需要，对根据地的政权、经济、教育等各方面都进行了积极的建设。日本全面占领东北后，东北党组织和东北抗日联军在积极开展抗日游击战争的同时，对党的组织也进行了积极的建设工作。根据中共中央的指示，东北各地党组织从 1933 年开始到 1935 年在游击区内进行了相应的改组。在政权方面，根据地内普遍建立了群众性的抗日政权和各级人民革命政府，东北地方党组织还积极领导各地人民建立反日会等群众抗日团体，一些群众团体还会代行抗日政权的一般职能。各抗日游击根据地内的粮食、土地、税收等政策都得到相应的调整以适应战时经济的发展，同时还建立了一些军工产业和后方工厂，为抗日游击战争提供了一定的后勤保障。

---

① 《东北抗日联军史》编写组：《东北抗日联军史》上册，中共党史出版社 2015 年版，第 430 页。

各根据地在政权与经济等方面发展的基础上，还力所能及地进行了文化教育与抗战宣传工作，创办学校与训练班，并且创办报刊，宣传抗战思想与抗战活动，这些举措不仅使根据地内军民的文化水平得到不同程度的提高，而且也丰富了根据地军民的日常生活。经过东北各地党组织的积极建设，各根据地内党的组织、抗日民主政权、群众武装、战时经济以及文化教育等多个方面都得到了很好的发展，为东北抗日游击战争的持续进行提供了重要的战略依托。

3. 创建人民武装，开展对敌斗争

九一八事变爆发后，东北人民自发组成义勇军，对日本侵略者展开积极抵抗。但这些抗日武装来源广泛，成分复杂，包括有东北军的旧部，也有自发的农民武装，还有倾向于抗日的"山林队"，这些队伍虽然都积极地进行过抗日活动，但由于缺乏明确的政治纲领和正确的指挥领导，各队伍缺乏团结的中心力量，组织涣散，加之武器装备落后，供给不足，在面对日伪的残酷进攻时遭受严重损失。为更加有力地打击日本侵略者，中国共产党积极支持和援助抗日义勇军等抗日武装。与此同时，提出创建东北反日游击队的方针。

九一八事变爆发后，中共中央首先提出了武装群众的口号，并提出将武装的群众变为游击队及工人自卫队的主张。1931 年 9 月 23 日，中共满洲省委发表了《对士兵工作的紧急决议》，倡导"发动与当地工农群众的斗争，反抗日军的进攻，积极地扩大罢工罢课罢市反抗占领满洲的运动。否则（如溃走军队等）叛变到农村去（最好到有工作的地方），帮助与发动农民的斗争，并深入土地革命，进行游击战争，解除地主警官武装给农民，扩大与改编原来的队伍"①。11月中旬，中共满洲省委经过讨论提出创建抗日游击队、开展游击战争的方针，并就游击队创建的一系列具体问题做出系统的安排部署。此后，又陆续派出一批党员干部深入东北各地进行指导游击队的创建工作。经过我党的不懈努力，各地相继创建了多支游击队，在对敌斗争中游击队的战斗能力不断得到提高。

1932年末，日本侵略者占领了东北三省的大部分地区，此时，东北抗日义勇军相继溃败，余部分散在东北各地，缺乏统一的组织与正确的领导，党中央根据东北地区的斗争状况，重新制定了正确的方针与政策，尤其是"一·二六指示信"提出在东北建立反日统一战线的总策略，并要求建立"民众革命军"。1933年5月，中共满洲省委召开扩大会议，就扩大抗日武装、建立反日统一战线及无产阶级领导权问题做出决议。会后，东北各地党组织积极予以贯彻落实，1933年9月至1936年2月，游击队得到迅速发展，并吸收

---

① 中央档案馆、辽宁省档案馆、吉林省档案馆、黑龙江省档案馆编：《东北地区革命历史文献汇集》甲9，1988年版，第72页。

各抗日武装，以此为基础成立东北人民革命军，积极开展对敌斗争，在很大程度上打击了日伪的殖民统治。

1935 年 7 月，在共产国际七大"建立最广泛的世界反法西斯统一战线"的策略指导下，中共代表团发表了"八一宣言"，提出了组织全中国统一的抗日联军的主张。东北各级党组织积极进行筹建与准备工作，1936 年 2 月 20 日，《东北抗日联军统一军队建制宣言》发表，提出"现在随着全国救国运动之转移，使抗日军队组织越加巩固与行动统一。因此，不但将我各军军队建制，名称的不同，完全一律改组军队建制为东北抗日联军第一、二、三、四、五、六军，以及抗日联军 × × 游击队"[①]，东北抗日联军由此正式形成。东北抗日联军在斗争中不断得到发展壮大，由成立之初的七个军发展到鼎盛时期的十一个军。为加强对东北抗日联军的集中统一领导，使之更好地适应斗争形势，根据战区的分布情况，先后组建了东北抗联第一、二、三路军，分别活动于南满、吉东及北满地区。东北抗日联军成立后在东北战场上与日伪军进行了激烈的较量，尤其是三个路军相继组建以后，加强了统一的战略部署，各军战斗力明显增强，东北抗日游击战争也随之进入高潮阶段。

---

① 《东北抗日联军史料》编写组编：《东北抗日联军史料》上册，中共党史资料出版社 1987 年版，第 169 页。

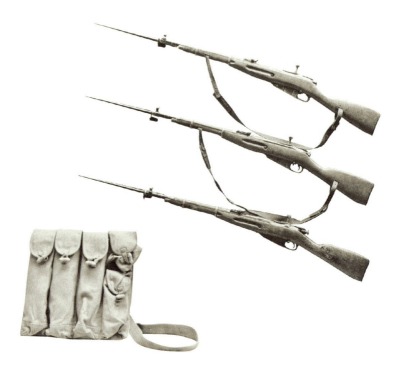

东北抗日联军教导旅使用的苏式步枪、子弹袋

1938年秋，抗日战争进入相持阶段，日本向东北大量增兵，进行持续不断的军事"讨伐"，并在政治和经济等方面以极端残酷的方式对抗日军民进行封锁和镇压，日本侵略势力的疯狂"进剿"，使东北抗联的斗争处境变得极为艰难，活动区域大大缩小，队伍人数大量锐减，抗联的许多重要干部相继牺牲。在此种不利的环境下，为保存现有实力，以利将来再战，东北抗联及时转变斗争方式，于1940

年前后各部相继退入苏联进行整训，并成立东北抗联教导旅。东北抗联在苏联整训期间，不仅进行军事训练与政治理论学习，同时还坚持派遣小股队伍回到东北开展小型游击战，主要以军事侦察为主。同时，根据斗争环境，尽可能地进行抗日宣传、联络群众等工作。在此期间，东北抗联教导旅连续不断地向东北有组织、有计划地派遣小分队，进行斗争活动，"据不完全统计，从 1941 年春到 1943 年夏，仅东北抗联野营和教导旅派遣的小部队就有 30 余支，累计人数在 300 人以上"①。他们在东北境内进行敌情侦察、抗日宣传、联系抗联失散部队、破坏敌人交通军事设施等多重任务。从 1945 年 7 月下旬起，东北抗联教导旅派出多股先遣小分队，空降到东北境内，对东北大部分地区的战前情势做侦察，对日伪势力伺机进行袭扰，这些伞降小部队为苏军提供了重要的情报。东北抗联教导旅在抗战后期所进行的特殊形式的对敌斗争为抗日战争的最后胜利贡献了极大的力量。

东北抗日游击战争是在日本帝国主义武装侵略中国东北的境况下，广大东北民众在共产党的号召与领导下对日本侵略者发起的反抗斗争。东北抗战的持久性与独特性决

---

① 《东北抗日联军史》编写组：《东北抗日联军史》下册，中共党史出版社 2015 年版，第 981 页。

定了其从战术层面向战略层面的转变。中国共产党在领导东北抗日游击战争的过程中，积极进行战略部署，并形成了相应的战略决策，使东北抗战得以持续 14 年之久，不仅给予日本侵略者以沉重的打击，而且也对日军向关内的侵略扩张形成了有效的牵制，对抗战的最终胜利发挥了重要的推动作用。

（二）东北抗日游击战争的战术问题

九一八事变后，中共满洲省委陆续向东北各地派出一批优秀的干部，充分发动群众，创建抗日武装，领导东北人民反抗日本帝国主义侵略。他们在领导东北抗日武装进行游击战争的过程中，不断对抗日游击战争进行规律的探索及经验的总结，根据地理环境的变化和敌我力量的对比，相应地制定了适合于战斗实际的游击战术，并形成了独具特色的游击战术思想，对东北的抗日游击战争乃至整个东北抗战都发挥了重要的指导作用。

南满地区抗日武装的创建与南满抗日斗争的蓬勃发展都离不开杨靖宇对南满抗日游击战争的正确领导和对游击战术的积极探索与灵活运用。1933 年 7 月 1 日，中共满洲省委在《关于目前形势任务等问题给磐石中心县委及南满赤色游击队的信》中提出，"游击队在目前主要的战术，还是应该善于运用游击战术，绝对要肃清保守与死守硬御与硬打的现象，应该坚决的采取袭击截击打尾子诱惑敌人的前线，扰乱敌人的后方，视敌人最弱的地方，予以致命的打击……在与帝国主义最新式的武装军队直接血战中，你们要负责去创造与学习许多新的游击战术，以及准备将来大的战斗"[1]。杨靖宇对于中共满洲省委关于在游击运动中创造与学习新的游击战术的指示，积极地予以贯彻落实。在领导游击战争的过程中，努力探索与总结游击战争的内在规律，并以《孙子兵法》为借鉴指导，在战争实践中形成适合南满地区具体情况的游击战术思想，以此指导南满地区的抗日游击战争，给日伪军以沉重的打击。

杨靖宇在领导南满抗日游击战争的过程中，致力于培养具备多种能力的军事干部，提高全军的作战水平，并注重对各级指战员军事理论知识的灌输。与此同时，更加严格要求自己，不断学习游击战争的相关知识，在游击战争中不断总结经验教训，同时还经常在部队内部开展战术研讨会，讨论游击战略、战术的相关问题，并在每次战斗结束后，进行经验总结，以提高全体指战员的指挥水平和对游击战术的熟练应用以及部队整体的战斗力。1935 年 4 月，在《东北人民革命军第一军报告》中，关于游击战术的错误

---

[1] 中央档案馆、辽宁省档案馆、吉林省档案馆、黑龙江省档案馆编：《东北地区革命历史文献汇集》甲 14，1988 年版，第 35 页。

与经验等问题，就做出了相关的总结："在过去多次战争中，是采取硬打硬攻的战术（如在开战时死守山头，只知夜晚攻街等等，这样不易去解决敌人武装）。在一年多来的残酷经验教训中，我们战术相当地转变，开始更灵活运用游击战术。"① 报告中还对埋伏袭击敌人、利用便衣队攻城破阵等具体战术经验做出总结与分析。杨靖宇在带领南满地区抗日武装进行抗日游击战争的过程中，形成了独具特色的游击战术体系，主要运用的游击战术有以下几点：

1. 埋伏袭敌战术

在面对敌人数倍于我军的优势兵力时，如果采取硬打硬攻、正面作战的战斗方式，必然会遭遇严重的失败。在这种情况下，采取一定的侦察手段摸清敌人的运动轨迹及方向，避敌之锋芒，在其必经之地选择有利位置设置埋伏，趁敌不备，发起突然袭击，必然会使敌人措手不及，从而取得战斗的胜利。例如在 1935 年 1 月，杨靖宇获得情报，得知伪靖安军李寿山所部的骑兵连，要由红土崖开拔到濛江换防，随即安排部署，选择在地形有利于我军的簸箕掌子设置埋伏，进行袭击，获得了击毙敌 19 名、活捉 30 多

---

① 中央档案馆、辽宁省档案馆、吉林省档案馆、黑龙江省档案馆编：《东北地区革命历史文献汇集》甲 45，1990 年版，第 33 页。

名士兵的战果。[1]

2. 远途奔袭战术

驻扎在距离我军抗日游击根据地较远的敌人，通常会放松警惕，麻痹大意。杨靖宇根据敌人的此种心理特点，选择适当目标，在敌人部队休息或宿营时，集中兵力长途行军，于敌人薄弱之处以主动出击。例如在 1937 年 9 月，杨靖宇得知伪军邵本良在金川县城重组的老七团将要开赴八道江换防，决定采取远途奔袭战术，对敌人边远地区的"集团部落"及通信网络等进行破坏，并占领其孤悬据点，以达到彻底铲除邵本良的目的。到了 10 月中旬，杨靖宇等人经过细致侦察和周密的部署埋伏，出其不意地打击了邵本良率领的换防大队，俘虏了大量伪军，打败了大汉奸邵本良。

3. 化装袭击战术

敌人在"讨伐"我军部队时常发生联络不及时、信息不畅通的情况。杨靖宇根据这一特点，指导我军战士利用在战斗中缴获的敌人武器、旗帜和服装等军需物品化装冒充日伪军，使敌人难分真假，接近敌人或打入敌人内部，缴获敌人的武装，进而消灭敌人。例如在 1939 年的 1 月，杨靖宇调集警卫旅及东北抗联第四师一、三团，将其分为 5

---

① 卓昕:《民族精魂——杨靖宇年谱》，吉林文史出版社 2004 年版，第 163 页。

路，化装成日伪军"讨伐"部队，向敌人的"集团部落"开进。敌人的驻军、警察头子开门迎接。我军顺利缴了敌人的武装，并缴获许多战利品，借送到省城查办的理由，名正言顺地带着军用物资离开。我军的这一战术，令敌人难分真假，使敌人不得不畏首畏尾。

4. 内外夹击

在充分侦知敌情后，派便衣队潜入敌人据点之内，设法解决敌人哨兵，然后里应外合，大部队与便衣队相互配合，最终解除敌人武装。例如在 1933 年夏，杨靖宇指挥部队进攻伪满军邵本良部设在柳河县的孤山子据点，先派出一支便衣队潜入敌人据点内将敌人哨兵武装解除后，再令大队人马进入，经过内外夹击，最终彻底解决掉敌人的这一据点。

5. 奇袭战术

趁敌人不备，迅速对其进行袭击，之后迅速撤退，目的在于给敌人以军事上的一定打击，扰乱敌人军心，鼓舞我军士气。例如在 1933 年 11 月 24 日，第一次攻打东边道门户三源浦的战斗中，便利用了奇袭战术。杨靖宇部署独立师分三路对其进攻，迅速占领全镇，先后捣毁了伪警察署、铁路工程局等多处日伪机关，在收缴日伪机关的大批财物的同时，对镇内的居民秋毫无犯。此次奇袭，不仅使汉奸邵本良遭到了沉重的打击，而且使东北人民革命军在人民群众心目中的形象大大地改变了。

6. 诱敌深入战术

先利用小部队进行虚假进攻，引诱敌人进入我军事先部署的埋伏阵地内，然后再对其进行猛烈的攻袭。例如在1939年1月，杨靖宇为甩掉敌人的追击，采取了兜圈子迷惑敌人的方法，最终将敌人引到松花江边的荞麦楞子。杨靖宇接到情报，得知敌人将要实施拉大网式的搜索和"扫荡"，同时还派出了飞机与地面进行配合。杨靖宇随即同魏拯民等秘密商议，决定采取诱敌深入的战术，利用积雪布下了脚印疑阵，将敌人的地面部队以及飞机都诱向北方，利用冰川湿滑的特点使敌人无法站稳，然后令我军预先埋伏在松花江北岸及西岸的部队联合攻击，致使敌人遭受惨败，消灭靖安师第一团300多人，侥幸存活的敌人最后也仓皇逃走，狠狠打击了日伪的嚣张气焰。

7. 误敌疲敌战术

对敌人的主要兵力进行牵制，引导敌人不断地绕圈子，直至敌人疲惫不堪，失去战斗力，然后再对其进行袭击。例如1936年4月，杨靖宇利用误敌疲敌战术，牵制邵本良部队，在他前面时隐时现，只走不打，行踪飘忽，将其"拖"入了本溪东南赛马集山区。紧接着集结了千余人的兵力，在梨树甸子大东沟的石门地方这一有利于我军的地理位置设下埋伏。随后进行了激烈的歼敌大战，邵本良率领的大部分伪军被我军歼灭，余下的 500 多名被俘虏，邵本良的主力部队被我军击溃，并缴获电台 1 部，轻重机枪 20 多挺，步枪 400 多支，此战取得了空前的胜利。[①]

以上这些就是杨靖宇在领导南满抗日游击战争中经常采用的游击战术，其中，半路伏击、远途奔袭及化装袭击战术被称为杨靖宇对付敌人的"三大绝招"。除单独使用这些战术以外，在大多数战斗中，杨靖宇都会视具体情况，将各种战术加以综合运用，以达到更好地打击敌人的效果。例如在 1933 年 2 月，杨靖宇带领几个人，化装成伪满铁路警护团，潜入老爷岭隧道洞口，通过偷听铁路电话，得知敌人的铁甲车不久将经过此地，遂派人在一处慢弯道上拔掉几根道钉，并埋伏在道旁，待敌人的铁甲车脱轨之后对其进行截击。几个小时以后，成功地使敌人经过此处的铁甲车脱轨，并将车上的日本官兵压制住，仅用少量兵力在十分钟之内就将传说中神乎其神的敌人的"铁老虎""电老虎"给解决了。这次战斗将化装袭击战术与设伏袭击战术恰当地结合在一起，最终有效地打击了敌人，达到了战斗的

---

① 卓昕：《民族精魂——杨靖宇年谱》，吉林文史出版社 2004 年版，第 220 页。

极大胜利，使抗日部队在群众中的威信进一步提升。

　　杨靖宇面对敌人沉着冷静，善于分析、思考，经过长期的对敌斗争，他总结出敌人虽然在整体上是强大的，但其队伍内部是不平衡的，总会有强弱之分，每支部队都会有自己的薄弱之处。杨靖宇在指挥战斗时，总是遵循避敌锋芒，寻找敌人薄弱环节予以打击的原则，从而达到战斗胜利的目的。在指挥战斗的过程中，杨靖宇不断总结作战经验，形成了自己的一套游击战术思想，"敌合我分，敌进我退，敌退我追，以优势之军，袭敌之虚，不打攻坚战，只打伏击战"[1]，是其指挥游击战争的总的原则，并在作战中总结出"四快"[2]和"四不打"[3]的方针。从1933年至1939年，杨靖宇在南满地区组织、领导了大大小小几百次战斗，其中大部分都是亲自指挥并参与，对敌人造成了巨大的威胁，特别是在全面抗战爆发以后，杨靖宇适当调整斗争策略，牵制了大批的日伪军，使其不能入关作战。

---

[1] 卓昕：《民族精魂——杨靖宇年谱》，吉林文史出版社2004年版，第229页。

[2] "四快"即集结快、出击快、分散快、转移快。

[3] "四不打"即不能予敌以痛击的仗不打、于群众利益有危害的仗不打、不能占据有利地势的仗不打、无战利品可缴的仗不打。

二、东南满东北人民革命军的武装斗争

东北人民革命军第一军、第二军成立后即按照中共满洲省委的指示积极开展游击战争。面对敌人一次又一次的进攻，东北人民革命军第一军、第二军运用灵活游击战术和紧密依靠人民群众，不断地粉碎敌人的"讨伐"，屡次取得以少胜多的战绩。东南满东北人民革命军顽强不屈的战斗把东南满地区的抗日游击战争推向新的阶段。

（一）东北人民革命军第一军的武装斗争

东北人民革命军第一军独立师自成立后，不断发起作战行动，引起日伪军的不安。1933 年 10 月 1 日，日伪统治者调集一万余名兵力对独立师及其游击区域展开为期 40 天的"讨伐"，企图一举歼灭独立师。

面对日伪军疯狂围攻，独立师与敌周旋，但由于敌我力量相差悬殊，无法击退敌人。鉴于游击区大都布满日伪军，为了保存队伍实力，根据中共满洲省委"扩大游击运动，开展反日的游击区域"的指示，① 独立师司令部和磐石中心县委决定兵分两路：第一团和少年营继续在磐石老游击区斗争，钳制敌人；杨靖宇率司令部、保安连、第三团，跨越辉发江，挺进辉南、柳河、通化、金川、濛江一带开辟

---

① 中央档案馆、辽宁省档案馆、吉林省档案馆、黑龙江省档案馆编：《东北地区革命历史文献汇集》甲 14，1988 年版，第 36 页。

更广阔的战斗区域。

10月27日，杨靖宇率队开启南渡辉发江征程。行军途中，部队遭到日伪军袭击，独立师战士英勇应战和按计划主动进攻，且战且行。11月15日，杨靖宇带领部队至金川县旱龙湾碱水顶子北部（今属辉南县）时，后卫部队遭到一直暗地跟踪在后的伪军邵本良部的袭击。杨靖宇指挥部队立刻投入反击作战并击退敌人的突袭。在激战中毙敌7人、伤6人。但独立师方面中共满洲省委常委金伯阳等4人不幸牺牲、3人受伤。①杨靖宇体会到战士们的复仇情绪，考虑到独立师必须痛击邵本良部，振奋江南人民抗日精神，于是部署作战计划攻击这股敌人。11月24日，杨靖宇带队采取声东击西的战术，诱惑伪军邵本良主力部队调离出巢，然后奔袭柳河县三源浦。二百余名战士悄悄接近三源浦，各队相互配合，从东、南、北三面攻入镇内，抢先控制要害部门，发起全面进攻，打得敌人措手不及。此次大捷，捣毁敌铁路工程局、伪警察署，缴获枪支弹药及粮食布匹等物资，击毙日驻通化领事馆的总稽查和3名汉奸。②三源浦战斗后，伪军邵本良为"追讨"独立师，自认为很聪明

---

① 中央档案馆、辽宁省档案馆、吉林省档案馆、黑龙江省档案馆编：《东北地区革命历史文献汇集》甲17，1989年版，第122页。
② 中央档案馆、辽宁省档案馆、吉林省档案馆、黑龙江省档案馆编：《东北地区革命历史文献汇集》甲17，1989年版，第122页。

地设下奸计来攻击独立师。但杨靖宇识破奸计且将计就计，传递假的战斗路线。结果邵本良再次中计，东跑西颠地围追杨靖宇部队。12 月 23 日，独立师 200 余人联合义勇军一举攻克敌兵薄弱的金川县凉水河子，毙敌 20 人、俘敌 10 人，[①]缴获军需若干。

此时，坚守在磐石老游击区的独立师第一团和少年营化整为零，兵分三部顽强抵抗敌人紧追不舍的围攻。为了改变被动的局面，我军仅留一个排和少年营坚持在磐北游击区，第一团主力于 1934 年 1 月与独立师大部队会合。1 月 17 日，杨靖宇指挥会合后的独立师及其他抗日武装发起攻打临江县八道江（今属白山市）的战斗。尔后，在抱马桥、回头沟、哈泥河等地接连击退日伪进攻。

1934 年日伪发动第一期"讨伐"，各部队在所在区域迎击敌人。杨靖宇率部联合"老长青"等其他抗日队伍，以灵活多变的战术先后打响通化水曲柳、临江林子头、桓仁县八里甸子等多场战斗，向日伪军猛烈进攻。第一团和少年营返回磐北后，分开袭击敌人。第一团第一连在磐石北部、桦甸活动，于 4 月 3 日，突袭磐北对子沟的伪军、伪警察，毙敌数名。第一团第三连和少年营在伊通活动，于 5 月 1 日进攻

---

① 中国抗日战争军事史料丛书编审委员会：《东北抗日联军·综述·表册·图片》，解放军出版社 2015 年版，第 97 页。

伊通二道沟壮丁团，缴获 20 余支枪。[1] 至 1934 年 9 月，独立师队伍发展壮大，而且开辟了辉发江南北大面积游击区域。

1934 年 11 月，东北人民革命军第一军正式成立，军队士气更为高涨，群众为之鼓舞。第一军安排第一师、第二师分区作战，军部则转战两师区域之间协调指挥作战，以此争取扩大游击区域，在更广大范围打击敌人。第一师以龙岗山脉为后方根据地，主要活动区域为通化、临江、柳河、桓仁等地。11 月 25 日，第一军军部率第一师一部在通化三岔河围歼伪军邵本良部、伪公安队及日本守备队，战斗中取得毙日伪军 30 余名的战果。[2]12 月 3 日，杨靖宇再一次率队奇袭伪军邵本良在柳河孤山子的老巢，经过激烈战斗毙伤伪军 20 余人。[3]

1934 年 12 月间，李红光率领第一师一部利用鸭绿江封冻之机，奔袭朝鲜境内，进攻侵占朝鲜罗山城的日本侵略者，沉重打击了日本侵略者。1935 年 2 月 12 日，李红光再次率队悄无声息地穿越封锁线，夜袭了日本侵略者在中朝边境线上因工事坚固素有"铁壁"之称的东兴城军事据

① 吉林省地方志编纂委员会编纂：《吉林省志·军事志》卷十四，吉林人民出版社 1996 年版，第 247 页。
② 中国抗日战争军事史料丛书编审委员会：《东北抗日联军·综述·表册·图片》，解放军出版社 2015 年版，第 109 页。
③ 中国抗日战争军事史料丛书编审委员会：《东北抗日联军·综述·表册·图片》，解放军出版社 2015 年版，第 110 页。

点，活捉了当地日本走狗数人，缴获大批物资回国。第一师一举攻克朝鲜东兴城行为，打击了敌人的嚣张气焰。日本关东军报惊呼"这是国境警备史上的空前事变"。[①] 其间，第一师第三团于 1935 年 1 月 18 日，进行通化二密河伏击战，经过 4 小时的激战，挫败了日军胁坂支队和伪军，最终歼灭日军 4 人、伪军 7 人，伤日军 6 人、伪军 3 人。[②]

　　1935 年 1 月上旬，第一军军部探知伪靖安军李寿山部骑兵连的行踪。杨靖宇、朴翰宗决定伏击这股伪军势力，遂部署作战计划，于 10 日夜队伍冒着严寒急速行军至离红土崖 30 余里的地点，占据有利的战斗位置，在险要地段设下埋伏，等待伪军。11 日中午，伪靖安军骑兵连毫无防备地进入埋伏圈，指挥部看好战斗时机一声令下，瞬间我军枪弹向敌人猛烈射击，十余名伪军倒在枪下。随即第一军战士冲向敌部，狠狠地打击伪军。此次战斗毙伤敌十余名，俘敌三十余名，缴枪四十余支，战马数十匹。[③] 但是，参谋长朴翰宗在激战中壮烈牺牲。1935 年 3 月 15 日，李红光得到情报，率部在柳河县驼腰岭设伏，截击日伪军汽车，活

① 赵俊清：《杨靖宇传》，黑龙江人民出版社 2015 年版，第 159 页。
② 中国抗日战争军事史料丛书编审委员会：《东北抗日联军·综述·表册·图片》，解放军出版社 2015 年版，第 112 页。
③《东北抗日联军史》编写组：《东北抗日联军史》上册，中共党史出版社 2015 年版，第 367 页。

捉了伪通化县县长徐伟儒和日本参事官。后来，由于敌军援兵即将到来，在部队紧急撤退的情况下，日本参事官乘隙逃跑，伪县长被处死。

5月，杨靖宇和李红光率部向辽宁兴京、桓仁、本溪一带转战，开辟新游击区。经历了兴京东昌台袭击战、桓仁县歪脖望突围战等战斗。其中，5月11日，李红光部队行至兴京县老岭时突然与二百多名敌军相遇，双方展开激战，但敌方火力占据优势。李红光在枪林弹雨中指挥作战，不幸中弹负伤，次日光荣牺牲。

第二师以濛江为后方根据地，中心活动区域为磐石、西安、海龙、伊通、东丰和桦甸等地。1935年3月，师长曹国安率队由濛江境域转至桦甸、抚松一带活动，捕捉和创造机会袭击敌人。4月5日，第二师与"臣军"联合进攻了桦甸夹皮沟金矿，缴获伪币数万元、大枪10支，烧毁敌人机枪2挺、药弹数箱。①4月12日，第二师同"苏营""臣军"联合袭击了日本大同植产会社经营的桦甸老金厂金矿，在同日军警备队和伪警察激战中，毙伤敌数名。4月18日，第二师与南满第一游击大队商议联合攻打抚松县万良镇。万良镇属于东、南满的重要通道，由敌方重兵扼守。

---

① 吉林省文物志编委会编：《桦甸县文物志》，1987年刊印，第107页。

此次战斗，第二师俘虏十几名汉奸，缴获一些物资。

第一军各地捷报频频传来，对敌斗争越来越激烈。为了消灭抗日力量，日伪军于8月进行"讨伐"。敌人一方面采取挑拨离间的方式，孤立第一军；另一方面以多路围攻的方式，向抗日游击区域推进。为了摆脱敌人的"讨伐"，避免被敌压制在狭小范围而受攻击，第一军决定分兵向东、西两方突破，再伺机回师作战。各部在转移途中，依然坚持不懈同敌人斗争。8月20日，杨靖宇率军部约150人和联合其他抗日部队，秘密埋伏在柳河县黑石头大道两旁，敌人的骑兵、步兵、公安局队等约300人进入埋伏圈，遭到抗日部队的英勇进攻，打得敌人人仰马翻。经过半小时左右的激战，毙伤敌人五六十人，俘敌10余名，缴获步枪四五十支、轻迫击炮1门、炮弹8发。[1]10月，杨靖宇率军部及第一师300余人袭击辑安榆树林子，俘敌25人，缴枪25支及其他军需物品。[2]11月24日，第二师一部联合其他抗日军袭击伊通县营城子伪军机枪连，战士们英勇作战一举攻克敌人的防守，直入敌方军需仓库。此次战斗缴

---

① 中央档案馆、辽宁省档案馆、吉林省档案馆、黑龙江省档案馆编：《东北地区革命历史文献汇集》甲45，1990年版，第201页。
② 中央档案馆、辽宁省档案馆、吉林省档案馆、黑龙江省档案馆编：《东北地区革命历史文献汇集》甲60，1992年版，第223页。

获机枪 2 挺、步枪 16 支、子弹两万余发，[1] 还缴获大批医药、军服等物资。

面对日伪的"讨伐"，东北人民革命军第一军毫不退缩地与敌英勇斗争，而且越战越勇，在战斗中壮大了队伍和锻炼了战斗能力，彰显了中国共产党领导的抗日武装的军威，振奋了军心民心。

（二）东北人民革命军第二军的武装斗争

1934 年，日伪军出动大量兵力加强对延吉、汪清等抗日根据地的"讨伐"。东北人民革命军第二军独立师为保存实力和改变被动的局面，遵照 1934 年 2 月 10 日中共满洲省委发出的"采取积极进攻的策略"的指示，[2] 决定有序统一指挥各团实施分区外线作战，挺进敌人统治薄弱地区，既在老游击区与敌周旋，又抓紧战机开辟新的游击区。

根据分散作战的战略部署，独立师第一团主力坚守在老游击区斗争。1934 年 4 月 9 日，第一团选定延吉县八道沟鹁鸽砬子金矿，一举捣毁金矿上的设备，致使敌人经济损失两万余元。接着，18 日，该团 30 余人主攻汪清县百

---

① 中国抗日战争军事史料丛书编审委员会：《东北抗日联军·综述·表册·图片》，解放军出版社 2015 年版，第 123 页。
② 中央档案馆、辽宁省档案馆、吉林省档案馆、黑龙江省档案馆编：《东北地区革命历史文献汇集》甲 17，1989 年版，第 96 页。

草沟新安村伪自卫团，摧毁敌营，缴枪 20 余支。[1]5 月 9 日，该团又主动出击延吉县三道湾伪军，这次战斗俘 17 名伪军，获 11 支枪。[2]第一团在延吉、汪清一带的战斗接连不断，都取得不同程度的胜利。

1934 年 4 月，独立师第二团向安图挺进。初战和龙与安图县边界的车厂子，继之出击安图县大甸子（今万宝镇）、安图县城等。5 月 2 日，第二团第一次围攻日伪的重要据点大甸子镇，与敌经过了 4 天的血肉拼搏袭占该镇，在敌人援兵到来之前主动撤出，战斗中毙伤敌数十人。7 月中旬，王德泰率领独立团、第二团和部分义勇军再次进攻大甸子。王德泰指挥部队严密包围大甸子，把敌军通讯电线切断，卡住援兵的来路。抗日战士忍受大雨连绵，毒日蒸晒，蚊虫叮咬，与敌作战 11 个昼夜。最初，独立师部选择围困而不进攻的战术，一直熬到敌人久守无外援，弹尽粮绝，军心动摇。后来，敌军选择突围，弃城而逃，独立师则趁势发起猛烈进攻，顺利攻下该镇并占领月余。8 月上旬，第二团同抗日山林队密切配合进攻安图县大沙河（今永庆乡），

---

① 《东北抗日联军史》编写组：《东北抗日联军史》上册，中共党史出版社 2015 年版，第 306 页。
② 中国抗日战争军事史料丛书编审委员会：《东北抗日联军·综述·表册·图片》，解放军出版社 2015 年版，第 101 页。

毙伤俘伪军 100 余人，缴枪 100 余支。[①]

　　独立师第三、四团主力担负向北部汪清、宁安、东宁发展的任务，且与绥宁反日同盟军、救国军等队伍多次联合作战。1934 年 5 月，第三团、第四团、救国军史忠恒部联合先后攻打汪清县马贵林部伪自卫团、东宁县二道沟伪军。二道沟一战，毙俘敌 130 余人，缴获迫击炮 2 门、重机枪 2 挺、步枪 100 余支。[②]6 月 26 日，第三团、第四团联合绥宁反日同盟军、史忠恒部等向汪清县绥芬大甸子发起进攻。首先第三、四团引诱敌人出城进入埋伏圈，将城内敌人及其增援部队击溃。随后，攻城部队分三路猛攻，一举攻入城内，捣毁敌人营地，缴获各种武器数百件。后因敌人援兵将至，部队主动撤出了战斗。7 月，第三团二、四连联合救国军史忠恒部在汪清小东沟设伏，从正面和侧面夹击敌人运输队。伪军进入埋伏后，立即遭到密集火力的射击而丢下物资四处逃窜。此次战斗，独立师部队毙伤敌 80 余人，缴获 50 余支枪，100 多件军衣和其他物资。[③]

　　日本侵略者为继续消灭抗日力量，发起了秋冬季大"讨

---

① 中国抗日战争军事史料丛书编审委员会：《东北抗日联军·综述·表册·图片》，解放军出版社 2015 年版，第 106 页。
② 《东北抗日联军史》编写组：《东北抗日联军史》上册，中共党史出版社 2015 年版，第 308 页。
③ 汪清县地方志编纂委员会编：《汪清县志 1909—1985》，2002 年刊印，第 388 页。

伐"，给独立师抗日游击活动造成更大的困难。为了摆脱困境，寻找新的战机，独立师决定各部实行战略性转移，其间不断取得反"讨伐"斗争的胜利。其中战果较显著的有：

车厂子战斗。1935 年 1 月，第二团得知敌人围攻安图车厂子根据地的情报后，采取破坏道路、切断电话线、伏击日伪军的战术，击退敌人来犯。战斗中，独立师方面牺牲与负伤四五人，敌军伤亡四十余人。[①]

倒木沟战斗。1935 年 1 月，第一团在延吉县倒木沟伏击日军"讨伐"队。因第一团战士占据了有利地形，敌方的射击不发生效力。双方激战中，第一团部队捣毁敌人汽车，敌方死伤达三十人以上。[②]

夜袭国际列车。5 月 2 日，第一团联合抗日义勇军在长（春）图（们）铁路线哈尔巴岭车站附近设伏颠覆日方列车。队伍提前破坏铁轨，202 次国际列车到达此处后脱轨倾覆。随后，战士向列车发起射击。虽然日本守备队和警护队负隅顽抗，最终在战士们高昂的斗志下失败逃走。此战，击毙押车日军一部，没收现款数十万元以上，俘获 13

---

① 中央档案馆、辽宁省档案馆、吉林省档案馆、黑龙江省档案馆编：《东北地区革命历史文献汇集》甲 53，1990 年版，第 323 页。
② 中央档案馆、辽宁省档案馆、吉林省档案馆、黑龙江省档案馆编：《东北地区革命历史文献汇集》甲 53，1990 年版，第 323 页。

名日伪要员。[①] 日本侵略者惊呼：这一事件是"新（京）图（们）线开通以来最大的惨事。"[②]

1935 年 5 月，东北人民革命军第二军独立师第二团联合抗日义勇军在哈尔巴岭颠覆的日军列车

除以上战斗之外，还有进攻延吉老头沟战斗、袭击珲春太阳村"集团部落"战斗、安图伏击运输队战斗等。

1935 年 5 月 30 日，东北人民革命军第二军成立后，以三分之二的兵力实行大规模的远征来开辟新游击区。第

---

① 中央档案馆、辽宁省档案馆、吉林省档案馆、黑龙江省档案馆编：《东北地区革命历史文献汇集》甲 53，1990 年版，第 324 页。
② 中国抗日战争军事史料丛书编审委员会：《东北抗日联军·综述·表册·图片》，解放军出版社 2015 年版，第 63 页。

二军各团远征分为西征和北征两个方向。

西征方向是第二军第一团向敦化、额穆进发，第二团转战安图、桦甸地区。第一团早在1935年4月末就开始转移，经常根据情报，寻找机会袭击日伪军。6月，第一团在额穆青沟子与日军相遇，第一团在战斗中机智地化解不利形势，从正面和背面两路夹击日军。经过激烈的战斗，敌人遭到重创，伤亡近百人，被俘15人，仅逃走30余人。[①]第一团的节节取胜，让敌人急忙调动兵力反击。对此，第一团决定仅留部分兵力在敦化、额穆活动，部队主力返回安图进行游击活动。留下的部队于7月，先后在敦化县新开岭、敦化与额穆交界处的威虎岭与日军交战，毙伤敌多人。

第一团主力返回安图后会合其他兵力继续反日斗争。7月，第一、二团400余人，在安图县葫芦系子与伪军发生遭遇战，激烈的斗争中敌死伤10人，[②]抗日部队没收大量鸦片。8月29日，第一团主力联合其他抗日部队共七百余人攻击安图县城。此次战斗历经5天的持久攻坚，最终攻下县城，驻城伪军的武装大部解除，缴获百余支枪和其他物资，令日伪当局极为震惊。

---

① 《东北抗日联军史》编写组：《东北抗日联军史》上册，中共党史出版社2015年版，第380页。
② 中央档案馆、辽宁省档案馆、吉林省档案馆、黑龙江省档案馆编：《东北地区革命历史文献汇集》甲60，1992年版，第225页。

　　1935 年 8 月，第二军第二团二、三连组成西征队。李学忠领导队伍从安图车厂子向濛江方向进发，寻求与东北人民革命军第一军取得联系。西征队翻山越岭、穿越丛林，历尽艰辛，于 8 月底与第一军第二师第八团在濛江那尔轰根据地会师。10 月 4 日，举行了两军会晤式和军民联欢大会。这次会师打破了南满与东满抗日游击区隔绝的局面，为第一军与第二军的配合作战奠定了基础。

　　1935 年 9 月，日本侵略者开始秋季大"讨伐"。第二军军部率领第一、二团在安图、敦化、桦甸一带积极击退敌人"讨伐"。9 月，第一团一部 60 人袭击敦化城东苇子沟董、文两家大院伪自卫团，缴获步枪 18 支。[①] 另一部与伪警察运输队在濛江三道花园附近交战，第一团打得敌人晕头转向，成功地缴获运输队的子弹，毙伤伪警察 5 人，俘 23 人。[②] 11 月，日伪集合八百余名兵力向第二军的奶头山根据地发动丧心病狂的袭击。王德泰带领仅有的两个连和后勤机关人员冲锋陷阵，利用有利的战机和地形与日伪军周旋多日。虽然我军势单力薄，但战士士气高涨、机智善战，采取小部队作战方式，频频出击，打得敌人日夜不得安宁，最后击退了敌

---

① 中央档案馆、辽宁省档案馆、吉林省档案馆、黑龙江省档案馆编：《东北地区革命历史文献汇集》甲 60，1992 年版，第 225 页。
② 中国抗日战争军事史料丛书编审委员会：《东北抗日联军·综述·表册·图片》，解放军出版社 2015 年版，第 122 页。

人的进犯。1936年1月，日伪军为了拔掉奶头山抗日根据地，调重兵卷土重来。第二军将士不惧敌人进攻，又给予敌人以重创。为了避开敌军主力，第二军军部转移至抚松三道江一带。之后，第一团、第二团则继续在安图、桦甸坚持斗争，相继在安图县两江口、大酱缸、桦甸会全栈与日伪军交战。

北征部队由第二军参谋长刘汉兴，第三团团长方振声、政委金日成，第四团团长侯国忠、政委王润成等率领第三团、第四团组成，向宁安、东宁转移，以便建立与吉东地区的联系。1935年6月，北征队挺进东宁老黑山消灭此地人民痛恨的伪靖安军。金日成、侯国忠指挥主力部队埋伏在距老黑山10公里的头道沟两侧的有利地形，小股部队故意在伪军周围活动以引诱敌人上钩。果然，敌人发现抗日部队后全巢出动跟踪小股抗日部队而陷入抗日部队的埋伏圈，遭到第三团、第四团火力的猛攻。这次战斗歼敌50人，俘敌21人，缴获迫击炮1门、重机枪1挺、轻机枪2挺、长短枪44支和马匹等若干物资。[①]之后，北征部队返回汪清大甸子休整。休整过后，第三团第一、二、三连和第四团第四连留原游击区斗争，其余部队向宁安挺进。

1935年7月，部队顺利到达宁安县老青沟山东屯，后

---

① 《东北抗战实录》编写组编：《东北抗战实录》，长春出版社2005年版，第183页。

与东北反日联合军第五军军部周保中会师。8 月，第二军、第五军领导召开会议，决定两军配合作战，分三路进行游击。

一路由金日成率领第二军第三团第四连、第四团第二连、青年义勇军参加第五军第一师一部的西部派遣队，向额穆、敦化活动。1935 年 11 月 3 日，西部派遣队在额穆青沟子附近包围一小队日兵，将其全部歼灭。11 月 5 日，该部在额穆老头沟与日军松井队、伪自卫团展开激烈战斗，毙日军 9 人、伤日军 2 人，^① 毙伤伪自卫队多人。12 月 7 日，西部派遣队一部逼近敦化官地伪军防所附近，用集束手榴弹猛炸防所，并施以火力进攻。经过战斗，日本教官被击毙，伪警察纷纷投降。驻通沟岗子日军得知消息后，立即派兵向官地增援。而西部派遣队在通沟岗子以北敌军必经之路的两旁设伏，将日军援兵击溃。同时，趁通沟岗子兵力空虚，分兵一举攻下该地。

一路由刘汉兴等领导的第二军第三团第五连、第四团第三、五连与第五军留守宁安境内，在三道河子、东南山、团子山等地取得胜利。其中东南山战斗击毙伪军 60 余人，缴获轻机枪 2 挺、手枪 3 支、步枪 50 余支和望远镜 2 架。^②

① 中国抗日战争军事史料丛书编审委员会：《东北抗日联军·综述·表册·图片》，解放军出版社 2015 年版，第 124 页。
② 霍辽原编著：《东北抗日联军第二军》第 2 版，黑龙江人民出版社 2005 年版，第 100 页。

　　一路由王润成领导的第二军第四团第一、六、七连返回汪清、珲春与原留守部队会合。留在老游击区的第三团第一、二、三连,第四团第四连不停地战斗以策应主力部队北进。1935 年 6 月,第三团在汪清县大汪清歼伪自卫团 6 人,俘 2 人,缴枪 14 支。[①] 王润成率队返回后一起进行反"讨伐"斗争。10 月,在东宁县头道沟战斗,毙日军 8 人,缴枪 8 支、子弹 3000 余发。[②] 又在珲春县密江附近伏击日军汽车。1936 年 1 月,又连续进攻汪清县的罗子沟石头河子伪军、塘石沟的日资木材场。2 月,因老游击区战斗形势急剧恶化,留守部队开始向宁安、穆棱转移。

　　第二军各团分兵远征作战,突破了敌人的围攻,建立了东满与南满、吉东地区党组织和东北人民革命军之间的联系,为扩大抗日游击区域、加强各部队协同作战提供了有利条件。

三、东北抗联第一路军英勇作战

　　东北抗联第一路军自 1936 年 7 月成立后,即在中共南满省委和第一路军总司令部的领导下,在东南满广大地区进行轰轰烈烈的抗日斗争。特别是七七事变爆发后,东北抗联

① 霍燎原、于文藻、吕永华:《东北抗日联军第二军》,黑龙江人民出版社 1987 年版,第 113 页。
② 中国抗日战争军事史料丛书编审委员会:《东北抗日联军·大事记·回忆史料·参考资料》,解放军出版社 2015 年版,第 97 页。

第一路军在艰苦环境中与敌浴血奋战，钳制了日军兵力，积极配合了全国抗战。东北抗联第一路军为最终推翻日寇的殖民统治和取得全国抗日战争的胜利做出了应有的贡献。

（一）冲破"东边道独立大讨伐"

1936 年 7 月，东北抗联第一路军确定了游击区域、作战任务和军事部署。随后，杨靖宇率东北抗联第一军、魏拯民率东北抗联第二军按照会议部署投入新的战斗。

1936 年 8 月 4 日，杨靖宇得知伪军邵本良部队行动的时间和路线后，立即秘密行动，决定在地势险要、敌军必经的浑江大转弯处设伏。伪军邵本良部队到达后遭到埋伏部队猛烈攻击，损兵折将，狼狈逃窜。此战击毙日本指导官英俊志雄和伪军五十余人，缴获五十余支枪和十余车物资。[1]9 月，又联合抗日义勇军左子元、于万利等部分别袭击伪警察所和日军牛岛部队的车队，毙伤敌方多人和缴获大量枪支物资。8 月 17 日，金日成率领第二军第六师一部联合"万顺""万军"等抗日义勇军围攻抚松县城，一举占据东山炮台制高点。但因城中内应出现变故、参战义勇军行动迟缓、守敌凭坚固军事防守等待援军而攻城无望，于是攻城部队主动撤出战斗。同时，曹亚范带领第六师 1 个连、

---

[1]《东北抗日联军史》编写组：《东北抗日联军史》上册，中共党史出版社 2015 年版，第 537 页。

第二师第八团在抚松南部打响松树镇战斗。此战占领了该城镇，毙伤敌人多名和缴获了一批物资，挫伤了敌人的锐气。之后，第六师各团挥戈长白、抚松、安图，在长白县大德水、半截沟，抚松、安图边境的四方顶子等地英勇作战。同时，第二军第四师也自桦甸、额穆南下安图、抚松，一路捕捉歼敌战机。

东北抗联第一路军抗日斗争的发展，引起日伪当局的极度恐慌，于是，在1936年10月，日伪当局实施以第一路军为重点"讨伐"对象的"东边道独立大讨伐"。第一路军继续采取分兵作战的方式，进行反"讨伐"斗争。

为牵制敌人"讨伐"，杨靖宇决定继续执行原定军事计划，组织第一军西征。1936年6月，第一军第一师已经开启第一次西征。第一师从和尚帽子出发踏上征途。日伪军发现第一师西征的踪迹和意图后，途中不断袭击和调动兵力在辽河一带布防，阻挡第一师西进。第一师鉴于部队受损严重和西进无望，于是决定返回原游击区。7月15日，在回师途中，第一师一部于摩天岭突袭日伪军，击毙日军指挥员等十几人。1936年11月，第一军第三师组成骑兵部队，进行第二次西征。王仁斋等指挥西征部队自兴京境内出发，沿途克服重重困难，冲破敌人层层封锁，仅一个月之余就直达辽河东岸石佛寺一带。可是，时值12月下旬的辽河并未封冻，一时之间无法解决渡河问题，又有日伪军追击围堵。面对严峻的形势，第三师决定突围，绕道返回老游击区。第三师部队一路战事不断，虽然给予敌人以打击，但自身部队减员严重，回到游击区之时部队由出发时的四百余人锐减至百余人。

第三师西征的同时，第一师因第一次西征遭到较大损失，于是进入本溪和尚帽子密营进行休整。1936 年冬，杨靖宇根据第一师、第三师部队亟须整顿的现状决定各部暂避日伪锋芒，潜入深山密营进行休整，为继续反"讨伐"做准备。

1937 年初，杨靖宇指挥第一军军部开展一系列新的战斗并取得胜利。1 月，杨靖宇指挥部队先发制人，主动袭击了宽甸、桓仁、本溪交界的四平街所驻扎的日军牛岛守备队，歼灭大部来犯之敌。3 月，在辑安马蹄沟毙伤伪军 20 余人。[1]4 月，在桓仁刀尖岭村与伪军开火，毙伤敌 30 人。[2]5 月，在宽甸县大牛沟与日军守备队作战，当场毙伤日军 20 人。[3]

同时，东北抗联第二军第四师、第六师同东北抗联第

---

[1] 中央档案馆、辽宁省档案馆、吉林省档案馆、黑龙江省档案馆编：《东北地区革命历史文献汇集》甲 60，1992 年版，第 233 页。

[2] 中央档案馆、辽宁省档案馆、吉林省档案馆、黑龙江省档案馆编：《东北地区革命历史文献汇集》甲 60，1992 年版，第 233 页。

[3] 中央档案馆、辽宁省档案馆、吉林省档案馆、黑龙江省档案馆编：《东北地区革命历史文献汇集》甲 60，1992 年版，第 234 页。

一军第二师广泛活跃于长白山区各县，策应第一军展开反"讨伐"斗争。1936年10月10日，第四师在安图东清沟打响反"讨伐"首战，击毙了敌上校石川隆吉等数十人。11月4日，王德泰指挥部队分别埋伏在临江大阳岔的南北两个山头，对伪军据点实施围攻。经过火力进攻和政治攻势，伪军派代表谈判决定投诚，调转枪口抗日。而行军途中，伪军有携枪逃跑迹象。王德泰立即对不可靠的伪军全部缴械，之后全部释放。此次战斗缴获步枪150余支、机枪2挺、子弹15箱及大批军用物资。①11月7日，又率领第四师、第六师一部在抚松小汤河反击伪军的偷袭。战斗之初，敌方人多势众而且占据了有利的制高点，战斗形势对我军极其不利。王德泰根据战情变化紧急部署军事反击计划，从两面向敌人迂回冲锋，敌人被打得狼狈逃窜。这次战斗十分激烈，歼灭敌人70余名，俘20余名。②第二军也付出了沉重的代价，军长王德泰和5名指战员不幸牺牲。是月，第二师在长白县八道沟、第四师在桦甸县老金厂同伪军发生战斗，击毙伪军多人。

王德泰牺牲后，魏拯民负责指挥第二师、第四师、第

---

① 政协吉林省抚松县委员会、文史资料委员会编：《抚松文史资料》第七辑，2001年版，第1页。
② 《东北抗日联军史料》编写组编：《东北抗日联军史料》下册，中共党史资料出版社1987年版，第557页。

六师各一部回转临江继续斗争，取得一个又一个的胜利。
12 月 8 日，曹国安率第二师在长白县十三道沟与伪靖安军
金泽守备队作战，歼敌数十人。之后，第二师赴临江县七
道沟同第四师、第六师会合。12 月 21 日，会合后的三师在
七道沟设伏，对尾追"讨伐"抗日部队的伪靖安军、伪治安
队实施伏击战，毙伤伪靖安军 20 人。① 但是，第二师师长
曹国安在激战中因负伤而壮烈牺牲。同月，在临江县五道
沟，第四师、第六师一部约二百人同伪军四百余人展开激战。
结果抗日部队击毙敌军 20 人，俘虏 30 人，还缴获了机枪 2
挺和步枪 16 支。②

　　1937 年初，屡屡受挫、损兵折将的日伪军又调集兵力
向长白县进发，妄图对第二军围而歼之。魏拯民识破敌人
意图，除少量部队留守长白县之外，大部向抚松进军，从
而冲破了敌人的包围。在转战突围中，各部队频频对敌作
战。其中，2 月 22 日，第六师一部与伪靖安军清野部队在
抚松县城南十五公里处发生激烈战斗，击毙日军清野中尉
及以下 23 人、伤 11 人。③ 战斗结束后，又与前来增援的

① 中央档案馆、辽宁省档案馆、吉林省档案馆、黑龙江省档案馆编：《东北
　地区革命历史文献汇集》甲 60，1992 年版，第 231 页。
② 中央档案馆、辽宁省档案馆、吉林省档案馆、黑龙江省档案馆编：《东北
　地区革命历史文献汇集》甲 60，1992 年版，第 231 页。
③ 中国抗日战争军事史料丛书编审委员会：《东北抗日联军·综述·表册·图
　片》，解放军出版社 2015 年版，第 152 页。

工藤部队交战，再次击毙日军工藤等多人。同时，留守部队在长白县境内频繁出没，在红头山、南岗木场、鲤明水、十三道沟等地不停地战斗。2月26日，第四师、第六师的鲤明水伏击战，取得重大胜利。激战中毙伤日军41人、冻伤18人，毙俘伪军110余人，缴获轻机枪2挺、长短枪130余支。[①]

3月29日，第二师、第四师和第六师领导干部在抚松县东岗杨木顶子召开重要会议。会议根据战场变化，决定分兵游击，主力向安图、和龙、长白等地挺进。4月24日，第四师和第六师第九团在安图县大沙河金厂附近遭到李道善伪治安队偷袭。周树东指挥部队抢占有利地形，利用树林做掩护，前后两面反击敌人，敌人顿时陷入慌乱。是役，歼灭了罪恶累累的伪治安队队长李道善在内的百余人。之后，第四师经和龙转长白县同第二师、第六师会合。三个师又于6月30日，在长白县十三道沟利用地形优势伏击由朝鲜过境"讨伐"的日军，使敌军遭受重创。6月4日，金日成率第六师跨过鸭绿江直入朝鲜境内，打响了振奋朝鲜人民抗日信心的普天堡战斗。是月，魏拯民率第二军军部和第四师一部决定拔除抚松县庙岭伪军据点。进攻部队采

---

① 中国抗日战争军事史料丛书编审委员会：《东北抗日联军·综述·表册图片》，解放军出版社2015年版，第152页。

取里应外合的战术，经过短暂的战斗，彻底摧毁了伪军据点。此战毙伤敌 80 人，俘敌 60 人，伪军哗变 20 人，缴获迫击炮 1 门、重机枪 1 挺、轻机枪 3 挺、其他枪 130 余支、炮弹 65 发、子弹数万粒及其他军用品。[①] 从 3 月至 6 月间，第二师、第四师、第六师或独立作战或密切配合作战，打响多次大小战斗，粉碎了敌人围攻的企图。

在此期间，第二军第五师同东北抗联第五军留守部队配合，活跃于额穆、东宁、穆棱一带，时而派遣部分兵力打回延边老游击区。日伪当局"讨伐"东南满之时，并未降低对这一带的"讨伐"力度，仅是 1936 年 5 月至 7 月间，就连续发动八九次"讨伐"。第五师同第五军部队积极进行大大小小的战斗，粉碎了敌人的"讨伐"。1936 年 9 月 12 日，第五师第四团、第五军留守处部队联合反日山林队，依据情报内容，提前带领队伍急速行军，隐蔽埋伏在穆棱县代马沟附近破坏铁路，等待截击日军列车。当晚 8 时许，日军 970 次列车驶入设伏区后，冲出铁轨，颠覆在路基两侧。第四团等集中火力进攻列车，敌人仓促应战。经过激战，毙伤敌工兵部队 130 余人，缴获军马 60 余匹以及大量军用

---

① 中央档案馆、辽宁省档案馆、吉林省档案馆、黑龙江省档案馆编：《东北地区革命历史文献汇集》甲 60，1992 年版，第 236 页。

物资。[①]9 月 25 日，第五师第五团一部在宁安湾沟袭击"集团部落"，俘伪军 120 余人。[②]同年冬，第五师同第五军一部突袭了宁穆交界的大段金场，全歼守卫队。1937 年 3 月，第五师第五团编成独立旅。随后远征南满，征途中战士们克服缺衣少粮的困难，边前进边与敌作战。最终于 10 月，在临江县北排子与第二军军部会师。第五师其他部队则继续在绥宁地区坚持斗争。

至 1937 年上半年，东北抗联第一路军在东南满上百次的反"讨伐"斗争中留下了光辉的战绩，使敌人在兵力、军费、军事设备等方面付出了沉重的代价，从而粉碎了敌人妄图消灭抗日力量的计划。

（二）积极配合全国抗战

全国抗战爆发后，东北抗日斗争成为全国抗战的重要组成部分。为响应全国抗战，东北抗联第一路军先后发表系列文件，号召人们共同抗日。1937 年 7 月 25 日，发表《为响应中日大战告东北同胞书》，号召东北人民为恢复东北而英勇战斗。8 月 20 日，发表《东北抗日联军第一路总司令部布告》，一针见血地指出日本野蛮的侵略行径，号召"凡

---

① 《东北抗日联军史料》编写组编：《东北抗日联军史料》上册，中共党史资料出版社 1987 年版，第 303 页。
② 中国抗日战争军事史料丛书编审委员会：《东北抗日联军·综述·表册·图片》，解放军出版社 2015 年版，第 144 页。

系中国人生（注：原文如此），应抛弃过去旧仇宿怨，亲密联合，响应中日大战，暴动起来"①。同日，发表《东北抗日联军第一路总司令部告"满"军同胞书》，呼吁他们"应勒马悬崖，陡举义旗，参加我东北抗日联军为祖国独立而战"②。同时，东北抗联第一路军周密地部署抗日游击战争作战方针，在东南满掀起了新的抗日斗争高潮。

1937 年 7 月中旬，杨靖宇率东北抗联第一军军部直属部队从桓仁向清原挺进与第一军第三师会合。7 月 16 日，在行进途中的兴京黄土岗与日伪军遭遇开火，击毙日伪军多人。与第三师会合后，杨靖宇率队返回兴京、桓仁、宽甸一带，相继袭击兴京县东昌台的伪治安队、第五区的"集团部落"、宽甸马鹿沟附近的伪警察队、桦甸关门砬子伪治安队等地。其中，最为著名的是用"围点打援"战术指挥的小佛爷沟战斗。10 月 31 日，杨靖宇指挥队伍袭击宽甸县双山子和四平街的守敌。这次战斗，杨靖宇安排主力部队埋伏在双山子和四平街之间的敌人必经的小佛爷沟一带，然后派小股部队佯攻四平街。四平街守敌见抗日部队攻势十分猛烈，急忙向外求援。而抗日部队早已切断四平街与其

① 中央档案馆、辽宁省档案馆、吉林省档案馆、黑龙江省档案馆编：《东北地区革命历史文献汇集》甲 49，1991 年版，第 276 页。
② 中央档案馆、辽宁省档案馆、吉林省档案馆、黑龙江省档案馆编：《东北地区革命历史文献汇集》甲 49，1991 年版，第 279 页。

他地方的电话线，仅留双山子线。于是，双山子日军守备队和伪军向四平街方向前往救援。结果，途中陷入抗日部队提前准备好的埋伏圈，遭到一顿痛击，水出佐吉大队长当场毙命。小队长陆岛元三得知援兵遭到袭击，从四平街前来支援。结果，东北抗联战士把这支队伍团团围住，枪弹一齐射向敌军，当场击毙陆岛元三。此战，击毙日军30余人、伪军10余人，缴步枪30余支、望远镜1个，烧毁敌汽车2辆。①12月初,杨靖宇带领部队进入本溪一带活动，在南营房、碱厂沟、老边沟等地袭击日伪军。

1937年下半年，第一军第三师恢复了战斗力，再次英勇作战。7月18日，第三师主力依据情报内容，在开原县松木岭巧妙设伏袭击途经此处的冈田等日军。果然，日军乘汽车进入伏击圈，便遭到第三师战士猛烈攻击，打得敌人晕头转向，仓促逃跑。冈田、坂本等13名日军被击毙在硝烟中，还缴获长短枪13支和2架望远镜。②9月至10月，第三师与伪治安队、伪警察多次交战，其间还袭击了敌人的运输队。1937年冬，第三师在开原县夹皮山突遇"七县联防队"。第三师面对数倍于己的敌人，毫不畏惧，顽强斗争，最后杀出重围，

---

① 中国抗日战争军事史料丛书编审委员会：《东北抗日联军·综述·表册·图片》，解放军出版社2015年版，第170页。

②《东北抗日联军史》编写组：《东北抗日联军史》下册，中共党史出版社2015年版，第647页。

但政委周建华不幸牺牲，第三师也遭到很大损失。

第一军第一师经过整顿于 1937 年末重新活跃起来。11 月，第一师在本溪以百余人的兵力同伪军三百余人展开斗。结果，毙伤伪军 30 人，缴获轻机枪 1 挺，步枪 30 余支。[①]12 月，第一师参加了杨靖宇指挥的本溪碱厂沟战斗，也取得了显著的战绩。第一军第二师在临江、濛江、桦甸等地加紧修密营、储给养、进行抗日宣传工作。同时也相机开展游击活动，给予敌人出其不意的打击。

东北抗联第二军在额穆、辉南、濛江、抚松、长白等地进行抗日斗争，支援全国抗战。10 月 26 日，魏拯民指挥二军教导团、独立旅一部和第六师第八团打响了精彩的奔袭辉南县城的战斗。战斗前，攻城部队侦察清楚了辉南县城的军事装备、兵力部署等，做出了周密的作战计划。10 月 25 日，魏拯民率队由濛江龙泉镇奔袭到辉南城下。10 月 26 日凌晨，攻城部队向敌人发起突然袭击。东北抗联战士英勇出击，打得敌人措手不及。很快，攻入城内，缴获了大量的军用品和生活物资。抗日部队撤出城外之时，又痛击了前来辉南县增援的敌人。战后，伊俊山率独立旅主力同第二军军部去濛江活动，方振声部继续在辉南活动。12

① 中央档案馆、辽宁省档案馆、吉林省档案馆、黑龙江省档案馆编：《东北地区革命历史文献汇集》甲 60，1992 年版，第 235 页。

月，魏拯民带领部队行军至濛江排子时发现敌人的宿营地。魏拯民决定趁敌人休息和放松警惕之时突袭，以攻其不备。抗日战士悄悄潜入敌人附近，占据有利地形。随着指挥员一声令下，瞬间长短枪向敌人一阵齐射，敌人毫无还手之力，缩头被动挨打。此次战役共毙日伪军近百人，缴获枪支、弹药若干。之后，魏拯民率队向金川一带转移。

第二军第四师在濛江、桦甸等县多次攻袭日伪据点和"集团部落"。其中，1937年8月，攻袭濛江县那尔轰"集团部落"；10月，攻袭濛江边界的四方顶子敌据点；11月，攻打桦甸红石碴子。之后，第四师选择在桦甸县老金厂西南岔部队休整。休整期间，该部十分警惕敌人的"讨伐"行踪，时常给前来"讨伐"的日伪军意料不到的打击。第二军第五师依然配合东北抗联第五军在东满、吉东一带活动，在敦化县沙河沿、宁安湾湾沟、穆棱县二站、珲春四道沟、汪清三岔口等地多次打击敌军。

第二军第六师先在长白、临江频繁出击。8月，第七、第八团，在长白县八道沟袭击伪军据点，毙伪军5人，缴获步枪7支、牛30头。[1]9月，第六师主力向辉南、抚松、濛江地区发展。之后，在这一带积极作战。9月，第六师教

---

[1] 中央档案馆、辽宁省档案馆、吉林省档案馆、黑龙江省档案馆编：《东北地区革命历史文献汇集》甲60，1992年版，第238页。

导队在抚松西岗与伪军交战。此战，敌方死 4 人、伤 10 人，教导队缴获手枪 3 支、手提式机枪 1 架、步枪 10 余支。[1]10 月，第七、第八团又在抚松县四区与伪军 600 人作战，毙敌 65 人。[2] 此外，还有袭击濛江县肖家营"集团部落"、桦甸县草帽顶子等战斗。

（三）改编为方面军分区作战

日本侵略者遭到东北抗联第一路军各部的重创，于是变本加厉地使用惨无人道的军事"讨伐"、经济封锁，妄图扑灭东南满地区的抗日烈火。由此，第一路军陷入更严重的困境。

1938 年 2 月，杨靖宇率领部队从桓仁转向辑安老岭山区。杨靖宇部队进入辑安，于 3 月 13 日发起了振奋人心的袭击老岭隧道工程战斗。13 日黄昏时，杨靖宇指挥部队兵分 3 路同时袭击"东亚土木株式会社"工地现场、十一道沟发电所和十二道沟供应仓库，与战前乔装成劳工进入工地内的东北抗联战士里应外合，迅速攻破敌人的警戒线，歼灭日伪守军。此次战斗毙伤一批敌人，解放劳工 1731 人，烧毁建筑物 12 栋、汽车 3 辆，摧毁许多机械设备等[3]，给日

① 中央档案馆、辽宁省档案馆、吉林省档案馆、黑龙江省档案馆编：《东北地区革命历史文献汇集》甲 60，1992 年版，第 238 页。
② 中央档案馆、辽宁省档案馆、吉林省档案馆、黑龙江省档案馆编：《东北地区革命历史文献汇集》甲 60，1992 年版，第 238 页。
③《东北抗战实录》编写组编：《东北抗战实录》，长春出版社 2005 年版，第 241 页。

奇袭老岭隧道（绘画）

伪军造成重大损失。

同年春，魏拯民率领部队与敌人几经周旋，一路设法冲破敌人的封锁线、摆脱敌人的尾追，强渡浑江进入通化，又绕道桓仁回师辑安。5月，魏拯民部队在老岭山区五道沟与杨靖宇部队胜利会合。1938年5月11日至6月1日，中共南满省委和第一路军领导人等在老岭山区五道沟召开了联席会议，即第一次老岭会议。这次会议深刻地分析了斗争形势以及研究了新的斗争策略。

会后，杨靖宇与魏拯民共同指挥了最为精彩的蚊子沟战斗。杨靖宇、魏拯民研究决定先由魏拯民率部出击蚊子沟围子，引诱敌人到蚊子沟。杨靖宇率部队埋伏在距蚊子沟七八里的家什房子沟口，伺机歼灭伪军索旅。6月6日，魏拯民率领部队攻击蚊子沟围子，把20余名伪警察全部缴械，之后率领部队撤到天桥门沟一带。伪军索旅得知蚊子沟围子被袭，急忙由辑安向此处扑来。12日，扑了个空返回辑安的伪军索旅，全部进入杨靖宇部队的埋伏圈。士气高昂的战士们瞬间高呼着冲向敌群，四周枪炮轰轰炸响，一举消灭了号称"满洲剿匪之花"的伪军索旅一个营，还缴获了许多枪支等物资。

1938年7月，第一军第一师师长程斌叛变，供述了第一路军的行踪、密营、军事计划等信息，这无疑使第一路军的行踪暴露在敌人面前，使第一路军处于极其不利的境地。为了应对紧急情况，7月中旬，中共南满省委和第一路军领导人再次在老岭山区密营召开紧急会议，即第二次老岭会议。这次会议决定第一路军改编成警卫旅和第一、第二、第三方面军，重新划分了游击区域，实施分区作战。之后，第一路军各部按照会议精神继续作战。

1938年8月，警卫旅在第一路军总司令杨靖宇率领下离开辑安向金川、濛江一带活动。转移途中，杨靖宇、魏拯民运用灵活多变的游击战术，指挥了大大小小数十次战斗，摆脱和重创前来围攻的日伪"讨伐"队。其中较大的战斗有长岗战斗、岔沟突围战。

8月2日，杨靖宇指挥部队埋伏在通辑公路线长岗附近的埋财沟两侧，伏击追赶而来的伪军索旅。敌人懒洋洋、毫无防备地踏入杨靖宇部队的埋伏阵地。一霎间，密集的子弹飞向敌群，敌人如瓮中之鳖，被打得四处逃窜。战士们乘势从密林、草丛中一跃而起，向敌人冲杀过去。战斗中，抗日战士们拼死夺回丢失的制高点，最后取得长岗战斗的胜利。此次战斗，只用了20多分钟，击毙日军中尉西田重隆、上尉高冈武治等60余人，俘30余人，缴获步枪50余支、轻机枪4挺、手枪4支以及其他物资。①

10月18日，杨靖宇、魏拯民指挥部队进行了激烈的、凶险的、以少胜多的临江县岔沟突围战。杨靖宇率领部队进入岔沟后，遭到大规模敌军的包围。面对严峻的情形，杨靖宇仔细部署兵力，于18日同敌人展开激战，未能突破敌人的包围。当日夜，杨靖宇根据对白天战斗情况的观察，决定向敌人兵力薄弱的西北山方向突围。午夜时分，各部队完成准备工作之后，突击队先出发，其他各部按照计划依次行动。19日凌晨，杨靖宇带领部队一边杀敌，一边突围，机智地冲出敌人的包围圈，使部队转危为安。战后，杨靖

---

① 中央档案馆、辽宁省档案馆、吉林省档案馆、黑龙江省档案馆编：《东北地区革命历史文献汇集》甲60，1992年版，第239页。

宇率队向北转移，魏拯民率队向东部山区转移。

12月，杨靖宇率警卫旅、少年铁血队转战到桦甸县境内。其间，在柳树河子，杨靖宇决定先发制人，主动夜袭前来"讨伐"的日伪军宿营地。半夜，各部悄悄靠近敌人帐篷，找准时机，发起猛烈的进攻，瞬间12座帐篷被火吞噬，敌人惊慌失措、四处逃窜。此战，敌人伤亡惨重，毙伤100余名伪军，击落1架飞机，缴获10余支步枪。[①]不久，杨靖宇部与第二军第四师会师。1939年3月至4月，杨靖宇指挥这两支部队打响了著名的木箕河战斗、大蒲柴河镇战斗。

1939年3月，杨靖宇指挥部队攻克了桦甸县木箕河林场。木箕河林场由日本人经营，压迫着近千名中国劳工，四周有伪军把守，戒备森严。为确保战斗的胜利，小部队先行消灭木箕河林场外围的敌人据点，扫除进攻障碍，同时补充部队给养。3月14日，向木箕河林场场部发起进攻。突击队越过铁丝网，负责捣毁敌人四周碉堡。大部队集中火力攻破大门，英勇地冲入木场内部，当即击毙伪森林警察队长李海山等十余人。东北抗联彻底捣毁了敌人木场，解放了劳苦工人，缴获了大量武器和物资。

---

① 中央档案馆、辽宁省档案馆、吉林省档案馆、黑龙江省档案馆编：《东北地区革命历史文献汇集》甲60，1992年版，第240页。

4月7日，杨靖宇又率队进攻敦化县大蒲柴河镇。大蒲柴河镇是日伪一个重要的军事据点，储备了大量的弹药和军需物资。杨靖宇利用敌人疏于防范，又有夜间便于作战的优势，指挥部队由西、南两个方向向该镇发起攻击。很快，攻破伪军兵营，缴械伪警察署，毙伤日伪多人。同时，进入野战仓库缴获了重机枪 1 挺、手枪 5 支、步枪 50 余支、子弹数万发等大量物资。^①之后，杨靖宇带领警卫旅、少年铁血队在桦甸、濛江山区活动。5 月，攻打了濛江县板石沟伪军、六号桥伪警察队、辉南县韩家屯据点等。6 月，进行了桦甸县老营沟、夹砬子、错草顶子、辉南镇等战斗，均取得胜利。

第一路军第一方面军成立于 1938 年 8 月，由东北抗联第一军第二师、第三师组成，曹亚范任指挥，伊俊山任政治部主任。自成立以来激战于辑安、金川、通化等地。1938 年 8 月，第一方面军少量兵力向金川河里山区转移；主力部队留在辑安老游击区斗争，负责策应第一路军总司令部、警卫旅的转移。曹亚范、伊俊山带主力部队在辑安接连袭击了驻双安村的铁路守备队、沉沟伪军和二道坎子、太平沟敌人据点，牵制和消耗了敌人一定的兵力。10 月，

---

① 中央档案馆、辽宁省档案馆、吉林省档案馆、黑龙江省档案馆编：《东北地区革命历史文献汇集》甲 60，1992 年版，第 243 页。

该部转至金川县，且在回头沟与伪军交战。第一方面军战士英勇出击，毙伤俘伪军90人，缴获手枪5支、步枪30余支。[①]11月，曹亚范、伊俊山带领主力部队与敌人周旋，不断寻找机会设法突破敌人的防线，然后分兵转至辑安、通化地区活动。

1939年2月，伊俊山率队到辑安与曹亚范部队会合。2月至5月，第一方面军活跃于辑安境内，先后在花甸子、土城子、青石沟、台上、土窑子、黄路等地袭击伪警察分驻所、"集团部落"、日伪军部队。夏初，第一方面军在金川河里山区与第一路军总司令部会师，商讨以后游击活动。7月，第一方面军根据新的作战方针部署，再次返回辑安进行了袭击麻线沟、黄柏等新的战斗。10月以后，第一方面军转入抚松境内。

第一路军第二方面军成立于1938年11月，由东北抗联第二军第六师改编而成，金日成任指挥，吕伯岐任政治部主任。为了开辟游击区域，巧妙避开日伪的疯狂"讨伐"，实行了分散活动。金日成率主力七团向长白县十三道沟一带活动，以长白县北大顶子为远征目的地；林水山率第八团奔向长白山区的马鞍山密营；毕书文指挥其余部队征战在辑安、通化。第二方面军主力机智善战，在长白县内攻

---

① 中央档案馆、辽宁省档案馆、吉林省档案馆、黑龙江省档案馆编：《东北地区革命历史文献汇集》甲60，1992年版，第240页。

克敌人的木场和运输队，袭击十三道沟、黑瞎子沟等地的
日伪军。在辑安、通化地带活动的抗联队伍袭击了辑安头
道阳岔、蚊子沟等敌据点。

1939年4月，第二方面军各部在长白县大顶子会合，
共同规划日后的活动方案。紧接着，金日成指挥部队接连
袭击长白县境内邱家店、五道沟、十五道沟等十余个"集
团部落"。4月28日夜，第九团在团长马德全指挥下神不
知鬼不觉地一举占领安图县十骑街伪据点指挥所，擒获伪
连长等多人，然后运走大量布匹、食品等。5月，第二军
主力部队一度挺进朝鲜境内进行了茂山地区战斗，击毙日
军40人，[①] 缴获许多军需品。然后，挥师返回和龙、安图县。
6月6日，在和龙县红旗河沿岸沙金沟设下埋伏，等待日
伪军"讨伐队"的到来。敌军刚一踏入埋伏圈，便枪声四起，
战士们如猛虎扑食般冲向日伪军，日伪军纷纷倒下或束手
受缚。这场战斗，毙日本指导官以下50余人，俘敌多人，
缴获轻机枪4挺、步枪100余支。[②]7月至9月，在安图县、
和龙县境内多次突袭"集团部落"、伪军据点。同时，毕书
文率领的一部在七八月间激战金川县四道沟、平安堡和辉

---

① 中央档案馆、辽宁省档案馆、吉林省档案馆、黑龙江省档案馆编：《东北
地区革命历史文献汇集》甲60，1992年版，第244页。
② 中国抗日战争军事史料丛书编审委员会：《东北抗日联军·综述·表册·图
片》，解放军出版社2015年版，第198页。

南县的老虎轩、东安河子，都取得了胜利。

第一路军第三方面军编成之前，东北抗联第二军第四师主要征战在桦甸、延吉、蛟河等地。1938年8月，东北抗联战士在桦甸县苇子沟痛击数百名日伪军。10月，又打响了桦甸马驮子沟袭击战，击毙日军守备队小队长以下十余人。1939年初，第四师一部积极参加了木箕河战斗、大蒲柴河镇战斗。6月，魏拯民指挥第四师在敦化县进行攻打寒葱岭、袭击日军助川部等一系列战斗。东北抗联第二军第五师在陈翰章带领下活跃于宁安、额穆、敦化一带。1938年8月末，陈翰章指挥战士在宁安县横道子粉碎日伪军的进攻，歼敌200余人。9月，袭击敦化县沙河沿。11月，进攻额穆县大沟伪警察分所。1939年4月，与第五军第二师一部联合进攻了敦化县石头河子日伪军、安图县青沟子伪自卫团。

1939年7月，东北抗联第二军第四师、第五师会合改编成第三方面军，陈翰章任指挥，侯国忠任副指挥。之后，第三方面军发动了额穆威虎岭、敦化县大石头、安图县大沙河、延吉县榛柴沟、额穆县所街、敦化县寒葱岭等多次战斗。其中安图县大沙河战斗最为激烈。8月24日凌晨，陈翰章率领一路部队击毙站岗的伪自卫团员，直奔伪警察署。由于伪警察利用炮台的猛烈火力顽强抵抗，进攻受挫。经过艰难的激战，最后成功地歼灭敌人并占领了大沙河镇。

此战，歼敌 30 余人，缴获机枪 1 挺，步枪 20 余支。[①] 战斗即将结束之时，安图县城日伪军出兵前来增援大沙河镇。为了掩护部队顺利撤离该镇，第三方面军副指挥侯国忠率领部分兵力前来大沙河南杨木条子阻击敌人的援兵。战斗中，侯国忠不幸牺牲。魏拯民率领的另一路部队于 8 月 26 日主动袭击大酱缸"集团部落"以及在柳树河子伏击由明月沟出发来救援大沙河的日伪军。大沙河攻击、阻击和狙击的系列战斗取得了重大胜利。是年冬，第三方面军以团为单位分散作战。

（四）坚持与敌殊死搏斗

1939 年秋冬之际，敌人对东南满地区发动了更残酷的全面"讨伐"。敌人调集大量兵力、配备精锐武装，对第一路军进行分割包围、尾追到底、轮番"扫荡"，同时还进一步强化经济封锁以切断东北抗联的物资来源。这使第一路军处于极端困境。为了反击敌人凶猛的"讨伐"之势，1939 年 10 月 1 日至 5 日，杨靖宇、魏拯民在桦甸县头道溜河召开重要会议，提出化整为零、分散游击的斗争方针。

杨靖宇率军部直属部队、第一方面军一部频繁作战。敌人于 11 月下旬，组织五千余名日伪军向桦甸县边境发起

① 中央档案馆、辽宁省档案馆、吉林省档案馆、黑龙江省档案馆编：《东北地区革命历史文献汇集》甲 60，1992 年版，第 244 页。

　　1939 年 9 月 25 日，东北抗日联军第一路军第三方面军在敦化县寒葱岭伏击日军松岛部队（绘画）

集中"讨伐"。为甩掉敌人的追击，11 月 22 日，杨靖宇指挥部队在濛江那尔轰一号桥设伏痛击"讨伐"队。之后，该部继续与敌人不停斗争。据统计，仅 12 月，总指挥部 180 人在濛江、桦甸边界同数倍于己的日伪军进行大小战斗十余次。①

　　1940 年 1 月上旬，敌人专门商讨策略和集中兵力重点进攻杨靖宇部队。面对如此严峻的"讨伐"形势，杨靖宇为

---

① 中央档案馆、辽宁省档案馆、吉林省档案馆、黑龙江省档案馆编：《东北地区革命历史文献汇集》甲 60，1992 年版，第 244 页。

了使部队摆脱敌人的围攻，命令一部离开总司令部向北转移，他则率另一部 200 余人继续在濛江西岗地区牵制敌人。1 月 21 日，因警卫旅第一团参谋丁守龙被捕叛变，向敌人全盘供述了杨靖宇的行动计划。于是敌人集结兵力，由伪通化省警务厅长岸谷隆一郎坐镇指挥对清江岗北方西岗地区发起疯狂"围剿"。这使杨靖宇部队陷入极端险恶的境地。杨靖宇沉着稳定地指挥部队设法冲出敌人的重围，在战斗中战士们拼死搏斗，部队人数也在急速减少。2 月 12 日，杨靖宇与仅剩的 6 名战士边抵抗，边转移。后来，又有 4 名战士受伤，为了保护他们的生命，杨靖宇命令这 4 名负伤的战士迅速转移，他身边只留下 2 名战士。2 月 15 日，杨靖宇在濛江县五斤顶子北方一个山坳被敌人发现。杨靖宇利用有利地形，顽强抵抗敌人，并假称与"讨伐队"副队长伊藤有话要说，要求停止射击。伊藤站起瞬间，被杨靖宇一枪击中。此战，杨靖宇一人击毙敌 1 人、击伤 6 人，①然后趁机甩掉敌人。2 月 18 日，杨靖宇身边仅余的 2 名战士不幸牺牲，此时仅剩杨靖宇只身一人。2 月 23 日，杨靖宇因伪牌长赵廷喜出卖，被敌人包围在三道崴子密林中。杨靖宇毫不畏惧敌人的威胁，毫不理会敌人的劝降，强忍饥饿和伤病的折磨，

---

① 《东北抗日联军史》编写组：《东北抗日联军史》下册，中共党史出版社 2015 年版，第 789 页。

与敌血战到底，为民族利益战斗到生命的最后一刻，直至光荣牺牲。杨靖宇的牺牲是东北人民抗日斗争的一个重大损失。

杨靖宇牺牲后，魏拯民指挥第一路军继续作战，彰显出东北抗联战士是杀不尽的，抗日火焰是扑不灭的。1940年3月13日至15日，魏拯民在桦甸县头道溜河召开会议，沉痛悼念杨靖宇和重新部署作战活动。

1940年1月，警卫旅主力与杨靖宇分开后与敌艰苦奋战。4月，警卫旅40人袭击安图县杨木林子伪军据点，毙伤敌10人，缴获步枪15支。①6月，警卫旅一部在和龙县、延吉县边界处袭击伪军，击毙击伤伪军20人，缴枪20支。② 之后，警

杨靖宇坚持战斗到最后（绘画）

---

① 中央档案馆、辽宁省档案馆、吉林省档案馆、黑龙江省档案馆编：《东北地区革命历史文献汇集》甲60，1992年版，第246页。
② 中央档案馆、辽宁省档案馆、吉林省档案馆、黑龙江省档案馆编：《东北地区革命历史文献汇集》甲60，1992年版，第246页。

卫旅主要转战在汪清、宁安一带，击退前来"讨伐"的日伪军、袭击"集团部落"、伪警察所等，给予敌人出其不意的打击并缴获了一些物资。一直坚持斗争到 1941 年 3 月，警卫旅政委韩仁和在战斗中不幸牺牲。之后，警卫旅余部陆续转入苏联。

第一方面军主力在曹亚范指挥下与敌艰苦鏖战。1940 年 3 月，先后于临江珍珠门、大阳岔、三岔子东南袭击伪军、伪森林警察部队；在濛江县湾沟袭击日军长岛工作队。此战取得显著战绩，击毙击伤敌人 11 名，缴获各种枪支 19 支、粮食 400 余斤。[①] 同时，还联合其他

1940 年 3 月 25 日，东北抗日联军第一路军第二方面军在和龙县红旗河设伏，痛歼日军"讨伐队"（绘画）

①《东北抗战实录》编写组编：《东北抗战实录》，长春出版社 2005 年版，第 274 页。

队伍在临江、濛江、抚松、辉南等县活动。虽然第一方面军沉重地打击了敌人，但自身损失也十分严重，最后仅剩几十名战士。4月8日，曹亚范被叛徒残忍杀害。自此之后，第一方面军大部瓦解。

金日成带领第二方面军与侵略者浴血奋战。头道溜河会议前后，第二方面军主力连续在和龙县大马鹿沟、红旗河取得重大胜利。1940年3月11日，第二方面军袭击大马鹿沟林场的伪森林警察队，缴获机枪1挺、步枪10支、子弹10余箱、军服100余套、面粉70袋。[①]25日，第二方面军一部侦知日军"讨伐"队向部队扑来，于是选址在红旗河附近一山中高地设下埋伏，派小股部队引诱敌军进入埋伏圈。自信满满的"讨伐"队落入埋伏圈被打得人仰马翻，损失惨重。此役，击毙敌军140余人，俘虏敌军30余人，缴获机枪五挺、步枪140余支以及大量弹药、粮食。[②]4月至9月间，第二方面军在安图县南道屯、五道阳岔、大荒沟，敦化县哈尔巴岭车站，珲春县二道沟，和龙县卧龙屯等发起规模不等的进攻战与阻击战。由于抗日游击根据地已经丧失，敌人又穷追不舍，第二方面军作战愈发困难。1940

[①]《东北抗战实录》编写组编：《东北抗战实录》，长春出版社2005年版，第275页。

[②]《东北抗战实录》编写组编：《东北抗战实录》，长春出版社2005年版，第275页。

年11月，第二方面军余部撤入苏联。

1940年以后，第三方面军各团分散活动与侵略者英勇激战。三四月间，第十三团活动在汪清县境内，袭击汪清县的鸡冠砬子及老母猪河"集团部落"、桦皮甸子伪警察等。同时，陈翰章率领警卫队和第十五团在敦化一带迂回作战。由于敌人疯狂围攻，敦化县牛心顶子密营严重受损。为了避开敌人锋芒，陈翰章与东北抗联第五军第二师陶净非部队会合后，于6月初，挺进五常。紧接着，联合部队于6月5日、10日两次袭击该县响水河子伪警察驻所，击毙击伤5人，俘虏32人，缴获机枪1挺、步枪40余支、手枪2支及其他军用品。[①]18日，进攻五常县南张家湾；25日，又进攻五常县冲河街。陈翰章部队在五常县的活动彰显了东北抗联的军威，使敌人极为恼火。1940年秋，日本侵略者进行了更大规模的"讨伐"。各团为了避免被敌歼灭，不停地转移。第十三团在东宁、宁安、敦化、安图一带灵活运用游击战术与敌作战。在此期间，第十四团活跃在额穆。陈翰章率领部队于8月末由五常回师至敦化。途中边战斗边前进，曾于8月8日，在额穆威虎河沿岸击毙击伤敌18人。[②]10月，

---

① 中央档案馆、辽宁省档案馆、吉林省档案馆、黑龙江省档案馆编：《东北地区革命历史文献汇集》甲60，1992年版，第247页。
② 中央档案馆、辽宁省档案馆、吉林省档案馆、黑龙江省档案馆编：《东北地区革命历史文献汇集》甲60，1992年版，第247页。

陈翰章部队又转至宁安镜泊湖附近活动。12月8日，陈翰章部队在小湾湾沟遭到敌人的重重包围，经过激烈的战斗，陈翰章为国捐躯。不久，第三方面军余部被迫退入苏联。

东北抗联第一路军作为一支抗日劲旅，以强烈的爱国主义、坚定的必胜信念与侵略者殊死搏斗。第一路军在敌人残酷统治、疯狂"讨伐"的东南满地区创造了辉煌的战绩，沉重地打击了敌人嚣张的气焰，消灭了敌人大批的有生力量，极大地振奋了人民的抗日斗志，用生命和鲜血捍卫了国家主权。

四、东北抗联第一路军的艰苦斗争

东北抗联斗争环境的残酷性、艰巨性可以说是世所罕见。除了军事上以劣势武装、少数兵力与大规模精锐之敌浴血奋战14年，在生活上更是在冰天雪地中，在无衣穿、无粮食、无屋住，风餐露宿、饥寒交迫的情况下与敌奋战。东北抗联第一路军处于最残酷的生存环境，不断挑战着人类生理和心理的极限。

一是战斗生活苦。缺衣少食是东北抗联最大的困难。日伪当局实行严厉的经济管制和封锁政策，对粮食、食盐、布匹、棉花等一切生活用品，禁止自由贩卖，实行严厉的"配给制度"，严格控制购买数量。为了不让东北抗联第一路军得到一粒粮食，日伪当局封山守屯，强迫东南满地区农民提前秋收。1939 年秋季，敌人为了"讨伐"第一路军，在庄稼七分熟的时候，就命令南满人民收割。敌人严格清查地亩，核定粮食产量，将农民家粮食限制在最低线，其余强制收走并集中监管。同时，敌人大搞"集团部落"，制造了许多无人区。"集团部落"的出入者必须有身份证明，农民从事耕种要在"集团部落"最近处，严防人民群众向东北抗联输送物资。不仅如此，敌人还制定了所谓的经济犯条例，一旦发现未携带证件、为东北抗联提供物资或代采购者，便以"通匪者"的罪名论处，并且实施惨无人道的连坐制度。敌人企图断绝东北抗联与人民群众的联系，切断东北抗联物资来源。

1936 年以来，日本侵略者对东南满地区实行更严酷的军事"讨伐"以及经济封锁，第一路军游击根据地被相继破坏，由此第一路军的生活陷于极端困境。战士们经常十天半月得不到粮食，野菜、野果、草根、树皮成了经常吃的东西。特别是在冬季，树叶被雪覆盖，草根冻在土里，根本没有办法挖，只能吃难咽的树皮，情况严重时还煮过乌拉鞋、夹着雪吃棉絮。杨靖宇将军在牺牲时，胃里根本没有一粒粮食，只有草根和棉絮。战士们压根没有可以御寒的棉衣与鞋子，经常身着单衣，在行军作战中棉衣也都被树枝扯烂，破烂不堪。鞋子也跑烂了，许多战士赤足在荆棘丛林中转战，或者用几根榆树条子当作绳子把鞋绑在脚上，实在不行就只能用破布、麻袋片裹脚踩在雪地上行军。部队经常过着露营的生活，在山沟、树丛，席地而坐。正如东北抗联歌谣所反映的那样："森林山沟是我房，草地石洞是我炕，树叶茅草是我被。"①

二是战斗环境苦。夏季，深山老林中阴雨连绵、浓荫遮天、蚊虫小咬肆虐，战士们饱受"湿云低暗，足溃汗滴气喘难""蚊吮血透衫"之苦。冬季漫长而寒冷，环境更恶劣。零下三四十摄氏度的气温，对第一路军构成了生命威胁。在林海雪原中，行军无路，雪深插裆，掉进雪窝子里就会不见影儿了，裤子总是湿的，寒风一吹，冻成了冰甲，很难打弯。空手走一步都很费力，更何况每个人都背着枪支、斧头、食盐等各种物资，负重几十斤。"朔风吹，大雪飞，雪地又冰天。风刺骨，雪打面，手足冻开裂"②，是对第一路军战斗环境的真实反映。火堆取暖成了保持生命的重要方法。但是，第一路军对火有极严格的使用要求，因为火冒出的光和飘出的青烟会暴露部队的位置，敌人就会迅速扑来"围剿"。有时东北抗联战士们选择隐蔽的地方或远离敌人据点，小心翼翼地点燃火堆，围着篝火席地而睡，常常

---

① 韩玉成编著：《最后的吼声：东北抗战歌谣史鉴》，吉林人民出版社2015年版，第123页。
② 韩玉成编著：《最后的吼声：东北抗战歌谣史鉴》，吉林人民出版社2015年版，第111页。

雪地宿营（绘画）

是"火烤胸前暖，风吹背后寒"[1]。有时，东北抗联战士们只能硬生生地忍着、熬着，在雪地上蹦高，不敢坐下也不敢睡觉，生怕再也起不来。在恶劣的自然环境下，很多战士冻伤、冻死。

缺衣少食、受冻挨饿的问题不解决，第一路军部队可能不攻自亡。鉴于此，杨靖宇、魏拯民等主要领导人以多种实践举措来解决生活保障问题。

第一，袭击敌人缴获生活物资。东北抗联第一路军以战斗的方式，袭击敌人的据点、林场、仓库、运输队等，没

---

[1] 韩玉成编：《东北抗联歌曲选》，北方妇女儿童出版社1991年版，第20页。

收和缴获敌人的物资是解决粮食、服装、弹药等需求问题的主要途径。1937年2月，东北抗联第二军第四师一部攻克南岗木场，缴获大量面粉、大米和牛。10月，魏拯民为了解决第二军独立旅的服装问题，带领教导团、独立旅等袭击了辉南城，打开敌人的军需仓库，获得了大量绒衣、毛巾、胶鞋等。不久，又带队进攻金川县的一个大屯子，解决了两个月的粮食需求。1939年3月，杨靖宇得知木箕河林场储备大量粮食、食盐、服装等，于是决定攻打该林场，此战缴获了大量物资，有牛马200余头（匹）以及食盐、粮食等大量给养。①总体而言，整个东北抗联的武器、弹药、给养等大部分靠战斗获取。每次都要经过激烈的战斗才能顺利夺取敌人的粮食和给养，因此每一粒米、每一寸布，都是东北抗联战士以生命与血作为代价换来的，这些物资实在是来之不易。

第二，打通伪军警政人员关系。东北抗联第一路军善于运用统战策略，向伪军警政人员宣传抗日民族大义，争取、教育和迫使伪军警政人员暗地为第一路军提供物资给养。第一路军可以通过化装成商人、拉亲戚的方式与伪军警政人员建立关系，然后向他们购买物资。还有的伪军警政人员迫于第一路军军事威力暗地向第一路军主动赠送给养、经费。

---

① 中央档案馆、辽宁省档案馆、吉林省档案馆、黑龙江省档案馆编：《东北地区革命历史文献汇集》甲60，1992年版，第243页。

1938年，杨靖宇率领第一军包围辑安蚂蚁河上围子伪警察分所，迫使伪警察分所所长刘邦林接受第一军提出的三个条件。刘邦林不仅掩护第一军游击活动，而且主动向第一军供给粮食和其他物资。还有一种特殊的途径是利用"内红外白"的伪屯长、伪保甲长关系，为部队筹集给养，这些人名义上是日伪的政权人员，实际上骨子里是抗日的，是第一路军的供给员。杨靖宇部队遇到粮食危机时，还向濛江县巴里屯屯长王允义求助。从1938年秋至1939年冬，王允义曾三次千方百计地为杨靖宇所部筹集粮食，解决了部队的燃眉之急。

第三，依靠群众支援。纵使敌人使用各种阴谋诡计企图割断人民与东北抗联的关系，但是东北抗联始终与人民

东北民众给抗联送粮（绘画）

群众保持着鱼水关系，共同抗日。一是群众冒着生命危险，不顾个人和家庭的安危，想方设法躲过敌人的监视与盘查，把粮食、食盐、药物、布匹、鞋帽等偷偷运送给第一路军。有的在山中没有顺利找到第一路军部队而冻死；有的被敌人发现，宁死不说第一路军的行踪而受到酷刑的折磨，或身负重伤或付出宝贵的生命。二是一些村屯的反日会组织群众为第一路军筹集大量经费或物资。1938 年 6 月，辑安榆树林子村向杨靖宇部队提供了 22.5 匹花旗布、37.45 石苞米、163 双水袜子、60 双袜子、200 斤大酱、180 斤猪肉、64 元现金。[1] 在夏秋庄稼成熟时期，第一路军悄悄向农民购买粮食。由于部队经济困难，只能一半给钱，一半打欠条。农民留好自己食用的和要交给日伪当局的苞米后，余下的苞米藏在地里。晚上，队伍悄悄地去地里把苞米运回到指定地点。1939 年八九月间，杨靖宇指挥部队开始筹集粮食。经过一个月左右，杨靖宇所率直属部队共储备玉米八九千斤、黄豆 2 麻袋、小麦 4 麻袋。第二军一部筹粮 106 石，土豆、萝卜 300 斤，面粉 200 斤，警卫连筹粮 20 石。[2]

第四，自产自制自建。第一路军除了依靠外力获取给养，

---

[1] 吉林省档案馆编译：《东北抗日运动概况》，吉林文史出版社 1986 年版，第 33 页。
[2] 赵俊清：《杨靖宇传》，黑龙江人民出版社 2015 年版，第 351 页。

做鞋送抗联（模拟场景照）

还通过屯垦自耕、设厂自产等方式解决衣食住行问题。为了
解决粮食问题，第一路军部队会选择安全地带，秘密开垦荒
地，尽可能多地种植苞米、土豆、萝卜等。1938 年冬，第二
方面军第八团在长白山密林的马鞍山密营里进行备耕工作，
为来年春耕做准备。为了解决服装问题，第一路军密营内部
设立被服厂，有缝纫队专门从事制作工作。通化县河里水曲
柳川、濛江县暖木条子、敦化县牛心顶子等都设有被服厂。
而随着日伪对东南满地区的大"讨伐"，抗日游击根据地遭
到严重破坏，很多被服厂相继被毁掉，只能从事一些零星的
生产。为了解决宿营问题，1937 年 4 月，杨靖宇亲自参与研
究帐篷工作。经过反反复复地试用与修改，最终研制出一种

长方形大帐篷。这种帐篷轻便、实用，可以不受地形限制随便搬动，遇到特殊情况方便从两边跑走。从此，第一路军利用帐篷，冬天可以抵御风寒，夏天可以避雨防蚊。

在漫长而艰难的抗日岁月中，东北抗联第一路军既得到了人民群众的支援与拥护，也做到了自力更生，运用多种方法克服了物质生活上的极大困难，以顽强的斗争意志战胜了险恶的战斗环境，直至迎来胜利的曙光。

东北人民欢庆抗战胜利

第七章

伟大的东北抗联精神的写照

一、东北抗联精神的内涵及定位

习近平总书记曾说过："中华民族是崇尚英雄、成就英雄、英雄辈出的民族。"① 在长达 14 年艰苦卓绝的抗日斗争中，以杨靖宇、魏拯民、赵尚志、周保中、李兆麟、冯仲云、赵一曼等为代表的中国共产党人，用鲜血和生命铸就了以"忠诚于党的坚定信念，勇赴国难的民族大义，血战到底的英雄气概"为核心的东北抗联精神，从而为中国抗日战争的胜利和世界反法西斯战争的胜利做出了巨大的贡献。

（一）东北抗联精神的内涵

1.忠诚于党的坚定信念

忠诚是中华民族最重要的传统美德。党员干部对党的绝对忠诚是一种更为无私、更为可贵的优良品格，也是最重要的纪律要求。对党忠诚是共产党人价值观的精髓，是无产阶级政党与生俱来的血脉传承。无论是在日伪军残酷"讨伐"下，还是在极端恶劣环境中，抑或是与上级党组织失去联系的情况下，东北抗联指战员始终坚持党的领导，坚信抗战胜利不动摇。

笃定坚持理想信念。理想信念，是一个人的精神支柱，也是一个政党、一个民族的精神支柱。毛泽东同志曾指出：

---

① 《习近平在江西考察时的讲话》，《人民日报》2016 年 2 月 4 日第 1 版。

"每个共产党员入党的时候，心目中就悬着为现在的新民主主义革命而奋斗和为将来的社会主义和共产主义而奋斗这样两个明确的目标。"[①] 中国共产党领导的东北抗日斗争，其长期性、严酷性、艰苦性、复杂性，堪称世界之最，能够支撑东北抗联坚持下来的精神力量就是坚定的理想信念。

1932年初，中共满洲省委书记罗登贤在哈尔滨道外牛甸子岛上冯仲云家里，主持干部会议。他分析了当时的危急形势，号召东北全体党员与东北人民共存亡："蒋介石国民党以'不抵抗政策'出卖东北同胞，我们中国共产党人，一定与东北人民同患难，共生死，争取东北人民的解放。""敌人在哪儿蹂躏我们同胞，我们共产党人就在哪儿和人民一起与敌人抗争。"接着，他又庄严声明："党内不许有任何人提出离开东北的要求。谁如果提出这样的要求，那就是恐惧动摇分子，不是中国共产党党员。"[②]

正是在这种坚强信念支持下，一大批共产党人走向抗日战场，谱写了一曲曲英雄壮歌。

在东北抗联高级将领中，赵尚志可谓命运多舛。虽然屡次遭受挫折和打击，但却丝毫未熄灭赵尚志抗日的热情。

---

① 《毛泽东选集》第三卷，人民出版社1991年版，第1059页。
② 中共党史人物研究会编：《中共党史人物传》第49卷，陕西人民出版社1991年版，第247—248页。

面对组织的误解不气馁，身处逆境而不灰心，历经磨难仍坚定忠于党，他传奇的经历展现的是对党的忠诚。据韩光回忆，赵尚志在谈起 1932 年被开除党籍时说，他一心为革命，一心为祖国摆脱帝国主义的枷锁，一心为社会主义、共产主义在中国的实现，不惜抛头颅、洒热血，这在他都不在话下，唯独被开除党籍，给他在精神上的打击，使他难以忍受……他苦思了几天几夜，睡不好觉。最后，也想开了。干不干革命，是每个人自己的事。于是自己找门路，钻进孙朝阳部里去。原本想设法影响孙朝阳，改造这支武装走上真正抗日救国的道路。不成功，才拉出来自己干。[①]

1940 年 3 月，赵尚志在不清楚自己被开除党籍具体原因的情况下，在给中共北满省委《请求书》中说："党籍是每个共产党员的生命，因为我参加革命斗争已将十五年。党的一切工作，就是我一生的任务，我请求党重新审查。同时，我认为党不能把我从党的部队里清洗出去，那将使我受到宣布死刑一样。我万分地向党请求党审查，给我从组织上恢复党籍，领导我的工作，我不能一天离开党，党也不要一天放弃对我的领导。"[②]此后，赵尚志一如既往地战

---

① 中共吉林省委党史研究室、吉林省东北抗日联军研究基金会编：《韩光党史工作文集》，中央文献出版社 1997 年版，第 203—204 页。
② 赵俊清：《赵尚志传》，黑龙江人民出版社 1990 年版，第 342 页。

斗在抗日的第一线。可见，在艰难困苦的东北抗战中，东北抗联指战员表现出坚定的信念，做到了对党绝对忠诚。

周保中面对困难局面信念坚定。1938年，面对日伪军的残酷"讨伐"，东北抗联的抗日斗争进入十分艰苦的阶段。但东北抗联指战员仍然斗志顽强，坚信抗战一定会胜利。对此，周保中在日记中写道，抗日联军是东北唯一的救国武装力量，在现时遭受各种困难，首先是日军各种形式的进攻，时刻有弹尽粮绝的危险……谁能坚持到最后，最后胜利就属于谁的。因此，需要我们每个忠实于中国民族解放战争的布尔什维克，必须以坚强忍耐与目光久远的态度和坚强灵活的手段，领导抗日联军部队及群众的救国抗日斗争。

赵一曼在狱中，遍尝各种酷刑，仍然坚定信念。她忍着伤痛怒斥审讯官大野泰治，揭露日军侵略中国东北以来的各种罪行，表现出了一个共产党人保卫国家民族的决心，她坚贞不屈地说："你们不用多问，我的主义就是抗日，正如你的职责是以破坏抗日逮捕我们为目的一样，我有我的目的，进行反满抗日并宣传其主义，这是我的目的，我的主义，我的信念。"[①] 她至死也没说出有关抗联的一个字。

---

① 李云桥：《赵一曼传》，商务印书馆2018年版，第299—300页。

身负重伤的赵一曼躺在哈尔滨市立医院的病床上

东北抗联高级干部的铮铮誓言和英勇行为，淋漓尽致地体现了为民族独立、自由和解放而血战到底的坚定信念。这种信念是共产党人的精神追求和力量源泉，体现了东北抗联指战员对党的绝对忠诚。

党员干部率先奔赴抗日第一线。面对东北沦陷、民族危机严重的局面，中国共产党把民族大义放在第一位，鲜明地举起抗日的大旗，号召全国民众武装抗日。

据统计：从 1931 年 10 月起，中共满洲省委和各地党组织先后派遣 500 余名党团员到游击队和义勇军各部中工作，还从反帝大同盟、互济会、反日会等进步团体中选派骨干，加入义勇军部队。其中就有魏拯民、冯仲云、童长荣、李延禄、夏尚志、杨林、冯基平、林郁青、邹大鹏、王仁斋、张甲洲、赵一曼、刘三春等。比较著名的有杨靖宇、赵尚志、周保中、李兆麟，即人们常说的"南杨北赵东周西李"。这些民族精英，在国家面临危亡之际，以国家兴亡为己任，自觉投身抗战前线，掀起了风起云涌、波澜壮阔的抗日斗争。

正是在抗战必胜信念的支撑下，无数共产党员和民族英雄，保家卫国，甘洒热血，成为中华民族历史上永远的丰碑。同时，中国共产党人以爱国主义为号召，组成了空前广泛的抗日民族统一战线，沉重打击了日本侵略者。

积极加强部队中党的建设。东北抗联是由深受阶级压迫和民族压迫的各阶级各阶层群众组成的，其中也包括收编的统战部队，他们有着强烈的爱国之心和高涨的革命热情。但由于成分复杂，教育不够，他们身上还存在狭隘、散漫、自私等陋习。因此，加强东北抗联思想政治工作，尤其是党的建设显得十分重要。在这方面，杨靖宇、魏拯民、周保中、李兆麟等人做了大量的工作，从而保证了东北抗联的战斗力。

魏拯民为了加强抗联指战员的政治文化水平，花费了半年的时间，亲自编写了一册《政治读本》，文字简明扼要，内容浅显易懂。1937 年 11 月，他曾对东北抗联第二军独立旅政委伊俊山说："所有的共产党员，都必须在其所到之处同群众进行密切联系，去帮助群众，组织群众。要彻底改变那种只顾打仗不去联系群众和组织群众的单纯军事观点。因此，我才把树立密切联系群众的作风，作为单独一章写进《政治读本》。在敌人千方百计要把我们和人民群众分开的情况下，在我们被迫走进大森林的情况下，加强和人民群众的联系，就成为特别重要的大问题，就成了生死攸关的大问题。"[①] 他在给杨靖宇的信中说：培养一支能文能武，既有高度政治觉悟又有文化素养的抗日救国部队，应该是第一路军的理想追求。

周保中在指挥军事斗争的同时，也时时关注部队中党的建设，尤其重视党的群众工作。1936 年 6 月，他曾对陶宜民等人说："东北抗日联军是中国共产党领导的抗日队伍，自建立以来，在党的正确领导下，宣传群众、组织群众，在广大人民群众的密切配合下英勇奋战，战绩辉煌，抗日斗争形势越来越好，抗日联军队伍不断扩大，使日寇在东北背上了一个沉重的包袱。因此，日寇近来频繁出动，一方面对抗日联军进行大规模"围剿"；另一方面疯狂推

[①] 郭肇庆：《魂系长白山——魏拯民传》，黑龙江人民出版社 2009 年版，第 317 页。

行归屯并户，在物资上严密封锁、政治上招抚利诱分化瓦解，企图一举消灭我们，甩掉抗联这个包袱，集中军事力量，向关内进攻，进而侵占全中国……我们要积极深入群众，开展反封锁、反分化斗争，打乱敌人的计划，粉碎敌人的阴谋。"①

李兆麟在东北抗日斗争前期，主要负责部队的思想政治工作。他十分重视提高指战员的民族气节和革命觉悟，尤其是加强部队党的领导。1937年8月，时任东北抗联第三军政治部主任的李兆麟，起草了《关于军队中党的工作问题》指示信，下发到三军各师党委。要求加强各级党委的领导力量，建立健全连队党支部和党小组，在团、师、军部和各独立机关如执法处、后方办事处、被服厂、军械厂、医院等建立党支部，严密党的组织生活，要求全体党员发挥先锋模范作用。

总之，正因为东北各级党组织和东北抗联高级将领在抗日战争中始终加强党的领导，东北抗联才能始终保持高昂的斗志和坚强的战斗力。应该说，这是东北抗联坚持抗战14年最重要的因素之一。

努力寻求中共中央的领导。在长期的革命斗争中，东

---

① 中共吉林省委党史工作委员会编：《回忆周保中》，吉林人民出版社1989年版，第28页。

北抗联指战员始终心中有党，在与党中央失去联系后，他们千方百计谋求与上级领导联系，以便得到党的指导。

1935 年后，由于中央红军正在长征，东北抗联与党中央联系便基本上断绝了。1936 年 1 月，中共代表团正式撤销了满洲省委。东北的抗日斗争陷入了各自为战的境地，从而给东北抗战造成了一定的损失。

1939 年 10 月 12 日，冯仲云在给中共中央的信中，谈到了与党中央失去联系的痛苦："1935 年 5 月—1939 年 5 月，整整 4 个年头了，这是多么悠久的岁月啊！这 4 个年头中，北满党完全是处在四处隔绝的状态中。他们与外部没有任何的联系，得不到任何直接的援助，没有得到上级组织的领导……使党内各种问题不能及时地在政治上、组织上解决，使工作受到无限损失……"[①]

1940 年 4 月，魏拯民在给中共代表团的一份报告中写道："我们有如在大海中失去了舵手的小舟，有如双目失明的孩提，东碰西撞，不知所从。当目前伟大的革命浪潮汹涌澎湃之际，我们却似入于铜墙铁壁中，四面不通消息，长期闷在鼓中，总听不到各处革命凯歌之声。当然实际情况并不止此。自从与上级机关中断了联系之后，我们在工

---

① 赵亮、纪松：《冯仲云传》，中央文献出版社 2008 年版，第 159—160 页。

作上还不断的遭到不可想象的重大损失。"①

为了寻找党中央，东北抗联第一军举行了两次西征，第二路军也多次派人入关。赵尚志被苏联扣留时请求回国抗战的一个目的是，要组织一个马队到陕北寻找中共中央。东北抗联教导旅旅长周保中也采取多种途径，希望与中共中央取得联系，但由于多种原因而未实现。

实际上，从 1935 年 5 月开始，一直到 1945 年 8 月抗战胜利，共计 10 年多，东北抗联一直没有与中共中央联系上，这在中国共产党党史上是绝无仅有的。就是在这种情况下，东北抗联主要将领也始终没有放弃寻找党中央，并努力与中共代表团联系。虽然没有达到目的，但却体现了一个中国共产党党员坚定的组织信念，足以令人肃然起敬。

最先实践党的抗日民族统一战线。在中共中央、中共代表团的领导下，中共满洲省委根据"一·二六指示信""六三指示信""八一宣言"等文件，首创首行党的抗日民族统一战线。由于这一方针政策符合东北抗战的实际，调动了广大民众的抗战积极性，尤其是团结了大多数抗日武装，从而形成了全东北的抗战热潮。

---

① 《东北抗日联军史料》编写组编：《东北抗日联军史料》（上），中共党史资料出版社 1987 年版，第 199 页。

"一·二六指示信"明确指出："我们总策略方针，是一方面尽可能地造成全民族的（计算到特殊的环境）反帝统一战线来聚集和联合一切可能的，虽然是不可靠的动摇的力量，共同的与共同的敌人——日本帝国主义及其走狗斗争。另一方面准备进一步的阶级分化及统一战线内部阶级斗争的基础，准备满洲苏维埃革命胜利的前途。"[①]"一·二六指示信"虽然还未完全摆脱"左"倾错误的影响，但是，说明中国共产党迅速适应了形势要求，开始积极调整政策，首次创造性提出在东北组建全民族反日统一战线的策略，不仅对东北转变斗争策略起到重要作用，而且对推动早日建立全国性抗日民族统一战线跨出了一大步。

1935 年 6 月华北危机日益加深，中共代表团针对东北抗日情况，起草了"六三指示信"，提出坚持长期抗战思想，重申了扩大党的抗日民族统一战线和广泛开展抗日游击战争的主张。1935 年 7 月，共产国际第七次代表大会正式提出建立反法西斯统一战线和实行反帝统一战线策略。根据这一精神，中共代表团签署了"八一宣言"，完整地阐述了党的抗日民族统一战线的策略战略，主张建立"统一的国防政府""统一的抗日联军""组成统一的抗日联军总司令

---

① 中国人民解放军历史资料丛书编审委员会：《东北抗日联军·文献》，白山出版社 2011 年版，第 99—100 页。

部"。9月2日,《东北抗日联合军组织条例(草案)》公布,第一条即为"东北抗日联合军由东北人民革命军、义勇军、自卫军、救国军及抗日山林队等等共同组织而成,取消原来各军名称而称为东北抗日联合军第 X 军第 X 师第 X 团"。[①]从 1936 年 3 月至 1937 年 10 月,中国共产党相继组建了东北抗日联军第一至十一军,最盛时人数为 3 万余人。[②]

东北抗联第一至七军都是中国共产党亲自领导组建的,其共同的特点是联合了众多的反日游击队、山林队、救国军等抗日义勇军,共同抗日。东北抗联第八军是在土龙山农民暴动基础上建立的,军长谢文东曾是依兰的一个大地主;东北抗联第九军也是中共领导下的一支统战部队,军长李华堂曾是旧东北军的一个营长;东北抗联第十军是在反日山林队基础上建立的,军长汪雅臣,报号"双龙";东北抗联第十一军是在"明山队"基础上发展起来的,军长祁致中,被称为"祁老虎"。可见,东北抗联确实是具有统一战线性质的革命队伍。

总之,在中共代表团的指示下,在中共满洲省委领导下,中国共产党在各抗日队伍中开展了卓有成效的统战工

---

① 中国人民解放军历史资料丛书编审委员会:《东北抗日联军·文献》,白山出版社 2011 年,第 449 页。

② 孔令波、王承礼主编:《东北抗日联军》(上),吉林人民出版社 2005 年版,第 7 页。

作，在极端困难的条件下，团结起大多数抗日力量，建立
了东北抗联，牵制了大量的日本侵略军，创建了东北抗日
游击根据地，有力地支持了全国抗战。由于东北抗日统一
战线提出得最早，坚持的时间比较长，曲折也比较大。这
里既有成功的经验，也有失败的教训。这些经验教训，对
全国抗日民族统一战线的形成具有一定的借鉴作用。

2. 勇赴国难的民族大义

所谓民族大义就是爱国主义。爱国主义是人们忠诚、
热爱、报效祖国的一种集情感、思想和意志于一体的社会
意识形态。列宁说过："爱国主义就是千百年来巩固起来的
对自己祖国的一种最深厚的感情。"① 爱国主义是对生我养
我的这片热土、山川和人民的真挚的情感，是对悠久灿烂
历史和文化传统的自豪和眷恋，是对祖国主权和尊严的坚
决捍卫，是对卖国求荣的无比鄙视，是对爱国志士的无比
崇敬。

全面制定抗日救国的指导思想。日本帝国主义发动
九一八事变后，东北地方政府和东北军执行蒋介石的"不抵
抗"命令，致使中国东北地区迅速沦陷。面对日本帝国主义
日益扩大的侵略战争和中国严重的民族危机，中国共产党

---

① 《列宁选集》第三卷，人民出版社 1956 年版，第 579 页。

从全民族的根本利益出发，勇于担当，制定了东北抗战的指导思想，实行抗日民族统一战线，掀起了东北抗战的新高潮。

9月22日，中共中央做出了《关于日本帝国主义强占满洲事变的决议》，中共满洲省委于9月19日发表了《中共满洲省委关于反对日本帝国主义占领满洲的宣言》，9月20日发出了《中共满洲省委、团满洲省委告群众书》，9月23日做出了《对士兵工作的紧急决议》。中共中央和中共满洲省委通过下发的系列指示、宣言、决议，确立了东北抗战的指导思想，即号召东北民众组织起来，开展各种形式的反日斗争，尤其是开展武装的游击战争，直接打击日本侵略者。在当时混乱的中国政局下，这个指导思想鼓舞了中国人民奋起抗日的斗争精神。

1932年底，日伪军展开大规模"讨伐"，抗日义勇军主力大部分溃散，东北抗战步入低潮。面对东北严峻的斗争形势，危难时刻，中国共产党再次挺身而出，开创性地提出建立东北抗日民族统一战线的号召，指明了东北抗战的方向。通过"一·二六指示信""六三指示信""八一宣言"等系列指示、宣言，中国共产党团结东北各阶级、各阶层、各团体，建立了广泛的抗日民族统一战线，组建了东北抗联11个军，从而沉重地打击了日本帝国主义。

　　总之，中国共产党提出、制定的抗日救国思想，体现了中国人民的意志和心声，得到了东北人民的拥护和支持，尤其是在各抗日队伍中开展了卓有成效的统战工作，团结了大多数抗日力量，建立了东北抗联，对全国抗战产生了积极影响。

　　最早建立东北抗日游击根据地。从 1932 年至 1942 年，中国共产党领导的东北抗日武装，在反抗日本帝国主义的斗争中，在南满、东满、吉东和北满等地创建了 8 块抗日游击根据地，并以此为中心，建立了覆盖 70 余县的游击区，广泛组织群众，开展游击战争，沉重打击了日伪的反动统治，为东北抗战的胜利奠定了重要的基础。这些被毛泽东称为"长白山根据地"的抗日游击根据地，是中国乃至世界最早的抗日根据地。

　　南满抗日游击根据地。1932 年至 1940 年间，杨靖宇先后建立了包括以红石砬子、玻璃河套为中心的磐石游击根据地，以濛江、桦甸和抚松为边界的河里抗日游击根据地，以桓仁、本溪、兴京交界的老秃顶子、和尚帽子为中心的桓本兴抗日游击根据地。南满抗日根据地的建立，使杨靖宇领导的南满抗日武装部队有了比较稳固的战略支撑点。此外，还创建了众多的具有东北特色的密营，坚持长期对日作战。

东满抗日游击根据地。东满延吉、汪清、珲春、和龙游击队建立后，在偏僻边远山区建立了 10 余块抗日游击根据地。1935 年初，东北人民革命军独立师在安图车厂子和汪清罗子沟，建立了车厂子、罗子沟游击根据地。11 月，王德泰率领东北人民革命军第二军在安图奶头山创建奶头山抗日游击根据地，人口达 2 万余人。后又发展了长白山抗日游击根据地，并先后在敦化、额穆、宁安、临江、抚松、长白等县建立了数十处密营。①

在吉东、北满，中国共产党领导的抗日武装也建立了众多的抗日游击根据地。

中国共产党领导的东北抗日武装在游击根据地内发展党的组织，建立了以农民委员会、反日会、救国会为主要形式的抗日民主政权，开展一些战时的经济工作以及文化、教育、卫生和宣传工作，保护民众的利益，从而得到了民众的支持，因此日伪的"讨伐"大多以失败而告终。

率先形成抗日游击战争的战略战术。1937 年全面抗战之后，毛泽东把独立自主的山地游击战争提高到了战略高度。而东北抗日将领从建立游击队开始，便进行了独立自主的抗日游击战争，不断探索抗日游击战争的规律，总结

---

① 孔令波、王承礼主编：《东北抗日联军》（上），吉林人民出版社 2005 年版，第 246 页。

积累了许多战略战术，形成了自己独具特色的游击战争模式，并在实际斗争中熟练运用。

杨靖宇战术的指导思想是根据敌强我弱的形势做出的，避强攻弱，避实就虚，以求打击敌人，保存自己，发展自己。杨靖宇在长期实践中形成了自己独特的军事战术，即"四不打原则""三大绝招""四快"等原则。此外，还有其他比较灵活的游击战术，如夜间偷袭、伏击突袭、阻击拦截、声东击西、内外夹击、牵敌迂回、分化瓦解等。

赵尚志曾撰文总结了十种游击战术：运动战与阵地战；外线战与内线战；进攻战与防守战；歼灭战与消耗战；化整为零和集零为整；避实就虚，敌进我退，敌退我进；迂回奇袭；小包围和大包围；诱敌、毁敌、间敌、疲敌、惑敌；敌在明处我在暗处，行踪飘忽，出没无常。

周保中关于战术问题有过详细论述："关于抗日联军战略战术问题：一般是避强攻弱，乘隙伺虚，以求打击敌人，发展自己，或让避强敌，保存自己，战略性质基本上是防御的。迨至分散之敌疲惫之后，便迅速集中力量予以打击，然后再迅速分散。这是东北抗联战略问题的一般指导思想。"①

---

① 《东北抗日联军史料》编写组编：《东北抗日联军史料》（下），中共党史资料出版社 1987 年版，第 448 页。

东北抗日联军的战略战术是在对日作战中摸索出来的，是在与中共中央、中共代表团失去联系后和中共满洲省委撤销后逐渐地独立自主形成的，体现了实事求是、勇于创新、不拘一格、灵活机动的特点，是中国共产党军事思想的宝贵财富。

始终坚持爱国主义与国际主义的有机统一。爱国主义是中华民族精神的核心。无产阶级的国际主义是马克思主义的重要组成部分。在东北抗日斗争中，东北人民革命军、东北抗日联军与朝鲜共产主义者及苏军的密切配合，既是民族大义的重要体现，又是国际主义的具体体现。东北抗联的国际主义精神，在反法西斯东方战场是非常特殊的，具有鲜明的特点。

由于东北抗联制定了正确的统一战线政策，中朝军民团结一心，投身到抗击日本帝国主义的洪流中。许多朝鲜青年争先恐后地加入抗联队伍，男同志持枪战斗，女同志则负责宣传、侦察、看护伤员。在烽火连天的东北抗日斗争中，中朝两国战士并肩战斗，纵横驰骋在林海雪原上、白山黑水间。在东北人民革命军第二军中，朝鲜籍战士占比很大。据统计："一团：……中国人占五分之一。二团：……中国人占百分之七十五以〔上〕，若连收编的算在内中国人占百分之九十以上。三团：……中国人占百分之二十。四团：……中国人占百分之五十。"① 文中中国人所占百分比之外的基本上都是朝鲜族或朝鲜籍。东北人民革命军第二军以东满为根据地，与周保中、李延禄等部协同作战，取得了一系列战斗的胜利。据统计，从 1931 年九一八事变到 1936 年 7 月，东北人民革命军第二军、东北抗联第二军同日伪军作战 23928 次，毙伤日伪军警 4321 人，俘虏 18114 人，缴获武器 3179 件。

1936 年 5 月，第二军第六师（原三师）在东岗召开干部会议，贯彻共产国际第七次代表大会精神，开展朝鲜人抗日统一战线工作，商议建立"祖国光复会"等问题，会议通过了"祖国光复会"的十大纲领和《创立宣言》，选举金日成担任会长。此后，南满地区也成立了"祖国光复会"。对此，中国共产党东北地方党组织给予大力支持。朝鲜"祖国光复会"成立后，在东北广大朝侨居住地开展活动，支援东北抗日联军作战。

在共同抗击日本侵略者的战争中，许多人献出了宝贵的生命。中国人民的伟大儿子张蔚华被捕后，为了保守党的秘密，为了保护金日成，抛下贤惠温柔的妻子、天真年幼的儿女、年老体弱的父母，毅然服下了升汞，牺牲了自

---

① 中央档案馆、辽宁省档案馆、吉林省档案馆、黑龙江省档案馆编：《东北地区革命历史文件汇集》甲 30，1989 年版，第 350—351 页。

己最宝贵的生命，谱写了一曲中朝人民的友谊之歌。对此，金日成曾悲痛地回忆道："接到张蔚华自尽的噩耗，我一连几天夜不成眠，食不下咽。我感到空虚，仿佛苍天哗啦一声在我身边崩塌下来；我感到胸口郁闷疼痛，好像重重地挨了一闷棍；我神魂摇荡，犹如从千丈悬崖坠入无底的深渊。在那悲痛欲绝的日子里，在我的胸中不知响起了几百遍悲愤凄咽的挽歌。"①

正是从中朝人民共同抗日的角度来讲，毛泽东主席说："东北抗日联军实际上是中朝联合军。"②

东北抗联与苏军的配合也十分密切。东北抗联的武装抗日斗争，打乱了日本侵略者的战略部署，对其入侵苏联的计划起到了一定的牵制作用。1938年8月、1939年5月，日军先后挑起张鼓峰事件、诺门罕事件，积极向苏军进攻。东北抗联将士把东北游击战争与反对日本进攻苏联的行动结合起来，加紧袭扰敌人后方，狠狠地打击敌人，牵制了大批日军，有力配合了苏军对日军的作战。关于这一点，魏拯民、李兆麟在向中共代表团和苏军代表王新林的汇报中做了介绍。苏联顾问承认："在东北，日军被迫留住大量

---

① 金日成：《金日成回忆录——与世纪同行》（4），外文出版社1993年版，第366页。
② 中共吉林省委党史研究室、吉林省东北抗日联军研究基金会编：《韩光党史工作文集》，中央文献出版社1997年版，第65页。

　　1943 年 10 月，东北抗日联军教导旅野战演习后部分干部在北野营的合影

　　关东军。"① 日本人也承认："由于满洲人民的反满抗日斗争，最尖锐地暴露出来了……关东军迫于讨伐，致使本来的目的——整备对苏战略体系，始终也不得进展。"②

　　从 1940 年秋冬开始，东北抗联各部为保存实力陆续越境入苏，建立南北野营进行整训。1942 年 8 月，成立

① 瓦·伊·崔可夫著、万成才译：《在华使命——一个军事顾问的笔记》，新华出版社 1980 年版，第 47 页。
② 信夫清三郎编、天津社会科学院日本问题研究所译：《日本外交史》下册，商务印书馆 1980 年版，第 601—602 页。

东北抗日联军教导旅纪念馆

了东北抗日联军教导旅。1942 年 9 月，成立了中共东北党委员会。到 1945 年 9 月抗战胜利，在 5 年的时间里，东北抗联在居住、训练、装备、物资等方面，都得到了苏军的支持与援助。与此同时，东北抗联小部队，不断派遣人员潜回东北，收集日伪情报，累计人数在 300 人以上。东北抗联小部队的活动，为苏军反攻东北，做出重大贡献。

对于东北抗联与朝、苏军配合作战问题，1986 年 4 月，中共中央在批示同意的《东北抗日联军历史问题座谈会纪要》中给予了充分肯定："东北抗日联军是一支体现着爱国主义和国际主义的人民抗日武装。它的指战员同朝鲜共产主义者和革命战士并肩战斗，在共同抗击日本帝国主义侵略者的斗争中，结成了唇齿相依、休戚与共的战斗友谊。它的斗争，对于日本法西斯入侵苏联的企图和武装挑衅，起了牵制作用。它在后期同苏联远东军建立的协同作战的关系，是各国人民在世界反法西斯斗争中互相支援、共同对敌的关系。"①

东北抗联的国际主义精神具有独特性，在中国共产党所有革命精神中，其特点是鲜明的，其成效是显著的。

3. 血战到底的英雄气概

英雄气概就是革命英雄主义精神，是指为了祖国和人民的利益，面对强大的敌人，不怕流血牺牲，英勇顽强，前赴后继，一往无前的革命精神，是要压倒一切敌人而不向敌人屈服的英勇气概；是指在艰苦困难的条件下，英勇顽强，苦中作乐，战胜一切艰难困苦的豪迈胸怀。这是中华民族精神的重要组成部分，是中华民族的优秀品质和文化精华，是中国共产党的光荣传统和优良作风。正是有了视死如归的革命英雄主义精神，东北抗联才能在十分恶劣的环境下，顽强坚持了长达 14 年的抗日游击战争，与凶恶的日本侵略者血战到底。

---

① 中共吉林省委党史研究室、吉林省东北抗日联军研究基金会编：《韩光党史工作文集》，中央文献出版社 1997 年版，第 602—603 页。

英勇抗击日伪"讨伐"。九一八事变后，日本帝国主义为了实现"灭亡中国，独霸亚洲"的迷梦，把东北作为其侵略整个中国乃至东南亚的基地，制定了殖民统治方针，不断强化殖民统治机构，尤其是大力扩充军警宪特，对中共领导的抗日武装力量进行疯狂"围剿"。面对十分强大的敌人极其残酷的"讨伐"，东北抗联不断改变游击战略，坚持抗日游击战争，英勇抗击日伪"讨伐"。

在日本关东军统一指挥下，日伪军、警、宪、特严密部署，互相配合，对中共领导的抗日武装力量进行一次次大规模的疯狂"剿杀"。规模较大的有 1936 年夏至 1937 年春的"东边道独立大讨伐"，1937 年夏至 1939 年春的"三江地区大讨伐"，1939 年 10 月至 1941 年 3 月对东北抗联第一路军进行的联合大讨伐，1940 年初至 1941 年秋对东北抗联第三路军进行的大讨伐。日伪军采取"治标"（军事讨伐）与"治本"（修建"集团部落"、实行保甲连坐、修筑警备道路、进行经济封锁及进行政治"宣抚"等）相结合的办法，对东北抗联的活动区域实行轮番"讨伐"。最恶毒的是日伪军在东北修建"集团部落"。日军拆毁、烧毁无数村庄，将中国民众强制迁入深沟高垒、看守严密的"集团部落"。在东北沦陷的 14 年中，日伪军在东北总计建立"集团部落"1.7 万余个，被迫迁入的民众有 490 余万人，约占当时伪满境内总人口的 10%，其中被杀害和折磨致死的民众不下十数万人。^①尤其是日伪军实行的"三光"政策、"集团部落"政策和制造"无人区"，隔绝了东北抗日联军与人民群众的血肉联系，使东北抗联陷于孤立无援、饥寒交迫的境地。

面对日本的法西斯统治，面对日伪军的残酷"讨伐"，东北抗联在极其困苦的环境下，高举抗日大旗，不惜抛头颅洒热血，坚持抗战不动摇，与日本侵略者血战到底。他们运用伏击、奇袭等游击战术，攻城破镇，取得了学田地战斗、哈尔巴岭伏击战、老钱柜战斗、摩天岭战斗、冰趟子战斗、依兰城战斗、通（化）辑（安）路战斗、小孤山战斗、寒葱岭战斗、肇源城战斗等胜利，沉重地打击了日本帝国主义，体现了人民军队不畏强敌、敢打敢拼的优良作风。这种不畏艰险、直面生死的精神足以惊天地，泣鬼神！

竭力克服经济困难。在日伪严密的经济封锁和残酷的军事"讨伐"之下，东北抗联陷入了物资匮乏、生活困苦之中。最大的困难是缺衣少食，特别是长达半年的冬季，物质生活的困难达到了极点。1939 年 10 月 12 日，冯仲云以北满省委代表的名义写给中共中央的报告，详细陈述了北满抗联斗争的困境："一九三八年来松江两岸之队

---

① 佟冬主编，刘信君、霍燎原本卷主编：《中国东北史》（修订版）第六卷，吉林文史出版社 2006 年版，第 459—460 页。

抗联战士野外炊事（模拟图）

伍大多被围深山密林，饥饿与寒冻，粮尽弹绝，整年树皮、青草、草根、松子、马皮、石皮……均为其难得而不能供给之粮食。在整个冬季零下四十摄氏度左右的刺骨严寒，没腰深雪中没有寒衣地露宿。伤亡与疾病困缠着他们。牺牲、叛变、投敌、逃亡、越境流亡频出，队伍于是损失殆尽。"[①]东北抗联第二路军西征部队给养非常缺乏："有时十几天吃不到粮食，就靠战马的马肉充饥，加上战斗中的损失，战马吃光了，骑兵变成了步兵；后来在搞不

[①] 史义军：《冯仲云年谱长编》，国家图书馆出版社 2019 年版，第 191 页。

野菜标本

到粮食的时候，就吃野果、野菜乃至树皮、草根。战士鞋子破了就赤着脚坚持行军、打仗。"[1]抗联老战士王传圣也回忆道："天寒地冻，无衣无食，有时赤足行军在雪地上，空腹与顽敌搏斗。"[2]

为了解决生存问题，东北抗联采取屯垦生产、取之于敌、群众支持、争取苏军支持等多种办法，解决经济困难，

---

[1] 刘文新：《东北抗日联军第五军》，黑龙江人民出版社1985年版，第126页。
[2] 孙继英、周兴、宋世章：《东北抗日联军第一军》，黑龙江人民出版社1986年版，第206页。

以打破日伪军的经济封锁，争取生存空间，坚持抗日斗争。

顽强战胜恶劣环境。东北自然条件恶劣。冬季，冰天雪地，大雪纷飞，积雪常在一米深左右，有时甚至深可没人，气温常在零下四十摄氏度左右，抗联战士备受"火烤胸前暖，风吹背后寒"之苦；夏季常常是大雨滂沱，连绵不断，蚊虫成阵，抗联战士又饱尝"湿衣溃足气喘难，蚊叮虫咬痕斑斑"之苦。正如抗联战士所描述的那样：天大的房子、地大的炕，火是生命，森林是家乡，野菜野兽是食粮。这是东北抗联艰苦战斗生活的真实写照。

"火烤胸前暖，风吹背后寒"是东北抗日联军艰苦生活的真实写照（模拟场景照）

对于冬季东北抗联的艰苦生活，东北抗联一军军史曾有如下记载："特别是冬季天气十分寒冷，使抗联部队的衣食住行陷于极端困难的境地。抗联战士缺衣少食，经常十天半月吃不到粮食，常常是渴了抓把雪，饿了吃些树皮、野菜、草根，没有鞋穿，就用破布或麻袋片包起来在雪地上行军，常常是空腹与敌军搏斗。部队每次从敌人手中夺取粮食和给养，都要经过激烈的战斗，几乎都要付出鲜血和生命的沉重代价。长白山地冻天寒，气温常常是零下三四十摄氏度，不少战士冻掉了手指和脚趾，很多战士在雪地宿营时，躺下后就冻得站不起来，被严寒夺去了宝贵的生命。"① 东北抗联的艰苦生活可见一斑。

对于夏季东北抗联的艰苦状况，《东北抗日联军史》曾详细地描写：1938 年六七月份北满东北抗联开始西征的时候，恰逢东北的雨季，抗联指战员经历了艰苦的行军。"当时正值雨季，阴雨连绵，风雨交加，干部战士浑身湿透，为了躲避敌人的堵截，部队日夜兼程，行进中经常摔倒，有的战士走着走着竟睡着了。最不好走的路是在沼泽地里过'漂垡甸子'和'塔头甸子'。'漂垡甸子'表面上长满杂草，底下是烂泥塘，一不小心就会陷进去。'塔头甸子'也

---

① 张洪兴：《东北抗联精神》，白山出版社 2010 年版，第 251 页。

称'红眼蛤塘',一个个'塔头'上长满青草,下面都是腐烂植物形成的红锈水,战士们要在'塔头'上跳着走,稍一偏,就滑落到水里。数天过去,战士的双脚就被红锈水沤烂了,脚往地下一踩,如同针扎一样疼痛。在森林、草甸子里,蚊蠓成阵,战士们的头、脸、裸露的皮肤被蚊子、小咬、瞎蠓叮咬得苍肿起来。"①

对此,彭真同志曾对冯仲云等人感慨地说:"我们共产党人领导的革命斗争中,有三件事最艰苦:第一件是红军二万五千里长征;第二件是红军长征后南方红军三年游击战争;第三件是东北抗日联军的 14 年苦斗。"② 后来,毛泽东也谈到东北抗联的抗日斗争是共产党历史上最艰苦的斗争。

视死如归,宁死不降。在长达 14 年艰苦卓绝的斗争中,东北抗联指战员坚贞不屈,英勇献身。其英雄壮举可谓惊天地,泣鬼神!

赵尚志于 1942 年 2 月 12 日负伤被捕。在审讯中,他大义凛然,宁死不降。他历数日伪军犯下的滔天罪行,不断痛斥、怒骂审讯官,而置刀枪痛苦于不顾,显示出中国

---

① 《东北抗日联军史》编写组编:《东北抗日联军史》(下册),中共党史出版社 2015 年版,第 713 页。
② 赵亮、纪松:《冯仲云传》,中央文献出版社 2008 年版,第 159—160 页。

共产党人的凛然正气和高尚气节。最后惨遭杀害。

1941年1月，重病之中的魏拯民在桦甸市四道沟抗联密营病饿而逝，苦难殉国，年仅32岁。

陈翰章于1940年12月在宁安小弯弯沟战斗中被俘，他痛骂敌人不止，宁死不降。凶残的敌人用短刀在他脸上乱扎乱砍，并残暴地把他的双眼剜出来。陈翰章仍然怒骂敌人，直到壮烈牺牲。时年仅27岁。

赵一曼被捕后，尝遍敌人吊打、鞭抽、火烤、电刑、老虎凳、刮肋骨、压杠子、烙铁烫、喝汽油、灌辣椒水等

十二烈士山战斗（绘画）

位于牡丹江畔江滨公园的八女投江群雕

十几种酷刑，拒不投降。最后高唱着《红旗歌》，慷慨就义，实现了自己"捐躯赴国难，视死忽如归"的铮铮诺言。

此外，还有一些英雄群体，如"八女投江""十二烈士""莲花泡四十二烈士"等，体现了中华儿女舍生取义的英雄本色。

惨烈牺牲，彪炳青史。据统计，在14年的抗日战争中，中国共产党领导的抗日武装部队共损失914267人，其中八路军、新四军和华南抗日游击队共伤290467人，亡160603

人，被俘 45989 人，失踪 87208 人，计 584267 人；东北义勇军和东北抗联伤亡 33 万余人，占整个中国共产党领导的抗日武装的损失 1/3 还要多。[1]

在残酷的抗日斗争中，东北抗联的干部牺牲是惨重的。1936 年 4 月 10 日，《中共吉东省委、宁安县委、第五军党委书记周保中给王明、康生的信》中说："优秀忠实的干部不断的牺牲，群众斗争中提拔的、培养的、教育的，赶不上牺牲的多。"[2] 据不完全统计，东北抗联师以上干部 79 人战死疆场，其中军以上干部就 32 人。[3]

最令人感动的是，在东北抗战时期，牺牲的革命战士有名的很少，更多的是无名烈士，仅以东北抗联第一军为例。

① 刘庭华：《中国抗日战争论纲 1931—1945》，军事科学出版社 2005 年版，第 396 页。
② 中央档案馆、辽宁省档案馆、吉林省档案馆、黑龙江省档案馆编：《东北地区革命历史文献汇集》甲 28，1989 年版，第 18 页。
③ 根据民政部、退役军人事务部 2014 年、2015 年、2020 年公布的著名抗日英烈中有关东北抗联师以上英烈名录统计。

东北抗联第一军烈士统计（不完全）[①]

军队名称	有名烈士	无名烈士
磐石游击队时期	7	20 多
东北人民革命军时期	22	190 多
东北抗联第一路军时期	29	280 多
东北抗联第一方面军时期	2	60 多

在那血雨腥风的岁月里，为了民族的解放，东北抗联万千将士抛头颅，洒热血，坚贞勇敢，前仆后继，付出了巨大的牺牲。他们的英雄事迹将与日月同辉，与天地长在！

（二）东北抗联精神的评价

中国共产党领导的东北抗日武装，在长达 14 年的艰苦抗日斗争中，牵制了日本关东军的主力，迟滞了日本侵华的进程，打乱了日军北上入侵苏联的计划，有力配合了全国的抗战和世界反法西斯战争，为中国共产党先机抢占东北，建立巩固的东北根据地创造了条件。在此期间形成的伟大的东北抗联精神，产生了积极的历史作用。

1. 东北抗联精神的历史作用

唤醒民族爱国意识。九一八事变后，中国共产党确立

[①] 中央档案馆、辽宁省档案馆、吉林省档案馆、黑龙江省档案馆编：《东北地区革命历史文献汇集》甲 62，1990 年版，第 147、155、161、176 页。

的抗战指导思想、抗日民族统一战线政策以及东北抗日武装忠诚于党的坚定信念，勇赴国难的民族大义，血战到底的英雄气概，唤醒了全国人民尤其是东北各阶级、各阶层民众的抗日意识，人们积极投入到伟大的东北抗战当中，与日本帝国主义进行了殊死的斗争，从而标志着中华民族的觉醒进入到一个新的历史阶段。

支撑东北抗战的精神力量。东北抗日斗争的极端艰苦，在中国乃至世界战争史上都是极为罕见的。东北抗联不仅要同数倍、数十倍乃至数百倍于己的敌人殊死搏斗，而且还要克服许多常人难以想象的各种困难。为此，许多东北抗联将士英勇牺牲在战场上，也有许多被严寒和饥饿无情地夺去了生命。但是，就是在这样残酷的条件下，他们英勇坚持了14年，直到东北的彻底解放。正是伟大的东北抗联精神成为东北人民坚持长期抗战并赢得最后胜利的精神支柱。

成为中国共产党人精神谱系的重要组成部分。东北抗联精神作为中国共产党人精神谱系的重要组成部分，与同一历史时期产生的建党精神、井冈山精神、长征精神、延安精神、西柏坡精神等一样，既有共性，也有个性。从共性来说，它们都是共产主义理想信念在不同历史时期革命形势和任务相结合的产物。从个性而言，东北抗联精神与其他各具特色的中国革命精神相比，是中国革命精神史上的一座"富矿"，独具特色。东北抗联精神的内涵中含有的理想信念、爱国主义、英雄主义、艰苦奋斗、开拓创新、国际主义等方面的内容，具有鲜明的东北特色，丰富了中国共产党人精神谱系的内涵。

2. 新中国成立前中国共产党领导人对东北抗联的肯定与评价

对于东北抗联的地位和作用，中国共产党领导人在新中国成立前曾经给予过肯定的评价。

毛泽东在《抗日游击战争的战略问题》一书中指出："东三省的游击战争，在全国抗战未起以前当然不发生配合问题，但在抗战起来以后，配合的意义就明显地表现出来了。那里的游击队多打死一个敌兵，多消耗一个敌弹，多钳制一个敌兵使之不能入关南下，就算对整个抗战增加了一分力量。至其给予整个敌军敌国以精神上的不利影响，给予整个我军和人民以精神上的良好影响，也是显而易见。"[①] 朱德也曾指出："东北同胞，组织了数万人民革命军和义勇军，不让日本强盗在那里安然开发资源和利用市场，相反地，日本强盗为了维持东北的'治安'，却要派极大的军队，耗费了许多有生力量和每月数万万的军费。"[②]

---

① 《毛泽东选集》第二卷，人民出版社 1991 年版，第 416 页。
② 《朱德选集》，人民出版社 1983 年，第 44 页。

1938 年 11 月 5 日，中共中央在召开的六届六中全会期间，致电以杨靖宇为代表的东北抗日联军和东北全体同胞："东北抗日联军杨司令靖宇同志转东北抗日联军的长官们、兵士们、政治工作人员们：在中共扩大的六中全会的时候，我们代表中国共产党全体党员及共产党领导的抗日军及游击队，向沦陷在敌人统治下已七年多的东北同胞们，在冰天雪地与敌周旋七年多的不怕困难艰苦奋斗之模范的东北抗日军队，表示最深刻的同情，并向你们致最崇高的民族革命敬礼！"①

在此前后，周恩来、陈云、彭真等中央领导也对抗联的贡献与作用给予了肯定。

1948 年 1 月 1 日，中共中央东北局曾专门做出决定，指出："前东北地下党组织之党员与抗联干部同志们，在党中央领导与抗日救国的总的政策之下，曾在极艰难复杂环境中对日本帝国主义和伪满洲国进行了长期的残酷的英勇斗争，曾得到东北人民的爱戴。'八一五'东北光复初期，又协同苏联红军及八路军、新四军，最后击败日寇，解放了东北。是中国党光荣历史不可分的一部分。"② 1949

---

① 中共吉林省委党史研究室编：《杨靖宇将军》，吉林人民出版社 2005 年版，第 222 页。
② 尚金洲：《中共中央与东北抗日联军》，中央文献出版社 2010 年版，第 17 页。

年 5 月 14 日，毛泽东为党中央起草的致东北局并告林彪、罗荣桓、谭政、中原局的电文中对东北抗联的艰苦斗争也给予了肯定："抗联干部领导抗联斗争及近年参加东北的斗争是光荣的，此种光荣斗争应当受到党的承认和尊重。"[①]

上述中共中央、中央领导人及东北局对抗联的评价，应该说是肯定的、公正的。

3. 东北抗联精神的定位

改革开放后，对东北抗联的艰苦斗争及东北抗联精神的评价越来越公正，也给予了应有的地位。1986 年，中共中央下发了《东北抗日联军历史问题座谈会纪要》（以下简称《纪要》)，对东北抗日联军的历史地位做出了充分肯定，指出："东北抗日联军是我党创建和领导的东北各族人民的抗日武装。这支武装在十分艰难困苦的情况下，坚持抗击日本帝国主义侵略者的斗争达 14 年之久，直到全国抗战最后胜利。东北抗联英勇斗争的历史，是我党领导中国人民在敌后战场坚持抗日斗争光荣历史的一个组成部分。"[②]《纪要》全面回顾了东北抗联的历史功绩，解决了东北抗联历史

---

① 逄先知主编：《毛泽东年谱》(1893—1949)（下卷），中央文献出版社 2013 年版，第 502 页。
② 中共吉林省委党史研究室、吉林省东北抗日联军研究基金会编：《韩光党史工作文集》，中央文献出版社 1997 年版，第 602 页。

上的一些争议问题。应该说，这个《纪要》对东北抗联的评价是客观的、公正的。

令人欣喜的是，进入新时代后，东北抗联精神得到了中共中央的肯定。2020 年 7 月 24 日，习近平总书记在吉林视察时强调："吉林有着光荣的革命传统。抗日战争时期，在极其恶劣的条件下，杨靖宇将军领导抗日武装冒着零下四十摄氏度的严寒，同数倍于己的敌人浴血奋战。牺牲时，胃里全是枯草、树皮、棉絮，没有一粒粮食，其事迹震撼人心……要把这些红色资源作为坚定理想信念、加强党性修养的生动教材，组织广大党员、干部深入学习党史、新中国史、改革开放史、社会主义发展史，教育引导广大党员、干部永葆初心、永担使命，自觉在思想上政治上行动上同党中央保持高度一致，矢志不渝为实现中华民族伟大复兴而奋斗。"①2021 年 9 月，中共中央公布了第一批中国共产党人精神谱系，把东北抗联精神与建党精神、井冈山精神、长征精神、延安精神、西柏坡精神等 46 种精神并列，使其共同成为中国共产党的宝贵精神财富。

① 习近平：《论中国共产党历史》，中央文献出版社 2021 年版，第 160—161 页。

二、杨靖宇是东北抗联精神的忠实践行者

在东北抗日斗争中，以杨靖宇为代表的中国共产党人用鲜血和生命铸就了伟大的东北抗联精神。杨靖宇是东北抗联精神的主要践行者之一。

（一）坚定的理想信念

列宁指出："共产主义是我们的理想和信念，无产阶级正是从这个理想中得到最强烈的斗争动力。"[①] 以杨靖宇为代表的东北抗联指战员，自觉学习、实践马克思主义，坚持共产主义理想信念，始终把远大理想与抗战时期党的中心任务紧密结合起来，把打倒日本帝国主义、争取民族解放、实现民族复兴作为最终的奋斗目标。在生与死的考验面前，对党绝对忠诚，信念坚定，始终如一。

对党绝对忠诚。在哈尔滨工作期间，杨靖宇先后担任全满反日总会党团书记兼哈尔滨道外区委书记、中共哈尔滨市委书记、满洲省委代军委书记，他积极工作，真抓实干，卓有成效。1932 年 4 月，杨靖宇与即将离任的中共满洲省委军委书记周保中谈话，表达了一名共产党员对党绝对忠诚的誓言："我们是反对旧礼教的，但是可以这样理解，把'天之将降大任于是人也'改作劳动人民之寄希望于共

---

① 中国人民大学科学社会主义系编：《马克思恩格斯列宁斯大林论科学社会主义》第四卷，中国人民大学出版社 1980 年版，第 35 页。

产党，党之寄希望于共产党员也，'必苦其心志，饿其体肤，劳其筋骨，行拂乱其所为'，那些在革命斗争中，经不起考验，而临阵脱逃的，有如朝露，见太阳即散失；有如秋草，经风霜即枯萎。一个普通的人都应该讲求'富贵不能淫，贫贱不能移，威武不能屈'，何况是共产党员呢？党员对党的革命事业必须具备'鞠躬尽瘁，死而后已'的精神。"① 对于杨靖宇的工作，在满洲省委给中央的报告中曾做出过这样的评价："这个同志，政治上在满表现得最坚决的。曾坐过五次牢，在工作上表现是很艰苦、深入与努力……他是省委候补委员，河南人，知识分子，担任哈尔滨市委一个时期的工作，在政治上在各方面都比较有大的进步。"②

东北人民革命军成立后，杨靖宇十分重视政治工作，把党的建设放在重要位置。他曾对连以上干部讲："打日本必须有正确的路线、方针和政策，这个方针已经有了，就是在共产党领导下，进行抗日斗争。"③ 为此，杨靖宇在军队中大力加强党组织建设。1934 年 9 月 18 日，东北人民革命军第一军建立后，军部设有党部，杨靖宇任书记，下属

① 赵俊清：《杨靖宇传》，黑龙江人民出版社 1994 年版，第 83 页。
② 中央档案馆、辽宁省档案馆、吉林省档案馆、黑龙江省档案馆编：《东北地区革命历史文献汇集》甲 11，1988 年版，第 166—167 页。
③ 赵俊清：《杨靖宇传》，黑龙江人民出版社 1994 年版，第 199 页。

师团均设有党部，连建有党支部，各排和卫队建有党小组。各级党部、党支部、党小组经常开会，除了政治学习，还讨论形势任务、群众工作、反日会、自卫队、对敌作战及伪军士兵工作等。党支部建在连上是我军的优良传统，有力地发挥了党对部队的领导作用。

在实际工作中，杨靖宇服从党的领导，并从大局角度考虑问题，从不计较个人的名利得失。1935年8月，中共代表团做出了撤销中共满洲省委，按四大游击区分别成立南满、东满、吉东、松江四个省委的决定。其中，决定南满省委书记由杨靖宇担任。1936年2月，中共南满省委成立，杨靖宇担任书记。①1936年7月，杨靖宇和魏拯民在金川县河里惠家沟共同主持召开东南满主要领导和抗联第一、二军干部联席会议。杨靖宇鉴于当时东南满斗争已连成一体，主动提议将南满省委与东满省委合并，组建新的南满省委，由东满省委书记魏拯民担任中共南满省委书记。在东北党组织改组工作中，杨靖宇树立了光辉的榜样："他服从党的集体，尊重魏拯民同志领导，凡是政策性的重大原则问题，军事行动计划，重要的干部提拔使用，他都事先提到党的会议或与省委其他负责同志共同商讨决定，从不

---

① 张广恩主编：《中共满洲省委简史》，1987年刊印，第265页。

东北抗日联军战士的政治学习笔记

主观臆断，独行其是。"[1] 从而大大提高了东北抗联第一路军的战斗力。

对于杨靖宇领导东北人民革命军、东北抗日联军的成绩，1936 年 7 月，满洲省委常委小洛在莫斯科向中共代表团汇报南满地区工作时，是这样评价的："他的政治水平工作能力，不仅在南满首屈一指，在全东北也是最强的一个。自他到南满以来，工作有很大成绩，始终毫不懈怠地努力。在队内、地方、党内、南满人民中，信仰威信均

---

[1] 周保中：《松柏常青——纪念杨靖宇同志逝世二十周年》，《周保中文选》，解放军出版社 2015 年版，第 151、152 页。

极好，自己一举一动，个人行为，亦为全体所钦敬。在忠实于党及坚决执行党的决定这一点上，比特委书记更要强些。"①

积极寻找党的领导。在长期的革命斗争中，杨靖宇始终心中有党，在与党中央失去联系后，他千方百计谋求与上级领导联系，以便得到党的指示。1935 年后，由于中央红军正在长征，东北抗联与党中央的联系便基本上断绝了。1936 年 1 月，中共代表团正式撤销了满洲省委。在这种情况下，杨靖宇只能自己独立地开展抗日游击战争。但他始终没有停止寻求与党中央的联系。当他得知中央红军举行东征、抗日北上后，决心进行西征，打通与党中央的联系。为此，1936 年 6 月、11 月，杨靖宇两次组织抗联第一路军西征辽西、热河。由于种种原因，这两次西征均未达到目的，而且付出了相当惨重的代价，但却显示了杨靖宇心中有党、胸怀全局的党性原则。此后，杨靖宇又转而谋求与中共代表团的联系。1937 年 1 月 16 日，他化名元海写信给中共代表团的陈潭秋，以寻求帮助："满省取消后，至今与你没有联络关系，不能得到指示与领导，而完全独立的状态中进行工作。这在工作上有了很大的损失，对这一问题感觉有

---

① 中央档案馆、辽宁省档案馆、吉林省档案馆、黑龙江省档案馆编：《东北地区革命历史文献汇集》甲 22，1988 年版，第 406—407 页。

了最大的遗憾。因此我们要求不仅现〔在〕要有密切的联络关系，而且最好在东北建立总的领导机关，否则建立与你能发生密切关系的机关为要。"①在这种消息闭塞的情况下，杨靖宇没有消极等待，而是抓住一切可能的机会，急切地与党中央取得联系。

与各种错误思想进行坚决斗争。针对抗日斗争中出现的错误思想，尤其是组织上的关门主义，行动上的"左"右倾错误，杨靖宇都进行了坚决斗争。1937年6月15日，杨靖宇在宽甸县境主持召开抗联第一路军军党部扩大会议，在总结党的工作时，他特别强调："要了解队伍健强与否，主要靠党的工作如何而决定。党是生命线。但在这方面，有的不了解党的工作的重要性，没有把党的工作列为第一等工作。其表现是：在组织上存有严重的关门主义现象，党的组织生活薄弱；领导工作方式不是以一贯的精神而是忽高忽低形式或机械的进行；党部对干部训练不够，不能经常详细检查与布置他们的工作。"因此，要求："把一切精力集中到党的工作上来。大胆地打破关门主义，自今冬至明春，应扩大三倍党员，运用各种各样的新方式，如支部代表联席人，互定竞赛条例，

---

① 中央档案馆、辽宁省档案馆、吉林省档案馆、黑龙江省档案馆编：《东北地区革命历史文献汇集》甲22，1988年版，第206页。

开展模范党部、宣传周、肃反周等把工作深入到支部中去。"同时，杨靖宇针对队伍内部分领导畏惧困难、对革命前途存在的种种模糊认识，甚至错误观念、右倾情绪等进行了批评。最后，杨靖宇说："我们为保证争取光荣的、神圣的、反日民族革命战争最后的成功，应当与右倾机会主义者和一切不正确的观念作不调和的斗争。"[①]这次会议统一了全军干部的思想认识，巩固了队伍，推进了南满地区乃至整个东北抗日斗争的发展。这是杨靖宇对党忠诚的重要体现。

创新践行党的抗日民族统一战线方针。杨靖宇根据"一·二六指示信""六三指示信""八一宣言"等文件，独立自主地执行党的抗日民族统一战线，形成了全南满的抗战热潮。

九一八事变后，尤其是北方会议后，中共满洲省委在东北执行了一条"左"的抗日路线，从而严重影响了东北抗日运动的发展。杨靖宇到达磐石地区，深入进行调查研究，创造性地执行党的抗日民族统一战线方针及政策，从根本上纠正了北方会议后的"左"倾错误。1934年2月，杨靖宇组建了下辖17支抗日武装4000余人的"东北抗日联军总指

---

① 赵俊清：《杨靖宇传》，黑龙江人民出版社1994年版，第317—318页。

挥部"，并在 17 票中以 16 票当选为总指挥。这是第一个完全由中国共产党创建和领导、在广泛统一战线基础上建立的抗日领导机构，实现了南满地区抗日力量在中国共产党领导下的团结统一，极大地推动了东北抗日斗争，成为东北抗日民族统一战线的典型范例。1935 年前后，杨靖宇遵照"六三指示信"，参考中华苏维埃政权建设经验，在南满 20 多个县建立了基层抗日民主政权，并筹备召开南满人民代表大会，成立人民革命政府。1935 年 10 月 11 日，杨靖宇与其他东北抗日将领联合致电关内军政领袖、群团组织及全国同胞，主张"不分党派、信仰、籍贯等之不同，都应不记旧仇宿怨，都应该以中华民族利益为前提，马上停止内战，枪口一致对外，一致去武装抗日，一致去争取中华民族独立与统一，一致去保护中华祖国领土完整"[①]。通电推动了全国抗日救亡运动的高涨。1936 年 2 月 20 日，杨靖宇与王德泰、赵尚志、周保中等抗联将领共同发出《东北抗日联军统一军队建制宣言》，提出了"凡中国同胞及一切反日武装军队，不分宗教，不论政治派别，不论任何社会团体和个人，不分派别，不分贫富，只要是抗日救国，

---

① 中国人民解放军历史资料丛书编审委员会：《东北抗日联军·文献》，白山出版社 2011 年版，第 459 页。

我东北抗日联军便与其行动一致"①的统战理论和策略，成为引领东北抗战的重要指导思想之一。

杨靖宇在南满各抗日队伍中开展了卓有成效的统战工作，在极端困难的条件下，团结起大多数抗日力量，建立东北抗日联军第一军、第一路军，创建了南满抗日游击根据地，牵制了大量的日本侵略军，有力地支持了全国抗战。

对抗战胜利充满必胜信心。1938 年后东北抗日斗争进入十分残酷的阶段，杨靖宇一方面对抗战充满信心，鼓励指战员艰苦奋斗，一方面拒绝敌人的高官诱惑，坚决抗日。1938 年 5 月上旬，杨靖宇在司令部驻地辑安老岭山区五道沟举行的欢迎南满省委书记、东北抗联第一路军总政治部主任、东北抗联第二军政委魏拯民的大会上，表达了抗战必胜的信念："共产党这条蛟龙就是锁不住，斩不断的。独立旅走了八个月，走了四个省，战胜了千难万苦，终于来到了南满。敌人想把我们割成一块块，是永远办不到的。现在形势很好，关里八路军，新四军打了很多大胜仗，我们在东北的任务，不但要扯住日本人的后腿，而且要配合

---

① 中国人民解放军历史资料丛书编审委员会：《东北抗日联军·文献》，白山出版社 2011 年版，第 487 页。

关内作战, 最后胜利一定属于中国人民。"①5月11日至6月
1日, 杨靖宇与魏拯民共同主持了东北抗联第一路军总部与
中共南满省委高级干部联席会议(即第一次老岭会议), 制
定了在对日作战中保存实力, 粉碎敌人全面进攻的策略方
针。1940年2月, 在生命的最后日子里, 杨靖宇对革命仍
然抱有必胜的信念, 他鼓励身边的战士: "革命就像一堆火,
看起来很小, 可燃烧起来能烧红了天, 照亮黑夜。正是为
了革命的火焰燃烧得更旺, 才会有许许多多的同志前仆后
继献出了宝贵的生命。我们可能牺牲, 革命并不等于失败。"②
"为了革命, 我们要坚持到底。就是死也不能向敌人屈服。
革命不管遇多大困难总会胜利的! "③

　　杨靖宇壮烈殉国以后, 东北抗联第一路军副司令魏
拯民在追悼大会上说: "杨靖宇为革命事业艰苦卓绝地
奋斗了一生。他的全部生活是党的生活, 他没有个人生
活。"④1958年2月23日, 在杨靖宇将军壮烈殉国18周年
暨杨靖宇将军公祭大会上, 中共中央代表为杨靖宇所致悼
词中指出: "杨靖宇同志英勇奋斗的一生, 表现了一个共产

① 伊俊山:《南满远征》, 载《红旗飘飘》第四辑, 中国青年出版社1957年版。
② 黄生发:《艰难岁月的战斗》,《吉林文史资料》第24辑。
③ 赵俊清:《杨靖宇传》, 黑龙江人民出版社1994年版, 第420页。
④ 封志全主编:《抗联一路军在濛江》, 吉林大学出版社1990年版, 第
　　278页。

杨靖宇牺牲前住过的地戗子

党人的崇高品质。他对革命最坚决、最勇敢，任何困难不能把他压倒。他对党是最忠实的，时时刻刻都尊重党的组织和党的纪律。"① 这是对杨靖宇对党绝对忠诚、理想信念坚定的真实评价。

（二）忠贞救国的爱国情怀

爱国主义是中华民族精神的核心，主要包括以下四个层次：一是对祖国热土、山川和人民的真挚情感；二是对悠久灿烂历史和文化传统的自豪和眷恋；三是对祖国主权

---

① 封志全主编：《抗联一路军在濛江》，吉林大学出版社 1990 年版，第282 页。

和尊严的坚决捍卫；四是对卖国求荣的无比鄙视，对爱国志士的无比崇敬。

坚决抗日，不撤不退。杨靖宇始终把中华民族的利益放在高于一切的位置，坚决捍卫国家利益，顽强抵抗日本帝国主义的侵略，从思想到行动都体现了忠贞救国的爱国情怀。从领导抚顺煤矿工人罢工到"福合客栈"被捕遭日本警察严刑拷打，从磐石游击队、东北人民革命军，到东北抗日联军，杨靖宇通过自己的言行，真正做到了"宁愿站着死，不愿跪着生"的铮铮誓言。杨靖宇说："一个忠贞的共产党员，民族革命战士，为了伟大的共产主义理想，为了中华民族的解放事业，头颅不惜抛掉，鲜血可以喷洒，而忠贞不贰的意志是不会动摇的，日寇威胁和利诱的手段，只可以玩弄那些民族的败类。"[1]1937年七七事变后，杨靖宇代表东北抗日联军第一路军发表了布告，号召东北人民打倒日本帝国主义，推翻傀儡政府伪满洲国。

1939年10月，面对日军即将开始的大"讨伐"，为了既保存实力，又有效打击日军，杨靖宇决定转移东北抗联第一路军大部人马，自己率领警卫旅400多名战士牵制日军主要兵力。在最危险的时刻，他五次分兵，让同志们能

---

① 周保中：《杨靖宇将军生平事迹》，载《回忆杨靖宇将军》，政协吉林省委员会文史资料委员会1983年版，第14页。

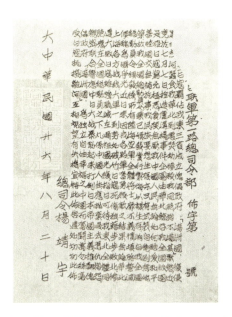

东北抗日联军第一路军总司令部布告

安全脱险，为抗日救国保存更多的力量，而他自己却将生死置之度外。

杨靖宇原本有机会可以退守苏联。1939 年秋在辉南石道河子干部会议上，面对敌强我弱、敌众我寡的形势，一部分人认为应该把部队转移到苏联境内，以保存实力，等时机好转时再回来。但杨靖宇不同意："我们是干什么的？我们是东北抗日联军，是抗日的队伍。抗日抗日嘛，你跑到苏联去还叫什么抗日联军。你跑到苏联去，日本鬼子就能自己跑回去，就不用打了？抗联是打鬼子的，就得坚持战斗。"① 还有一部分人建议先退守到长白山原始密林中躲避一阵，杨靖宇也不同意："我们在这里坚持打下去就能牵制敌人的一部分力量，对关内的抗日战争有利。如果我们转移了，走了，这里的抗联就没有了，敌人就会乘机宣传抗联被消灭了。这对群众的影响肯定不会好，特别是敌人会更加集中兵力到关里去，给党中央增加压力。我们的力量虽然不大，但是在这里打下去，起码能拖住敌人一部分力量，支援全国的抗日战争。"② 就这样，杨靖宇不走不躲，坚持在战场上与敌人短兵相接。他用个人的鲜血和生命，向敌人宣告了抗战到底的决心。

1940 年 2 月 23 日上午，杨靖宇遇到四个农民打扮的人，拿钱托他们买点粮食和一双棉鞋。这几个人对他说："你还是投降吧，如今'满洲国'不会对投降者杀头的。"杨靖宇则坚定地回答说："我是中国人，良心不允许这么做，这样做也对不起广大人民。一句话，我是中国人，是不能向外国人投降的！"③ 当天下午，杨靖宇孤身一人在与敌人作战中壮烈殉国。

率先建立南满抗日游击根据地。1932 年至 1940 年间，

① 封志全主编：《抗联一路军在濛江》，吉林大学出版社 1990 年版，第 250 页。
② 封志全主编：《抗联一路军在濛江》，吉林大学出版社 1990 年版，第 250 页。
③ 孙继英、周兴、宋世章：《东北抗日联军第一军》，黑龙江人民出版社 1986 年版，第 213—214 页。

杨靖宇领导南满抗日军民建立了以红石砬子、玻璃河套为中心的磐石游击根据地，以濛江、桦甸和抚松边界的河里抗日游击根据地，以桓仁、本溪、兴京交界的老秃顶子、和尚帽子为中心的桓本兴抗日游击根据地。南满抗日根据地的建立，使杨靖宇领导的南满抗日武装部队有了比较稳固的战略支撑点。1938 年后，在日伪残酷"讨伐"下，抗日游击根据地相继丧失。为了解决军队给养和生存问题，杨靖宇创造性地在深山密林中地势险要、易守难攻、便于生活的地方，广建密营。其中比较著名的密营有濛江那尔轰、本溪和尚帽子、宽甸北天桥沟等。密营是东北抗联进行根据地建设的新发展，是根据地工作在新形势下的特殊表现形式，是以杨靖宇为首的东北抗联将士在当时残酷的对敌斗争中进行的伟大创造。

杨靖宇在建立南满抗日游击根据地的过程中，始终将人民的利益放在心上，时刻以群众利益为自己行动的准则。他指挥和布置战斗时，有一条原则，即"于群众利益有危害的仗不打"①。每次歼灭了敌人，缴获了物资，杨靖宇都会把其中的一部分分给当地的百姓。他带领的队伍严格执行群众纪律，坚决为民伸张正义。杨靖宇曾说："我们是红军，

---

① 《杨靖宇传》编委会编：《杨靖宇传》，当代中国出版社 2016 年版，第 120 页。

不要做没有油的灯芯（绘画）

是穷人的子弟兵，有铁的纪律，不准打骂群众，不准动群众一针一线，哪怕群众家里挂着猪肉，我们也不吃……只要军民一条心，就能打倒日本侵略军。"①

由于抗日游击根据地得到了民众的支持，因此日伪军的"讨伐"大多以失败而告终。对此，1935年日本侵略者曾做了如下分析："民众对匪贼的认识是极为良好的，并不像我们所认为的有不共戴天之仇，甚至可以说，三千万民众在精神上与匪贼无大差别者为数不少，大多数的民众

---

① 赵俊清：《杨靖宇传》，黑龙江人民出版社1994年版，第210页。

还没有与匪贼分开，如果从精神影响来说，假定匪军有三万，其精神上的匪军之友军，尚不知有几倍或几十倍。这些匪贼的精神上的友军，虽不敢持枪反抗我们，却是培育匪贼之母体，历来讨伐得不到效果的最大原因，就在于此。"[1]

形成独特的战略战术。众所周知，1937 年全面抗战之后，毛泽东把独立自主的山地游击战争提高到了战略高度。杨靖宇从磐石游击队开始，便进行了独立自主的抗日游击战争，不断探索东北抗战的规律，总结积累了许多战略战术，形成了自己独具特色的游击战争模式，并在实际斗争中熟练运用。

杨靖宇战术的指导思想是根据敌强我弱的形势做出的，避强攻弱，避实就虚，以求打击敌人，保存自己，发展自己。因此，其战略实质是防御性质的。杨靖宇在长期实践中形成了自己独特的军事原则，如"四不打原则"，即不能予敌以痛击的仗不打，于群众利益有危害的仗不打，不能占据有利地势的仗不打，无战利品可缴的仗不打。[2]杨靖宇打击敌人的战术有"三大绝招"，即半路伏击、远途奔袭、化装袭击；"四快"，即快集中、快分散、快打、快走。此外还

① 日本关东军参谋部编：《关于昭和十年度秋季治安肃正工作概况》，1935 年。
② 赵俊清：《杨靖宇传》，黑龙江人民出版社 1994 年版，第 160—161 页。

有其他比较灵活的游击战术，如夜间偷袭、伏击突袭、阻击拦截、声东击西、内外夹击、牵敌迂回、分化瓦解以及化整为零、集零为整等。杨靖宇运用游击战的主要特点体现在主动性和灵活性上，打得赢就打，打不赢就走以及敌进我退、敌驻我扰、敌疲我打等。这些战术在实战中都被证明是行之有效的。

对此，1936 年 7 月满洲省委常委小洛在莫斯科向中共代表团汇报时这样评价杨靖宇："在运用游击战术方面，一年来也有很大进步。这表现于：①已经不至于作冒险的战争，对于保护干部也已十分注意。②开始自动地学会运用机动的战术。③不硬攻实打，不死守旧区，南满各活动部队相当能互相照应，正因为老杨有这些进步，所以自去年秋到今年以来，第一军损失较其他各军要少得多，而胜利反而要多些。游击区要更扩大些。"① 因此，杨靖宇被誉为"东三省第一个执行游击战术的人"②。

对坚决抗战者的讴歌，对叛变投敌者的声讨，也体现了杨靖宇的爱国情怀。1936 年冬，东北抗联第一军独立旅旅长于万利在辽宁宽甸被敌人包围。于万利手抱机关枪向

---

① 中央档案馆、辽宁省档案馆、吉林省档案馆、黑龙江省档案馆编：《东北地区革命历史文献汇集》甲 22，1988 年版，第 407 页。
② 虎啸：《民族英雄杨靖宇》，《救国时报》，1935 年 6 月 30 日。

敌人猛射，最后毁掉机枪，宁死不降，英勇牺牲。杨靖宇得知后，深情地说："于旅长不愧为一个抗联的优秀指挥员，是个有骨气的中国人，是个好同志，他为了抗日救国大业，浴血奋战，英勇献身，到最后连手中的枪都不留给敌人，我们活着的人，永远不要忘记他们。要替他们报仇，向日本强盗讨还血债。"①

在严酷的战争环境下，一些意志薄弱者，脱离革命队伍，甚至投降了日本侵略者。尤其是1937年12月东北抗联第一军军需部部长胡国臣、1938年2月东北抗联第一军政治部主任安光勋、1938年6月东北抗联第一军第一师师长程斌的先后投降，给东北抗联第一路军带来了重大灾难。对此，杨靖宇深恶痛绝，1938年他针对叛变分子的罪行向战士们做了一次讲话："我们为救中国，保卫老百姓，南征北战……要想真心保国，就不能调过枪来打中国同胞，我们要牢牢记住：先有其国，后有其家，同胞们，我们就是死也不能投降！"② 1939年11月，他以东北抗联第一路军总司令的名义，发表了《告安光勋、程斌、胡国臣转降队书》，对安、程、胡等叛变抗日斗争事业，甘心充当

---

① 赵俊清：《杨靖宇传》，黑龙江人民出版社1994年版，第291页。
② 于连水：《杨靖宇将军转战在白山黑水间》，载《红旗飘飘》第五辑，中国青年出版社1983年版，第284页。

日寇鹰犬表示无比愤怒："你们始而参加革命，继而背叛革命，终而破坏革命，思想矛盾，行动卑鄙，试问人生意义在哪里？""你们恬不知耻造谣撞骗的行为，虽影响到抗日联军内极少数动摇分子的附和，但绝不能说革命无望和不能取得最后的成功。"① 在这里，杨靖宇以叛徒为反面教员，用抗日救国的道理教育广大战士。这是杨靖宇在极端艰苦环境中发出的铮铮爱国之言，表达了对叛徒的无比痛恨，对抗战必胜的满满信心。

杨靖宇这种勇赴国难、忠贞报国的爱国情怀，连日本军人也为之动容。曾参加"剿杀"杨靖宇的日本士兵金井这样评价杨靖宇："关东军一共有 70 万部队，日本是决心占领这块土地的，我不明白杨将军的抵抗意义何在？不理解的同时，我却佩服他。他的军队一共 3000 人，没有重武器，没有任何援助，他却没有后退一步。到后来，也就是现在，我的想法全变了，我感到杨靖宇是一个伟大的人物。一个到外国去征战的军士，表现得再英勇也只是短暂的英勇；而一个为保卫自己祖国而战的勇士，才有永恒的意义。"② 作为英雄，杨靖宇被曾经是他的敌人的人所赞颂；作为精神，被曾经是他敌人的人所认可，

---

① 赵俊清：《杨靖宇传》，黑龙江人民出版社 1994 年版，第 407 页。
② 方军：《我认识的鬼子兵》，中国对外翻译出版公司 1997 年版，第 45—47 页。

这在人类历史上是不多见的，从而更加说明杨靖宇爱国情怀的不朽和伟大。

密切配合，共同抗日。无产阶级的国际主义是马克思主义的重要组成部分。毛泽东指出："中国共产党人必须将爱国主义和国际主义结合起来。我们是国际主义者，我们又是爱国主义者，我们的口号是为保卫祖国反对侵略者而战。"[①] 在东北抗日斗争中，杨靖宇所部与朝鲜共产主义者并肩作战，与苏联远东军密切配合，是国际主义精神的重要体现，也是杨靖宇大局观念的具体体现。

杨靖宇将军画像

---

① 《毛泽东著作选读》上册，人民出版社 1986 年版，第 272—273 页。

在抗日战争中，东北抗联指战员十分重视与朝鲜抗日武装的联合作战，其中杨靖宇是杰出的代表。他十分注意同朝鲜共产主义者和爱国分子的团结，与他们结成亲密的战斗友谊。东北抗联的政治行动纲领中，明确规定：打破民族成见，中朝抗日民众团结一致。杨靖宇不但坚决执行，还广为宣传。1933年初，杨靖宇创作了《中韩民族联合歌》，体现了中韩民族劳苦大众在白山黑水间同日本帝国主义进行殊死战斗的真实场面，体现了中朝将士在共同抗日战争中结成的深厚友谊：

《中韩民族联合歌》

（一）

中韩民族劳苦民众亲密地联合，
一齐向着日本帝国主义者开火，
只有我们消灭这共同的敌人，
那时我们才能取得自由的生活。
亲密的、巩固的中韩民族，
冲锋呀！杀进哪！向着那日本帝国。

（二）

亲日汉奸卖国贼不分中韩国，

都是日本帝国主义傀儡和同伙，

民众不分中韩，全是日本死对头，

千万莫听他们的欺骗和挑拨。

亲密的、巩固的中韩民族，

冲锋呀！杀进哪！向着那日本帝国。

（三）

驱逐日本帝国主义打倒"满洲国"，

共同建立抗日救国选举的政府，

分别实行民族自决中韩共幸福，

还要援助韩国革命成功早取得。

亲密的、巩固的中韩民族，

冲锋呀！杀进哪！向着那日本帝国。[1]

1938 年 5 月，杨靖宇召开了东北抗联第一路军和南满省委干部联席会议，强调中韩民众团结一致，联合抗日。为此，他写作了《中韩民众联合抗日歌》："……全世界上，最大的仇敌日帝属头等，焚烧掠夺奸淫侮辱，亡国且灭种。并朝吞中，莫非田中奏折的兽行，同仇敌忾共赴国难，绝

---

[1] 韩玉成主编：《东北抗战歌谣》（上），中共通化市党校、杨靖宇干部学院 2020 年内部版，第 12 页。

不让它久逞。团结呀，中朝民众！离则亡，团则生！谨防备离间计，手携手打冲锋……"①这首歌在抗联各部和中朝民众中广为传唱。

在长期的抗日斗争中，杨靖宇与朝鲜共产主义者建立了深厚的感情，与以梁世凤为首的朝鲜民族主义力量——朝鲜独立军建立了密切联系。其中，杨靖宇与朝鲜共产主义者金日成的关系最为密切。1938年11月25日，杨靖宇在濛江南泊子将金日成所率第二军第六师改编为东北抗联第一路军第二方面军，任命金日成为指挥。第二方面军编成后，金日成率部转移到临江、长白县境活动，灵活机动地打击敌人，有效地保存了自己。其一部在副官毕文书率领下，转战辑安、通化等地，曾攻克了辑安县头道阳岔、蚊子沟等敌人据点。正如金日成所说："共同的抗日斗争，把我和杨靖宇的命运紧紧地连在一起。"②后来金日成在回忆录中写道："在东北抗日联军英勇抗战的旗帜上，凝聚着中国人民的热诚的共产主义战士杨靖宇的鲜血。我国人民将永远不会忘记杨靖宇在共同的抗日斗争中所建树的丰功伟绩。"③

---

① 中共通化市委党史研究室/卓昕编著：《杨靖宇全传》下卷，吉林文史出版社2005年版，第1357—1358页。
②《杨靖宇传》编委会编：《杨靖宇传》，当代中国出版社2016年版，第256页。
③《杨靖宇传》编委会编：《杨靖宇传》，当代中国出版社2016年版，第257页。

　　杨靖宇所部积极配合苏军的作战，打乱了日本侵略者的战略部署，对其入侵苏联的计划起到了一定的牵制作用。1938年8月、1939年5月，日军先后制造张鼓峰事件、诺门罕事件，向苏军发动进攻。杨靖宇号召全军战士，把东北游击战争与反对日本进攻苏联的行动结合起来，加紧打击敌人后方。对此，1940年4月魏拯民在向中共代表团汇报时，这样写道：1939年第一路军"在夏秋二季，集中一部分主力配合蒙古国'诺门罕'战斗实行向敌进攻策略获得很大的成绩。在'间岛'一带，当时我军横断满鲜国境，对日贼进行不停的猛攻，使日贼前后受敌，被迫缔结了'诺门罕'战斗临时停战协议。（日军）整备了集团部落制度，交通网，粮谷增产，以及计划募兵，将'诺门罕'战争主力匪军之一部一万余名，转派到我军活动地区，积极地向我军进攻。敌人更配备了数架飞机，终日轰炸、扫射、陆空呼应，一齐进攻我军，结果我方蒙受一部分损失"[1]。关于这一点，苏联顾问承认："中国军队打防御战，牵制了侵略者并捆住了侵略者手脚……在东北，日军被迫留住大量关东军。"[2]

---

[1] 《东北抗日联军史料》编写组编：《东北抗日联军史料》（上），中共党史资料出版社1987年版，第201—202页。
[2] 瓦·伊·崔可夫著、万成才译：《在华使命——一个军事顾问的笔记》，新华出版社1980年版，第47页。

在中共党史和军史上，同八路军、新四军和华南游击队相比，东北抗联是唯一一支直接履行国际主义义务的人民抗日军队。而杨靖宇是其中杰出的代表之一，其团结战斗的大局观念和行动将永远载入史册。

（三）视死如归的英雄气概

革命英雄主义精神，是指为了祖国和人民的利益，不怕流血牺牲，英勇顽强，坚韧不拔，一往无前的革命精神，是要压倒一切敌人而不向敌人屈服的英勇气概。

面对强敌，五次分兵。杨靖宇的英雄气概最突出的表现在把困难和牺牲留给自己，把生存和胜利留给战友。在他生命的最后一百多天里，面对强大的敌人，他五次分兵，让多数战友转危为安。第一次分兵是 1939 年 10 月。1 日至 5 日，杨靖宇和魏拯民在桦甸头道溜河口召开会议，为了保存实力，决定将第一路军化整为零。杨靖宇率司令部直属部队及曹亚范所部第一方面军在濛江、抚松一带坚持斗争，目的是牵制敌军，以掩护和策应其他各部转移，粉碎敌人的冬季大"讨伐"；金日成所部第二方面军在长白山、鸭绿江上游与敌周旋；陈翰章所部第三方面军则随魏拯民去吉林、敦化地区隐蔽歼敌。第二次分兵是 1939 年 12 月下旬。由于部队连续作战，补给困难，伤员增加。12 月 24 日，在濛江头道老爷岭，杨靖宇将司令部与周围部队分散，他命

杨靖宇殉国地——濛江县（今靖宇县）保安村三道崴子

令曹亚范率第一方面军袭击濛江西部的龙泉镇，吸引敌人；军部李兴绍参谋率部分队伍转移；他率警卫旅和少年铁血队前往濛江北部与敌周旋。第三次分兵是 1940 年 1 月上旬。此时，部队经两次分流和作战减员，已不足 200 人，日伪军则集中 4 万余兵力向濛江扑来。在敌人合围之前，杨靖宇当机立断，再次分兵。他命令警卫旅政委韩仁和、警卫旅第一团政委黄海峰率警卫旅主力北上桦甸，而他仅率 60 名战士在濛江、辉南交界地区继续与敌周旋。第四次分兵是 1940 年 2 月上旬。2 月 4 日，面对敌人的再次包围，杨靖宇将身边的 15 名战士分成两组。一组 8 人由少年铁血队副队长于伦率领突围，一组 7 人由杨靖宇率领突围。第五次分兵是 1940 年 2 月 12 日。由于在突围战斗中，黄生发等 4 名战士受了伤，粮食又已断绝，杨靖宇命令黄生发率其他 3 名受伤队员转移，自己则带 2 名警卫员向着敌人追击的方向前行。在这生死关头，杨靖宇再次把生路留给了受伤的同志们。

1940 年 2 月 23 日，杨靖宇只身一人与敌人死战，他拒绝敌人的诱降，直到最后壮烈殉国。当敌人剖开杨靖宇的腹部，看到的只是尚未消化的树皮、草根、棉絮，一粒粮食也没有！残忍的敌人割下杨靖宇的头颅，送往伪满首都"新京"请赏。参与"围剿"的伪通化省警务厅警尉补益子理雄称赞杨靖宇："不但有武功，而且有学识，曾经率领 2000 人的部下，值得十分敬佩。""的确是了不起，他的活动力跨越间岛、安东、通化、吉林和奉天 5 个省 30 个县。""他才干不一般，不是一个寻常人物可比拟的，是个英雄。"伪通化省警务厅厅长岸谷隆一郎也不得不承认："是个了不起的代表人物。"①

杨靖宇的大无畏精神表现出先人后己、临危不惧、

---

① 赵俊清：《杨靖宇传》，黑龙江人民出版社 1994 年版，第 427—428 页。

牺牲后的杨靖宇（日本拍摄遗照）

果敢英勇、视死如归的英雄气概，可谓是惊天地，泣鬼神！

战天斗地，与恶劣环境顽强抗争。艰苦奋斗作风是中华民族精神的重要组成部分，正因为有了艰苦奋斗作风，杨靖宇才能在十分恶劣的环境下，顽强坚持了长达 8 年的抗日游击战争，与凶恶的日本侵略者血战到底。

东北抗联的武装抗日斗争是在最艰苦的环境下进行的：面对的敌人是日军精锐关东军，最多时达 70 余万人；日伪军"讨伐"残酷，手段残忍；自然条件恶劣，挑战人类生存极限；东北抗联内无粮草，外无援军，孤悬敌后，完全是独立苦战。

首先是日伪当局疯狂"剿杀"。在日本关东军统一指挥下，日伪军、警、宪、特严密部署，互相配合，对中共领导的抗日武装力量进行一次次大规模的疯狂"剿杀"。其中，对杨靖宇率领的第一路军进行的大"讨伐"就有两次。一次是 1936 年夏至 1937 年春的"东边道独立大讨伐"，一次是 1939 年 10 月至 1940 年 3 月的联合大"讨伐"。日伪采取"治标"与"治本"相结合的办法，具体采用所谓长追、奇袭、堵击、"梳篦式"、"踩踏式"、"狗蝇子"等战术，对东北抗联的活动区域实行轮番"扫荡"，不间断地搜索和进攻。

其次是东北自然条件恶劣。冬季，大雪漫天，天寒地冻，气温常在零下四十摄氏度左右；夏季，阴雨霏霏，蚊虫成阵，酷热又使抗联战士的呼吸发生了困难。对此，杨靖宇的警卫员黄生发回忆道："雪地行军，裤子总是湿的，让寒风一吹，冻成冰甲，很难打弯儿，也不知有多沉，迈步都吃力。鞋子也都跑烂了……至于衣服，全叫树枝扯烂了，开着花，白天黑夜都挂着厚厚的霜，浑身上下全是白的，全是凉的……更难的是吃的，不要说粮食啊，连草也找不到，枝枝叶叶被霜打枯了，叫雪埋上了；可吃的草根儿也冻在土里，没法找，没法挖，只好吃那难咽的树皮。先把老皮刮掉，把那层泛绿的嫩皮一片片削下来，放在嘴里嚼啊嚼啊，就是咽不下去。勉强吃下去了，肚子也不好受。"[①] 东北抗联的艰苦生活可见一斑。据《抗联一路军在濛江》一书记载："濛江冬季雪深及膝，有的地方没过腰际。部队行军得派尖兵开路。一踩雪壳子'咔吃''咔吃'响，用不上几天，新棉裤就齐膝割成半截。腿被雪壳子割成一道道口子，北风一吹似刀剟一样疼痛。部队在林海雪原中行军，简直不是踩着雪走，而是拥着雪一步一步往前挪，速度很慢，一天也走不到 20 里路……即使暂时露营下来，怕暴露目标，又不能拢火，也无法休息。疲劳、饥饿、寒冷、病魔像瘟

[①] 黄生发：《艰难岁月的战斗》，载《吉林文史资料》编辑部、政协通化市委员会文史资料委员会编《吉林文史资料》第 24 辑《回忆杨靖宇将军》1988 年版，第 143 页。

疫一样缠磨着抗日将士。觉不能睡、火不能烤，手冻黑了，脚趾冻掉了，以致人被冻僵。在行军路上，走着走着就有人倒下去再也起不来了。"①

最大的困难是缺衣少食，特别是长达半年的冬季，物质生活的困难达到了极点。杨靖宇和抗联战士在断粮的日子里，十天八天吃不到东西是经常性的事情。为了充饥，战士们只好以树皮、草根，甚至用棉絮充饥。杨靖宇勉励战士们说："咱们现在艰苦啊！艰苦要顶得住，不要退缩，不要怕！……咬牙过去这一阵子就好了。"② 每次分吃东西，杨靖宇从不搞特殊，基本上和战士们平分，有时还把分给自己的那份，分给伤病员吃。

1939年冬杨靖宇所部密营被破坏后，困难到了极点："生活一天比一天艰苦……没办法，杨靖宇和战士们只好挖开厚厚的积雪，捡雪底下的野菜、蘑菇充饥。树皮成了家常饭。方法是选取杉松、白松、榆树，剥去老皮取嫩皮，切成碎块，用雪搓、浸泡，下雪水猛煮。煮得树皮都发黏，一挑成丝，放上一点干粮沫或野菜，即成为抗联一路军后期在濛江生活中的上餐。然而，就是这样的饭食也不能吃饱，

---

① 封志全主编：《抗联一路军在濛江》，吉林大学出版社1990年版，第10页。
② 郭渊：《"杨靖宇精神"——永放光芒的精神财富》，《通化师范学院学报》2002年第6期。

每天最多两餐，时常是一天一餐……再到后来，战斗频繁，所有能充饥的东西全找不到，也来不及找了，就以盐水充饥。用雪化盐水喝，肚子虽饥却能走路打仗，只是人瘦得皮包骨，样子吓人。一路军最后在濛江那段艰苦日子里，有不少时候是在喝盐水中度过的。"[1]尽管如此，杨靖宇率部仍然在寻找战机，袭击敌人。

在这样艰苦的环境中，杨靖宇总是以身作则，身先士卒，迎着困难上，以自己的模范行动感染着每一个抗联战士。1935年冬，部队战士有半数没有穿上棉衣，杨靖宇也只穿一件夹衣。每次做好棉衣，杨靖宇总是命令先发给伤病员和普通战士。柳河县委的同志主动给杨靖宇送来一件皮大衣，他接过来看了看说："有做这件衣服的成本，可做三套或四套的棉衣，可以解决三四个同志的困难，你们为什么要特别为我做件皮大衣呢？"[2]结果，这件皮大衣他一天也没有穿，而是送给体弱的同志用了。在日伪军冬季大"讨伐"中，杨靖宇总是用自己的行动来培养干部战士的艰苦奋斗精神。据东北抗联第一路军政治部主任伊俊山回忆："在断指裂肤，骨瘦如柴，饥寒交迫的情况下，几十个人眼

---

[1] 封志全主编：《抗联一路军在濛江》，吉林大学出版社1990年版，第9页。
[2] 谭译：《再论"靖宇精神"》，载邓来法、贾英豪主编《杨靖宇纪念文集》，中央文献出版社2005年版，第420页。

瞅着一个布帐篷却支不起来的时候，人们没有力量再支了。是您（指杨靖宇）咬紧了牙关，面带笑容吃力地拿起布帐篷。您的行动给同志们带来了无比的力量，我们'万能'的帐篷就是这样在英雄们的手中支起来的。"[1] 对于人民军队的艰苦奋斗精神，毛泽东在中共八届二中全会上大力赞扬："人是要有一点精神的，无产阶级的革命精神就是由这里头出来的。"[2]

东北抗日联军所面对的艰苦环境，无论在中国革命历程中，还是世界反法西斯战争中，都是极为罕见的。其中又以1938年秋冬以后杨靖宇及抗联一路军的遭遇尤为惨烈。总之，杨靖宇是东北抗日联军中艰苦奋斗作风的典范。

三、东北抗联精神的时代价值

吉林省作为东北抗联的创建地，以其最早建立中国共产党领导的抗日武装、率先创建东北人民革命军、最早建立东北抗联第一路军、最先实行抗日民族统一战线、形成最具影响的东北抗联精神等，从而对东北抗日斗争起到了引领和示范的作用，为取得抗日战争

---

① 伊俊山：《痛悼靖宇，学习靖宇》，载封志全主编《抗联一路军在濛江》，吉林大学出版社1990年版，第145页。

② 《毛泽东文集》第七卷，人民出版社1999年版，第162页。

和世界反法西斯战争的胜利做出了巨大牺牲与贡献。其历史价值影响深远，其时代价值彰显突出，必将彪炳史册，光耀千秋。

（一）夯实了"不忘初心、牢记使命"的思想根基

中国共产党是一个"不忘初心、牢记使命"的马克思主义政党。习近平总书记在庆祝中国共产党成立 100 周年大会上指出："中国共产党一经诞生，就把为中国人民谋幸福、为中华民族谋复兴确立为自己的初心使命。一百年来，中国共产党团结带领中国人民进行的一切奋斗、一切牺牲、一切创造，归结起来就是一个主题：实现中华民族伟大复兴。"[①]"守初心，就是要牢记全心全意为人民服务的根本宗旨，以坚定的理想信念坚守初心。""担使命，就是要牢记我们党肩负的实现中华民族伟大复兴的历史使命。"[②]

党的十八大以来，我国的社会主义建设取得了举世瞩目的伟大成就，解决了许多突出的问题。"但党面临的执政考验、改革开放考验、市场经济考验、外部环境考验将长期存在，精神懈怠危险、能力不足危险、脱离群众危险、

---

① 习近平：《在庆祝中国共产党成立 100 周年大会上的讲话》，人民出版社 2021 年版，第 3 页。
② 中共中央党史和文献研究院、中央"不忘初心、牢记使命"主题教育领导小组办公室编：《习近平关于"不忘初心、牢记使命"论述摘编》，党建读物出版社、中央文献出版社 2019 年版，第 19 页。

消极腐败危险将长期存在。"[①] 面对这些问题，我们必须从中国共产党人精神谱系中吸取营养，找到解决问题的办法。东北抗联精神，承载着中国共产党人的初心与使命，跨越时空，成为砥砺我们艰苦奋斗、积极进取的重要思想根基。主要体现在三个方面：

第一，加强中国共产党的领导。东北抗联面对非常艰苦的环境，仍然能够坚持战斗，并最终取得胜利，根本原因在于坚持中国共产党的领导。"东北抗联将士有着高度的政治觉悟和组织纪律，因此，不论处于何种境地，他们始终心向中央、对党忠诚，体现了高度的党性原则。"[②] 东北抗联部队在军内设置了军党委和师党委，各团设置党总支委员会，连级单位设置党支部，下设党小组。另外，在军党委的领导下，连队里设置了士兵委员会等组织。杨靖宇还在长期斗争实践中提出了"党是生命线"的观点，进而指出"要了解部队健强与否，主要靠党的工作如何而决定的，要将党的工作列为第一等工作，纠正关门主义，加强组织生活，改进工作方式，重视培养干部"[③]。

① 习近平：《高举中国特色社会主义伟大旗帜 为全面建设社会主义现代化国家而团结奋斗——在中国共产党第二十次全国代表大会上的报告》，人民出版社 2022 年版，第 64 页。
② 马彦初：《传承东北抗联精神砥砺初心使命》，《奋斗》2019 年第 23 期。
③ 《杨靖宇传》编委会编：《杨靖宇传》，当代中国出版社 2016 年版，第 211—212 页。

习近平总书记对于坚持党的领导曾提出，"党政军民学，东西南北中，党是领导一切的"①。十九届六中全会总结了中国共产党百年奋斗的十大历史经验，明确将"坚持党的领导"置于首位，并指出"中国人民和中华民族之所以能够扭转近代以后的历史命运、取得今天的伟大成就，最根本的是有中国共产党的坚强领导"②。只要我们坚持党的全面领导不动摇，坚决维护党的核心和党中央权威，充分发挥党的领导政治优势，把党的领导落实到党和国家事业的各个领域、各个方面和各个环节，就一定能够确保全党全军全国各族人民团结一致向前进。

第二，强化责任担当。"不忘初心、牢记使命"，必须发扬斗争精神，勇于担当作为。中国共产党自诞生以来，在斗争中不断发展壮大，中国共产党人必须时刻保持警醒，不断振奋精神，勇于进行具有新的历史特点的伟大斗争。习近平总书记在党的二十大报告中强调："加强干部斗争精神和斗争本领养成，着力增强防风险、迎挑战、抗打压能力，带头担当作为，做到平常时候看得出来、关键时刻站得出来、

① 中共中央党史和文献研究院、中央"不忘初心、牢记使命"主题教育领导小组办公室编：《习近平关于"不忘初心、牢记使命"论述摘编》，党建读物出版社、中央文献出版社 2019 年版，第 51 页。
②《中共中央关于党的百年奋斗重大成就和历史经验的决议》，《人民日报》2021 年 11 月 17 日，第 1 版。

危难关头豁得出来。"①担当精神在具体的实践中主要体现在面对大是大非时敢于亮剑发声，面对矛盾危机时敢于挺身而出，面对挫折失误时敢于承担责任，面对歪风邪气时敢于坚持斗争，真正地做到敢想、敢做、敢当。

东北抗联在长期的斗争中表现出了强烈的担当意识。在日本侵略东北、中华民族存亡绝续的关键时刻，挺身而出。九一八事变之后，南京国民政府采取了"不抵抗政策"，激起了全国人民的愤慨。中国共产党以维护中华民族根本利益为立足点，采取了与南京国民政府截然不同的政策。在中国共产党的领导之下，东北抗联自觉担负起反抗日本侵略的责任，提出坚决抗日、收复失地的主张，倡导实行抗日民族统一战线，率先运用抗日游击战争的战略战术，建立东北抗日游击根据地。同时，与朝鲜共产主义者和苏联远东军密切配合，沉重打击了日本帝国主义。

目前，"一些党员、干部缺乏担当精神，斗争本领不强，实干精神不足，形式主义、官僚主义现象仍较突出"②。为此，我们必须发扬东北抗联敢于斗争、勇于担当的精神，为中

---

① 习近平：《高举中国特色社会主义伟大旗帜 为全面建设社会主义现代化国家而团结奋斗——在中国共产党第二十次全国代表大会上的报告》，人民出版社 2022 年版，第 66—67 页。
② 习近平：《高举中国特色社会主义伟大旗帜 为全面建设社会主义现代化国家而团结奋斗——在中国共产党第二十次全国代表大会上的报告》，人民出版社 2022 年版，第 14 页。

国共产党对广大党员、干部进行"不忘初心、牢记使命"主题教育提供重要素材，能够对广大党员、干部进行精神激励。

第三，发挥领导干部的带头作用。东北抗联在斗争的同时，注重部队的建设，不断培养、提拔各级干部，完善各级领导机关。面对民族危机，东北抗联的将领——杨靖宇、魏拯民、赵尚志、周保中、李兆麟、冯仲云等人，敢于斗争、身先士卒，带头冲锋陷阵，主动学习马克思主义理论以及中国共产党的政策、主张，并向各级官兵进行宣传，充分发挥了领导带头作用，为新时代发挥领导干部的带头作用提供借鉴。

习近平总书记在"不忘初心、牢记使命"主题教育总结大会上发表讲话，要求领导机关和领导干部必须发挥带头作用，做表率，打头阵。习近平指出："新中国成立以后，也是因为我们党有一大批像焦裕禄、谷文昌、杨善洲、张富清这样的英雄模范率先垂范，才团结带领人民群众不断开创各项事业发展新局面。"[①] 因此，各级领导机关和领导干部必须要深刻认识到自身的责任，时刻保持警醒，经常对照检查、检视剖析、反躬自省。

---

① 习近平：《在"不忘初心、牢记使命"主题教育总结大会上的讲话》，《人民日报》2020年1月9日，第2版。

（二）筑牢"四个自信"根基

习近平总书记在党的二十大报告中指出："我们要坚持对马克思主义的坚定信仰、对中国特色社会主义的坚定信念，坚定道路自信、理论自信、制度自信、文化自信，以更加积极的历史担当和创造精神为发展马克思主义作出新的贡献，既不能刻舟求剑、封闭僵化，也不能照抄照搬、食洋不化。"①"四个自信"是新时代中国特色社会主义建设的重要保障。而东北抗联在面对道路选择之时坚定执着，在重大转折关头保持历史清醒，在面对挫折之际保持科学态度，为"四个自信"提供了坚实的党史根基，对于新时代中国特色社会主义建设有着重要的意义。

第一，在道路选择的坚定执着方面坚定"四个自信"。

毛泽东曾经指出："主义譬如一面旗子，旗子立起了，大家才有所指望，才知所趋赴。"②中国共产党不断发展壮大的重要原因在于选择了正确的道路，坚持信仰马克思主义，并不断将马克思主义基本原理与中国具体国情结合，走出了一条既坚持科学社会主义基本原则，又具有鲜明中国特

① 习近平：《高举中国特色社会主义伟大旗帜 为全面建设社会主义现代化国家而团结奋斗——在中国共产党第二十次全国代表大会上的报告》，人民出版社 2022 年版，第 19 页。
②《致罗璈阶信》（1920 年 11 月 25 日），载中共一大会址纪念馆编《中共一大代表早期文稿选编（1917.11—1923.7）》上，上海人民出版社 2011 年版，第 936 页。

色的革命、建设和改革道路。

东北抗联在艰苦卓绝的斗争中，坚持马克思主义的指导，并不断将马克思主义与东北地区革命实际结合，在部队战斗之余，积极组织各级官兵学习马克思主义理论。杨靖宇多次强调"只要我们执行党的路线、方针、政策，那就是在党的领导之下"[1]，明确提出了"党是生命线"的观点。杨靖宇的所思所想所作所为充分体现了他对中国共产党的坚定信仰，体现了中国共产党对于东北抗联的政治领导和价值引领。周保中用共产主义理想激励军民，要求军民按照马克思主义者的标准坚定信念。他曾在中共吉东省委扩大会议上强调"我们是中国共产党党员，今天为中华民族的独立、解放而斗争，明天还要为实现共产主义而斗争……我们必须时刻准备上刺刀，和敌人短兵相接，作最后的冲锋肉搏，临到我们革命者的牺牲关头，就要去慷慨就义。我们要决心用自己的鲜血，来浇灌被压迫民族解放之花"[2]。杨靖宇、周保中作为东北抗联的主要将领，在极度艰难的情况下，执着地坚持马克思主义道路，是东北抗联长期坚持斗争，并取得胜利的根本原因。深刻理解东北抗联在面对困境时，在道路选择方面的坚定执着，会促使我们在新

---

[1] 赵俊清：《杨靖宇传》，黑龙江人民出版社 1994 年版，第 199 页。
[2] 杨苏、杨美清：《周保中将军》，云南民族出版社 1998 年版，第 348—349 页。

时代进一步坚定"四个自信"。

第二，在把握历史关头的理智清醒方面坚定"四个自信"。

东北 14 年的抗战经历了多次重大历史转折关头，每一次都能化险为夷、转危为机，主要在于中国共产党的正确领导。在日本发动九一八事变、占领整个东北的危难关头，中国共产党站在民族生死存亡的高度，高举起抗日的大旗，为东北人民指明了前进的方向；在大部分的义勇军部队溃散、东北抗日斗争遭受重大挫折之际，中国共产党力挽狂澜，明确提出了反日统一战线的总的策略方针，有力地推动了东北抗日斗争形势的发展，使东北各地的抗日游击战争呈现出蓬勃发展的大好形势；在抗战全面爆发后，东北抗联积极配合全国抗战，有力地打击了日本侵略者；在被迫退往苏联境内后，东北抗联不断派出小部队活动，最终配合苏军解放了东北。

这些情况充分说明，在东北抗联斗争的历史中，中国共产党始终站在历史的制高点，在重大历史转折时期，能够立足于现实，对东北抗战的形势进行客观研判，以高度的历史清醒和历史自觉廓清思想的迷雾，使东北地区的抗日斗争沿着正确的方向发展。新时代，尽管我们会遇到意想不到的艰难险阻，但只要我们坚定"四个自信"，就一定能够取得胜利。

第三，在对待严重挫折的态度方面坚定"四个自信"。

一百年来，中国共产党所取得的成就与进步震古烁今，所经历的困难和风险世所罕见。其中有危难之际的绝处逢生，有挫折之后的毅然奋起，有失误之后的拨乱反正，有磨难面前的百折不挠，既充满艰险又充满神奇，既历尽苦难又辉煌迭出。中国共产党始终勇于面对、遇变不惊、攻坚克难、肩扛重担，团结和带领中国人民不断从胜利走向新的胜利。

纵观东北抗联的斗争，充满了挫折和磨难，东北抗联斗争的历史，是在曲折中发展前进的历史。1940年冬季之后，在日伪军的全力镇压下，东北抗联损失惨重，杨靖宇、魏拯民、赵尚志等领导人相继牺牲，人数也由最盛时的3万余人骤减到1000余人。为了应对这种危亡局面，东北抗联改变了游击运动的战略布局和活动方式，同时撤往苏联整训，进行小部队活动，从而保存了东北抗联的火种，配合苏军解放了东北，并为抗战胜利后我党我军进军东北做出了重大贡献。

东北抗联面对重大挫折的科学态度对于新时代中国特

色社会主义事业的发展具有重要的借鉴意义。

（三）牢固树立正确的党史观

习近平在党史学习教育动员大会上强调："要坚持以我们党关于历史问题的两个决议和党中央有关精神为依据，准确把握党的历史发展的主题主线、主流本质，正确认识和科学评价党史上的重大事件、重要会议、重要人物……要旗帜鲜明反对历史虚无主义，加强思想引导和理论辨析，澄清对党史上一些重大历史问题的模糊认识和片面理解，更好正本清源、固本培元。"[①] 在学习党史的过程中，必须坚持辩证唯物主义和历史唯物主义方法论，以大历史观、正确的党史观为指导，总结重大成就和历史经验。

第一，正本清源、固本培元，旗帜鲜明反对历史虚无主义。

习近平总书记指出："一个民族、一个国家的核心价值观必须同这个民族、这个国家的历史文化相契合，同这个民族、这个国家的人民正在进行的奋斗相结合，同这个民族、这个国家需要解决的时代问题相适应。"[②] 东北抗联在长期的

---

① 习近平：《在党史学习教育动员大会上的讲话》，人民出版社 2021 年版，第 24—25 页。
② 中共中央宣传部编：《习近平新时代中国特色社会主义思想学习纲要》，学习出版社、人民出版社 2019 年版，第 145 页。

斗争中，展示了对党忠诚、忠贞报国、血战到底、艰苦奋斗、开拓创新、团结御侮的形象，雄辩地证明了中国共产党为争取民族独立所做的努力。弘扬东北抗联精神，赓续红色血脉，能够对历史虚无主义予以坚决的回击，引领人们树立正确的党史观。

第二，准确把握党的历史发展的主题主线、主流本质。习近平总书记在庆祝中国共产党成立 100 周年大会上的讲话中，概括了中国共产党领导中国人民取得的四个伟大成就：一是创造了新民主主义革命的伟大成就；二是创造了社会主义革命和建设的伟大成就；三是创造了改革开放和社会主义现代化建设的伟大成就；四是创造了新时代中国特色社会主义的伟大成就。实际上就是中国共产党领导人民实现站起来、富起来、强起来的历史，是为中华民族伟大复兴做出巨大贡献的历史，也就是中国共产党的不懈奋斗史、理论创新史、自身建设史。这就是中国共产党的历史主题主线、主流本质，是党史研究须臾不可背离的"中轴线"和"定盘星"。

东北抗战 14 年的主题主线是中国共产党确立了东北抗战的指导思想，率先贯彻与实践了抗日民族统一战线方针，为全中国抗日民族统一战线的形成提供了借鉴；组建了东北抗日武装，最早建立了东北抗日游击根据地，率先开展了抗日游击战争，沉重打击了日本帝国主义，有力配合了全国抗战；与朝鲜共产主义者、苏联远东军密切配合，共同作战，是国际合作抗战的典范，为世界反法西斯战争的胜利做出了贡献。中国共产党高瞻远瞩，高举旗帜，艰苦奋斗，勇于牺牲，是东北抗战的中流砥柱，为打败日本帝国主义做出了重大历史贡献。我们在研究东北沦陷史、东北抗战史时，一定要把握这一主流本质。

第三，正确认识和科学评价党史上的重大事件、重要会议、重要人物，从重大事件中认识党的奋斗历程和伟大成就；从重要会议中汲取历史智慧和奋斗力量；从重要人物的光辉事迹中传承奋斗精神。

东北抗联涌现出来的民族英雄得到了党和国家领导人的充分肯定。1938 年 2 月，毛泽东指出"中国共产党和东三省抗日义勇军确有密切关系。例如有名的义军领袖杨靖宇、赵尚志、李红光等等，他们都是共产党员，他们的坚决抗日艰苦奋斗的战绩，是人所共知的"[1]。2020 年 9 月 3 日，习近平在纪念中国人民抗日战争暨世界反法西斯战争胜利 75 周年座谈会上的讲话中指出："在艰苦卓绝的抗日

---

[1]《毛泽东文集》第二卷，人民出版社 1993 年版，第 103 页。

战争中，全体中华儿女为国家生存而战、为民族复兴而战、为人类正义而战，社会动员之广泛，民族觉醒之深刻，战斗意志之顽强，必胜信念之坚定，都达到了空前的高度。杨靖宇、赵尚志、左权、彭雪枫、佟麟阁、赵登禹、张自忠、戴安澜等殉国将领，八路军'狼牙山五壮士'、新四军'刘老庄连'、东北抗联八位女战士、国民党军'八百壮士'等众多英雄群体，就是千千万万抗日将士的杰出代表。中国人民以铮铮铁骨战强敌、以血肉之躯筑长城、以前仆后继赴国难，谱写了惊天地、泣鬼神的雄壮史诗。"①这一论述不仅肯定了民族抗日英雄为救亡图存所做的历史贡献，而且将杨靖宇、赵尚志放在英雄个人的第一、二位，将东北抗联的八位女战士放在英雄集体的第三位，充分肯定了东北抗联的历史地位。

除了这些抗日英雄外，还有一些重大事件，如"一·二六指示信"的传达与贯彻、东北人民革命军的建立、"八一宣言"的发表、东北抗联的组建、东北抗联教导旅的成立等；一些重要会议，如1933年5月中共满洲省委哈尔滨道里会议、1936年7月中共南满第二次代表大会(河

---

① 习近平：《在纪念中国人民抗日战争暨世界反法西斯战争胜利75周年座谈会上的讲话》，人民出版社2020年版，第4页。

里会议）、1936 年 9 月珠（河）汤（原）联席会议、1938 年 5 月第一次老岭会议、1939 年 4 月中共北满临时省委通河会议、1940 年 1 月中共吉东省委和北满省委召开的伯力会议等。这些重大事件和重要会议都充满了历史智慧和奋斗力量，值得我们深入研究与传承。特别是以"忠诚于党的坚定信念，勇赴国难的民族大义，血战到底的英雄气概"为主要内涵的东北抗联精神，在新时代、新征程，更能增强精神滋养，凝聚奋进力量，增强全党全国各族人民的志气、骨气、底气，不信邪、不怕鬼、不怕压，知难而进、迎难而上，统筹发展和安全，全力战胜前进道路上各种困难和挑战，依靠顽强斗争打开事业发展新天地。

（四）为振兴东北老工业基地提供精神支撑

东北是新中国工业的摇篮，曾是推动中国经济发展的火车头。新中国成立后，东北为新中国建立独立、自主的重化工业体系，推动新中国工业化进程，保障国家安全做出了历史性贡献。在有力支撑国家重大发展战略的同时，东北地区自身也取得了巨大发展成就。但是改革开放后，受体制性、机制性、结构性矛盾的影响，东北发展步履艰难，面临各种挑战。为此，国务院连续印发了系列重要文件，以促进东北振兴。2003 年 10 月，中共中央、国务院发布《关于实施

东北地区等老工业基地振兴战略的若干意见》；2009 年 9 月，
国务院又发布《关于进一步实施东北地区等老工业基地振兴
战略的若干意见》；2012 年 3 月，国务院批复了关于东北振兴
"十二五"规划；2014 年 8 月，国务院印发了《关于近期支持
东北振兴若干重大政策举措的意见》。党的二十大再次提出：
"深入实施区域协调发展战略、区域重大战略、主体功能区战
略、新型城镇化战略，优化重大生产力布局，构建优势互补、
高质量发展的区域经济布局和国土空间体系……推动东北全
面振兴取得新突破……"[①] 其目的就是促进东北经济社会的全
面发展。作为东北大地产生的优秀革命精神，东北抗联精神
是激发吉林人民率先实现东北振兴新突破的精神动力。

东北人民勇于创新，曾创造了历史的辉煌。东北抗联
在与敌人长期的斗争中，继承和发扬了首创首行、独立自
主的开拓创新精神，沉重打击了日本帝国主义。东北抗联
根据东北抗战的实际情况，依据"一·二六指示信""六三
指示信""八一宣言"，率先实行抗日民族统一战线政策，
开创了东北抗日斗争的新局面，为全国抗日民族统一战线
的形成提供了经验与教训；率先建立抗日游击根据地，尤

---

① 习近平：《高举中国特色社会主义伟大旗帜 为全面建设社会主义现代化
国家而团结奋斗——在中国共产党第二十次全国代表大会上的报告》，
人民出版社 2022 年版，第 31—32 页。

其是建立遍布整个东北的独具特色的密营，为长期抗战提供了重要保障；率先开展山地抗日游击战争，制定了适合东北地形地貌的游击战术；开创性地与朝鲜共产主义者、苏军远东军密切合作，成为国际反法西斯战线中的典型。新时代，东北振兴需要继续发扬东北抗联的开拓创新精神，挖掘和利用好东北抗联尊重客观实际，善于从实际出发的科学态度与精神，加快实现东北老工业基地的转型升级。东北老工业基地振兴主要应该从下面几点入手：

加快体制创新。东北地区是中国最早建立、最晚退出计划经济体制的，在进一步的发展过程中，体制性和结构性的矛盾日益显现，已经成为阻碍东北地区发展的重要因素。为了实现东北老工业基地的振兴，首先要解决的是加快东北地区的体制创新。党中央、国务院根据东北地区的实际情况设立一批新区，在辽宁省设立了大连金普新区，在吉林省设立了长春新区，在黑龙江省设立了哈尔滨新区。推动新区的发展，使其成为推动东北地区经济发展的重要支撑点、实验区，从而带动东北地区整体的体制创新和结构转型。另外，为东北地区民营经济的发展创造条件，制定相关的政策，简化审批程序，提供资金、技术等方面的支持。同时，应该积极转变政府职能，推行"放、管、服"方针，使政府在经济发展过程中，充当"服务者"的角色。

优化营商环境。良好的营商环境是一个地区经济发展的重要条件，东北老工业基地实现转型升级，必须要优化营商环境。2015年7月17日，习近平总书记在长春召开部分省区党委主要负责同志座谈会，直接为营造有利于创新创业创造的良好发展环境把脉定向、开出良方。2018年9月，习近平总书记在东北三省考察时就深入推进东北振兴提出六个方面的要求，第一项就是以优化营商环境为基础，全面深化改革。因此，应大胆进行改革，逐步营造以法治化、便利化、国际化为特征的营商环境。重点是采取措施保证民营企业的发展，不断提升东北地区区域经济的活跃度，使关内民营企业乐于到东北投资。同时，保证本地的资源不外流，争取域外资源，保证资金、技术以及人才等资源进得来、留得住，并能够用得好，充分发挥应有的作用。

加快培育高新产业和战略性新兴产业。产业结构不合理，产能落后是制约东北地区经济发展的重要因素，因此，在东北老工业基地振兴的过程中，必须加快培育高新产业和战略性新兴产业。党的二十大特别强调科学技术的提高：

"坚持面向世界科技前沿、面向经济主战场、面向国家重大需求、面向人民生命健康，加快实现高水平科技自立自强。以国家战略需求为导向，集聚力量进行原创性引领性科技攻关，坚决打赢关键核心技术攻坚战。"① 首先，要以科技为手段，提升创新能力，培育新生产业发展的内生动力。其次，以建立国家级创新区为契机，发展新动能，提升战略能力，不断使产业化与数字化实现深度融合。推动国家重大核心装备以及重大工程项目在东北地区启动、实施，在促进东北地区经济发展的同时，为国家产业链现代化做出贡献。最后，要打造领军骨干企业，争取进入国家战略团队；要培育优势特色产业集群，在国内率先建构优势互补、相互支撑的高端产业集聚地；要塑造产业链，为国家探索产业链高端化、实体化发展路径积累经验。

习近平总书记在党的二十大报告中最后号召："全党全军全国各族人民要紧密团结在党中央周围，牢记空谈误国、实干兴邦，坚定信心、同心同德，埋头苦干、奋勇前进，为全面建设社会主义现代化国家、全面推进中华民族伟大

---

① 习近平：《高举中国特色社会主义伟大旗帜　为全面建设社会主义现代化国家而团结奋斗——在中国共产党第二十次全国代表大会上的报告》，人民出版社 2022 年版，第 35 页。

复兴而团结奋斗！"①我们相信，勤劳勇敢的吉林人民在党的二十大精神指引下，在东北抗联精神的鼓舞下，东北老工业基地一定能够实现全面振兴和全方位振兴。

---

① 习近平：《高举中国特色社会主义伟大旗帜 为全面建设社会主义现代化国家而团结奋斗——在中国共产党第二十次全国代表大会上的报告》，人民出版社 2022 年版，第 71 页。

吉林省东北抗联遗址遗迹重点名录

1	冯占海墓	吉林省吉林市船营区北山革命烈士陵园南	未定级	
2	代王砬子密营址	吉林省吉林市龙潭区江密峰南沙村五社	未定级	
3	魏拯民墓	吉林省吉林市桦甸市夹皮沟镇金沟村菜饯子屯红石林业局黄泥河林场北10公里小二道河河源	省级文物保护单位	第二批
4	魏拯民密营（魏拯民烈士殉国地）	吉林省吉林市桦甸市夹皮沟镇金沟村菜饯子屯红石林业局黄泥河林场北10公里小二道河沟源	未定级	
5	蒿子湖东北抗联营地	吉林省吉林市桦甸市红石砬子镇加级河村柳树河子屯与靖宇县交界处（红石至白山专线公路23公里600米处）	省级文物保护单位	第七批
6	马驮子沟密营	吉林省吉林市桦甸市马驮子沟	县级文物保护单位	第一批
7	柳树河子战迹地	吉林省吉林市桦甸市红石砬子镇加级河村板庙子屯	县级文物保护单位	第一批
8	摩天岭密营	吉林省吉林市桦甸市夹皮沟镇东兴村菜饯子屯东南10公里摩天岭北	县级文物保护单位	第一批
9	老营沟战迹地	吉林省吉林市桦甸市夹皮沟镇苇沙河村老营沟屯	未定级	

续表

10	旗杆顶子抗联密营	吉林省吉林市桦甸市苏密沟乡先锋村木场屯东	未定级	
11	穷棒沟密营遗址	吉林省吉林市桦甸市白山镇老岭村徐家屯头道溜河穷棒沟小孤山北100米处	未定级	
12	威虎山会址	吉林省吉林市桦甸市八道河子镇兴隆村威虎山屯	未定级	
13	后蜂蜜顶子会议址	吉林省吉林市桦甸市八道河子镇二道沟村蜜蜂顶子屯口桦公路道西侧	未定级	
14	吉南军分区司令部旧址（吉南地委旧址）	吉林省吉林市桦甸市老金厂镇老牛沟村老牛沟屯原老牛沟小学	未定级	
15	红石砬子抗日根据地	吉林市磐石市西北20公里的朝阳山镇和明城镇交界处的红石砬子山	全国重点文物保护单位	第八批
16	东北人民革命军第一军独立师建军遗址	吉林市磐石市明城镇永兴村猪腰岭屯北小猪腰岭屯南坡的山腰	县级文物保护单位	第一批
17	东北抗联第一路军抗日战场遗址	吉林省吉林市磐石市松山镇红旗村王小沟屯	县级文物保护单位	第三批
18	红军南满游击队整军整党纪念地	吉林省吉林市磐石市烟筒山镇官马村石虎沟南200米	县级文物保护单位	第一批
19	滚马岭抗日密营	吉林省吉林市磐石市驿马镇滚马岭村样子沟屯北大山	县级文物保护单位	第三批
20	抗日联合军"围攻呼兰"战场遗址	吉林省吉林市磐石市呼兰镇呼兰村	县级文物保护单位	第三批

续表

21	磐石赤色游击队成立遗址	吉林省吉林市磐石市明城镇小甲黑屯永红村小学	未定级	
22	中共磐东区委机关驻地遗址	吉林省吉林市磐石市驿马镇滚马岭屯（郭家店村）	未定级	
23	红光中学教育基地	吉林省吉林市磐石市红光中学院	未定级	
24	磐石市革命烈士陵园	吉林省吉林市磐石市东宁街道东山社区128号	未定级	
25	冯占海官马山拒降地	吉林省吉林市永吉县口前镇官马山村	未定级	
26	老黑沟抗日游击根据地	吉林省吉林市舒兰市新安乡榆树沟一带	未定级	
27	青松密营遗址	吉林省吉林市舒兰市开原镇青松林场	未定级	
28	官马溶洞杨靖宇战斗生活址	吉林省吉林市磐石市烟筒山镇官马新村官马溶洞	未定级	
29	老爷岭洞口战斗址	吉林省吉林市磐石市明城镇蛤蟆村余庆屯	未定级	
30	葫芦头沟抗联根据地	吉林省吉林市磐石市烟筒山镇官马新村葫芦头沟屯	未定级	
31	三合顶子抗联密营遗址	吉林省吉林市蛟河市漂河镇农林村	县级文物保护单位	第三批
32	康大砬子抗联遗址	吉林省吉林市蛟河市松江镇西代露河村	未定级	
33	北沟岔密营	吉林省吉林市桦甸市夹皮沟镇苇沙河村大楞场屯西南五公里的大梨树沟北沟岔内	市级文物保护单位	第六批

续表

34	桦南游击大队烈士墓	吉林省吉林市桦甸市公吉乡王家店村长青屯东南 1 华里村路旁	县级文物保护单位	第一批
35	大楞场密营	吉林省吉林市桦甸市夹皮沟镇苇沙河村大楞场新屯东南 2.5 公里的刘大脑袋沟东北的小沟岔内	县级文物保护单位	第一批
36	错草顶子密营	吉林省吉林市桦甸市公吉乡九星村马家店西南的错草顶子北面山下的沟塘里	县级文物保护单位	第一批
37	西对房沟密营遗址	吉林省吉林市桦甸市夹皮沟镇云峰村马家店屯西南约 6 公里的西对房沟上掌	未定级	
38	双胜抗日战迹地	吉林省吉林市蛟河市漂河镇桦皮甸子村	未定级	
39	李红光故居遗址纪念碑	吉林省四平市伊通满族自治县河源镇流沙村流沙咀子屯南 200 米	市级文物保护单位	第二批
40	蚂蚁哨抗联密营旧址	四平市伊通满族县河源镇红星村小四间房屯东南的蚂蚁哨山南坡	县级文物保护单位	第一批
41	杨靖宇烈士陵园	吉林省通化市东昌区靖宇路 888 号	省级文物保护单位	第一批
42	王凤阁就义地	吉林省通化市东昌区柳条沟	市级文物保护单位	第三批
43	东岔抗日根据地（东岔抗日英雄纪念碑）	吉林省通化市集安市西北	省级文物保护单位	第二批
44	老岭会议遗址	吉林省通化市集安市榆林镇北 13 公里五道沟三岔沟口	未定级	

续表

45	东北抗联第一路军总司令部成立大会遗址	吉林省通化市集安市榆林镇复兴村五道沟	未定级	
46	七道沟死难同胞纪念地	吉林省通化市通化县果松镇七道沟村	全国重点文物保护单位	第八批
47	白家堡惨案地（日伪统治时期死难同胞纪念碑）	吉林省通化市通化县兴林镇大荒沟村东南 100 米	省级文物保护单位	第三批
48	河里会议旧址	吉林省通化市通化县兴林镇惠家沟	县级文物保护单位	第一批
49	柳河抗联遗址	吉林省通化市柳河县境内六处，主要分布在凉水镇（原凉水河子乡）回头沟的榆树川、轱辘屯一带	未定级	
50	杨靖宇袭击邵本良战迹地	吉林省通化市柳河县凉水水镇回头沟村北侧山坡	未定级	
51	王德泰墓	吉林省白山市江源区松树镇大安村西北羊脸山山腰	省级文物保护单位	第二批
52	王德泰殉国地	吉林省白山市江源区松树镇大安村前岗	未定级	
53	王德泰烈士陵园	吉林省白山市江源区西北山腰	未定级	
54	新屯子镇靖宇岗抗联密营	吉林省白山市抚松县新屯子镇靖宇岗	县级文物保护单位	第二批
55	杨靖宇将军殉国地	吉林省白山市靖宇县濛江乡西南 6 公里三道崴子村	省级文物保护单位	第一批
56	抗联一、二军会师地	吉林省白山市靖宇县城北 60 公里西南岔镇光明村于家沟	省级文物保护单位	第二批

★ 东北抗日联军创建地

续表

57	花园口仙人洞抗联遗址	吉林省白山市靖宇县花园口镇西南湾沟公路旁	市级文物保护单位	第四批
58	南满那尔轰根据地遗址	吉林省白山市靖宇县那尔轰政府所在地东南村委	县级文物保护单位	第三批
59	那尔轰战斗址（二次）	吉林省白山市靖宇县城东北60公里那尔轰镇	县级文物保护单位	第五批
60	那尔轰密营遗址	吉林省白山市靖宇县那尔轰镇靖宇至桦甸公路	县级文物保护单位	第四批
61	那尔轰老畚沟遗址	吉林省白山市靖宇县那尔轰东南3公里老畚沟沟门	县级文物保护单位	第四批
62	冰湖沟密营址	吉林省白山市靖宇县景山镇东北15公里处西南岔方向	市级文物保护单位	第一批
63	马架子战斗址	吉林省白山市靖宇县赤松乡西南约25公里处马架子村	县级文物保护单位	第五批
64	抗联"李子园"	吉林省白山市靖宇县濛江乡徐家店村四海林场至龙湾林场路东侧	县级文物保护单位	第五批
65	四海村三队马屁股山抗联遗址群	吉林省白山市靖宇县濛江乡四海村三队	县级文物保护单位	第四批
66	五斤顶子密营突围战斗遗址	吉林省白山市靖宇县景山镇东5公里	县级文物保护单位	第四批
67	三岔河村抗联居住地	白山市浑江区三道沟镇三岔河村	县级文物保护单位	第一批
68	辽吉省委旧址（中共辽吉省委旧址）	吉林省白城市洮北区新华街道办事处新华社区明仁南街177号	省级文物保护单位	第六批
69	王隅沟抗日根据地	吉林省延边朝鲜族自治州延吉市依兰镇古城村依兰河（西侧二阶台地）	省级文物保护单位	第二批

70	富岩抗日根据地（八道沟抗日游击根据地遗址）	吉林省延边朝鲜族自治州延吉市朝阳川镇长胜村和依兰镇石人沟一带	市级文物保护单位	第一批
71	三道湾抗日根据地	吉林省延边朝鲜族自治州延吉市三道湾与敦化、安图、汪清三县交接地	市级文物保护单位	第一批
72	中共东满特委机关旧址	吉林省延边朝鲜族自治州延吉市三道湾镇东沟村东北10公里砲台山北侧	未定级	
73	陈翰章烈士纪念碑	吉林省延边朝鲜族自治州敦化市民主街道中心社区新华西路1号	市级文物保护单位	第二批
74	抗日救国军三攻敦化战迹地	吉林省延边朝鲜族自治州敦化市江南镇北山村北200米	未定级	
75	陈翰章将军墓（陈翰章烈士陵园）	吉林省延边朝鲜族自治州敦化市翰章乡翰章村南200米	省级文物保护单位	第六批
76	寒葱岭战迹地（寒葱岭伏击战旧址）	吉林省延边朝鲜族自治州敦化市大蒲柴河镇腰岔子村北7.5公里寒葱岭下的沟谷北坡	县级文物保护单位	第一批
77	大荒沟抗日根据地（大荒沟十三烈士墓碑）	吉林省延边朝鲜族自治州珲春市市区北约45公里英安、密江两乡境内	省级文物保护单位	第二批
78	烟筒砬子抗日根据地（烟筒砬子抗日根据地遗址）	吉林省延边朝鲜族自治州珲春市杨泡满族乡烟筒砬子村	市级文物保护单位	第一批
79	崔姬淑烈士殉难地	吉林省延边朝鲜族自治州龙井市政府院内	未定级	
80	子洞烟头峰抗日密营址	吉林省延边朝鲜族自治州龙井市开山屯镇子洞屯4公里峡谷地带	未定级	

续表

81	老头沟战迹地	吉林省延边朝鲜族自治州龙井市老头沟镇	未定级	
82	金顺姬烈士墓	吉林省延边朝鲜族自治州龙井市细鳞河日新村果树农场北漫岗东坡台地	未定级	
83	腰营子抗日游击根据地	吉林省延边朝鲜族自治州汪清县鸡冠乡腰营沟村腰营沟林场1.5公里	省级文物保护单位	第二批
84	马村抗日游击根据地（汪清县第二区苏维埃政府遗址、中共东满特委所在地遗址纪念碑）	吉林省延边朝鲜族自治州汪清县东光镇东林村	省级文物保护单位	第四批
85	罗子沟抗日根据地	吉林省延边朝鲜族自治州汪清县罗子沟镇河东村南侧	市级文物保护单位	第一批
86	奶头山抗联密营	吉林省延边朝鲜族自治州安图县二道白河镇奶头山村	省级文物保护单位	第六批
87	汉阳沟抗联第一路军第三方面军成立地	吉林省延边朝鲜族自治州安图县两江镇汉阳村正北7公里	县级文物保护单位	第二批
88	大荒崴抗日游击根据地	吉林省延边朝鲜族自治州汪清县大兴沟镇大石村西北约5.3公里处的大石林场苗圃内	未定级	
89	康大营战斗遗址	吉林省梅河口市康大营镇二道岗村现梅河口市康大营镇人民政府所在地	未定级	
90	鸡冠山抗联活动地	吉林省梅河口市吉乐乡小吉乐村	未定级	

参考文献
References

1. 文献资料类

[1] 中国人民大学科学社会主义系 . 马克思恩格斯列宁斯大林论科学社会主义 : 第 4 卷 [M]. 北京 : 中国人民大学出版社，1980.

[2] 列宁选集 : 第 3 卷 [M]. 北京 : 人民出版社，1956.

[3] 毛泽东选集 : 第 2、3、4 卷 [M]. 北京 : 人民出版社，1991.

[4] 毛泽东文集 : 第 1、2 卷 [M]. 北京 : 人民出版社，1993.

[5] 毛泽东文集 : 第 7 卷 [M]. 北京 : 人民出版社，1999.

[6] 毛泽东著作选读 : 上册 [M]. 北京 : 人民出版社，1986.

[7] 朱德选集 [M]. 北京 : 人民出版社，1983.

[8] 习近平谈治国理政 [M]. 北京 : 外文出版社，2014.

[9] 中共中央宣传部.习近平新时代中国特色社会主义思想学习纲要 [M].北京：学习出版社、人民出版社，2019.

[10] 中共中央党史和文献研究院，中央"不忘初心、牢记使命"主题教育领导小组办公室.习近平关于"不忘初心、牢记使命"论述摘编 [M].北京：党建读物出版社、中央文献出版社，2019.

[11] 习近平.高举中国特色社会主义伟大旗帜 为全面建设社会主义现代化国家而团结奋斗——在中国共产党第二十次全国代表大会上的报告 [M].北京：人民出版社，2022.

[12] 中央档案馆.中共中央文件选集：第 1、6 册 [M].北京：中共中央党校出版社，1989.

[13] 中央档案馆.中共中央文件选集：第 7、8、10 册 [M].北京：中共中央党校出版社，1991.

[14] 中共中央文献研究室，中央档案馆.建党以来重要文献选编（1921—1949）：第 2、8、9、10、11 册 [M].北京：中央文献出版社，2011.

[15] 中共中央组织部，中共中央党史研究室，中央档案馆.中国共产党组织史资料：第 8 卷（上）[M].北京：中共党史出版社，2000.

[16]中央档案馆,中国第二历史档案馆,吉林省社会科学院.日本帝国主义侵华档案资料选编·东北大"讨伐"[M].北京:中华书局,1991.

[17]中共吉林省委组织部,中共吉林省委党史研究室,吉林省档案馆.中国共产党吉林省组织史资料[M].长春:吉林人民出版社,1994.

[18]魏宏运.中国现代史资料选编:第3册[M].哈尔滨:黑龙江人民出版社,1981.

[19]复旦大学历史系.1931—1945日本帝国主义对外侵略史料选编[M].上海:上海人民出版社,1975.

[20]王学东.国际共产主义运动历史文献:第53卷[M].北京:中央编译出版社,2012.

[21]珍妮·德格拉斯.共产国际文件(1929—1943)[M].北京:东方出版社,1986.

[22]中国社会科学院近代史研究所翻译室.共产国际有关中国革命的文献资料:第2辑[M].北京:中国社会科学出版社,1982.

[23]《东北抗日联军史料》编写组.东北抗日联军史料:上下册[M].北京:中共党史资料出版社,1987.

2.著作图书类

[1]中共中央党史和文献研究院.中国共产党的一百年：第 1 册 [M].北京：中共党史出版社，2022.

[2]中共吉林省委党史研究室.中国共产党吉林历史：第 1 卷 [M].北京：中共党史出版社，2021.

[3]《东北抗日联军斗争史》编写组.东北抗日联军斗争史 [M].北京：人民出版社，1991.

[4]《东北抗日联军史》编写组.东北抗日联军史：上下册 [M].北京：中共党史出版社，2015.

[5]军事科学院军事历史研究部.中国抗日战争史：上卷 [M].北京：解放军出版社，2005.

[6]王秀鑫，郭德宏.中华民族抗日战争史 [M].北京：中共党史出版社，2005.

[7]中共中央党史研究室第一研究部.联共（布）、共产国际与中国苏维埃运动（1931—1937）：第 13 卷 [M].北京：中共党史出版社，2007.

[8]中共吉林省委党史研究室.韩光党史工作文集 [M].北京：中央文献出版社，1997.

[9] 刘信君，霍燎原.中国东北史（修订版）：第 6 卷 [M].长春：吉林文史出版社，2006.

[10] 中共党史人物研究会.中共党史人物传：第 4、6 卷 [M].西安：陕西人民出版社，1982.

[11] 中共党史人物研究会.中共党史人物传：第 10、11 卷 [M].西安：陕西人民出版社，1983.

[12] 中共党史人物研究会.中共党史人物传：第 49 卷 [M].西安：陕西人民出版社，1991.

[13] 吉林省档案馆.东北抗日运动概况 [M].长春：吉林文史出版社，1986.

[14]《东北抗战实录》编写组.东北抗战实录 [M].长春：长春出版社，2005.

[15] 刘庭华.中国抗日战争论纲 1931—1945[M].北京：军事科学出版社，2005.

[16] 孔令波，王承礼.东北抗日联军：上 [M].长春：吉林人民出版社，2005.

[17] 刘颖.东北抗联女兵 [M].哈尔滨：黑龙江人民出版社，2015.

[18] 封志全.抗联一路军在濛江 [M].长春：吉林大学出版社，1990.

[19]孙继英，周兴，宋世章.东北抗日联军第一军[M].哈尔滨：黑龙江人民出版社，1986.

[20]霍燎原，于文藻，吕永华.东北抗日联军第二军[M].哈尔滨：黑龙江出版社，2005.

[21]李倩，霍辽原.东北抗日联军第一军[M].长春：吉林人民出版社，2017.

[22]霍燎原.王德泰与抗联二军[M].长春：吉林教育出版社，1994.

[23]于绍雄.东北抗日联军将领传[M].哈尔滨：黑龙江人民出版社，2009.

[24]朱宏启.东北抗日联军将领传：第1辑[M].北京：团结出版社，1993.

[25]中共辽宁省委党校党史教研室.满洲省委烈士传[M].沈阳：辽宁人民出版社，1981.

[26]赵俊清.杨靖宇传[M].哈尔滨:黑龙江人民出版社，2015.

[27]《杨靖宇传》编委会.杨靖宇传[M].北京：当代中国出版社，2016.

[28]中共吉林省党史研究室.杨靖宇将军[M].长春：吉林人民出版社，2005.

[29]卓昕.民族精魂——杨靖宇年谱[M].长春：吉林文史出版社，2004.

[30]中共通化市委党史研究室，卓昕.杨靖宇全传：下卷[M].长春：吉林文史出版社，2005.

[31]邓来法，贾英豪.杨靖宇纪念文集[M].北京：中央文献出版社，2005.

[32]赵俊清.周保中传[M].哈尔滨:黑龙江人民出版社，2015.

[33]周保中.周保中文选[M].北京：解放军出版社，2014.

[34]周保中.东北抗日游击日记[M].北京：解放军出版社，2015.

[35]杨苏，杨美清.周保中将军[M].昆明：云南民族出版社，1998.

[36]中共吉林省委党史工作委员会.回忆周保中[M].长春：吉林人民出版社，1989.

[37]赵俊清.赵尚志传[M].哈尔滨:黑龙江人民出版社，1990.

[38]李云桥.赵一曼传[M].北京：商务印书馆，2018.

[39]郭肇庆.魂系长白山——魏拯民传[M].哈尔滨：

黑龙江人民出版社，2009.

[40]赵亮,纪松.冯仲云传[M].北京:中央文献出版社,2008.

[41]史义军.冯仲云年谱长编[M].北京：国家图书馆出版社,2019.

[42]温野，臧秀.镜泊英雄陈翰章[M].哈尔滨：黑龙江人民出版社,1959.

[43]蒋颂贤.近代吉林人民革命斗争史[M].长春：吉林文史出版社,1999.

[44]方军.我认识的鬼子兵[M].北京：中国对外翻译出版公司,1997.

[45]张正隆.雪冷血热：上[M].武汉：湖北长江出版集团、长江文艺出版社,2011.

[46]王晓辉.中国革命战争纪实·抗日战争·东北抗日联军卷[M].北京：人民出版社,2007.

[47]陈觉.“九一八”后国难痛史：上册[M].沈阳：辽宁教育出版社,1991.

[48]刘贵田，郭化光，王恩宝.中共满洲省委史研究[M].沈阳：沈阳出版社,2001.

[49]韩玉成.最后的吼声:东北抗战歌谣史鉴[M].长春：

吉林人民出版社，2015.

[50] 韩玉成. 东北抗联歌曲选 [M]. 长春：北方妇女儿童出版社，1991.

[51] 中共一大会址纪念馆. 中共一大代表早期文稿选编（1917.11—1923.7）：上 [M]. 上海：上海人民出版社，2011.

[52] 中国井冈山干部学院. 斗争（苏区版）：第 2 辑 [M]. 北京：中国发展出版社，2007.

[53] 中国政治协商会议，辽宁省委员会文史资料委员会. "九·一八"烽火：第 32 辑 [M]. 沈阳：辽宁人民出版社，1991.

[54] 中国人民政治协商会议黑龙江委员会文史资料研究委员会. 黑龙江文史资料：第 6 辑 [M]. 哈尔滨：黑龙江人民出版社，1982.

[55] 中共浑江市委党史研究室. 长白山抗联斗争史 [M]. 长春：吉林文史出版社，1992.

[56] 白山市文史资料编纂委员会. 白山市文史资料综合集 [M]. 长春：吉林人民出版社，2017.

[57] 红旗飘飘：第四辑 [M]. 北京：中国青年出版社，1957.

[58] 红旗飘飘：第五辑 [M]. 北京：中国青年出版社，1983.

[59] 陈晓光. 吉林省志：卷 21[M]. 长春：吉林人民出版社，2006.

[60] 吉林省地方志编纂委员会. 吉林省志：卷十四　军事志 [M]. 长春：吉林人民出版社，1996.

[61] 黄寿祺，张善文. 周易译注 [M]. 上海：上海古籍出版社，1989.

[62] 辞海编委会. 辞海 [M]. 上海：上海辞书出版社，1979.

[63] 金日成回忆录——与世纪同行：4[M]. 北京：外文出版社，1994.

3. 报刊资料类

[1] 习近平在吉林考察时的讲话 [N]. 人民日报，2015-07-24.

[2] 习近平. 让历史说话用史实发言 深入开展中国人民抗战研究 [N]. 人民日报，2015-08-01.

[3] 习近平在颁发"中国人民抗日战争胜利 70 周年"纪念章仪式上的讲话 [N]. 人民日报，2015-09-02.

[4] 习近平. 在"不忘初心、牢记使命"主题教育总结大会上的讲话 [N]. 人民日报，2020-01-09.

[5] 习近平. 全面建成小康社会 乘势而上书写新时代中国特色社会主义新篇章 [N]. 人民日报，2020-05-13.

[6] 习近平. 在庆祝中国共产党成立 100 周年大会上的讲话 [N]. 人民日报，2021-07-16.

[7] 中共中央关于党的百年奋斗重大成就和历史经验的决议 [N]. 人民日报，2021-11-17.

[8] 中国共产党中国共产主义青年团告全国民众 [N]. 向导，1925-12-10.

[9] 中国共产党为日本帝国主义强暴占领东三省事件宣

言[N].红旗周报，1931-10-18.

[10]伍豪.日本帝国主义占领满洲与我党当前的任务[N].红旗周报，1931-10-21.

[11]项英.反对帝国主义瓜分中国和推翻国民党的统治[N].红色中华，1931-12-28.

[12]国际联盟通过共管满洲的报告书[N].红色中华，1933-03-03.

[13]日本在满洲积极殖民[N].红色中华，1933-06-20.

[14]中国民族武装自卫委员会为对日作战宣言[N].红色中华，1934-09-21.

[15]日本帝国主义统治下的满洲奴隶教育！[N].红色中华，1934-09-29.

[16]雷丁.铁一般的东北人民的英勇斗争[N].新华日报，1938-08-11.

[17]中央电粤请共赴国难[N].中央日报，1931-09-21.

[18]张副司令报告暴日入寇东省经过[N].民国日报，1931-09-27.

[19]海龙县境一带红军跳梁[N].盛京时报，1933-

05-04.

[20]虎啸.民族英雄杨靖宇[N].救国时报,1935-06-30.

[21]胡育.东北义勇军致本报信（七续）——述抗日联军成立之经过[N].救国时报,1936-03-20.

[22]松五.东北最坚强的抗日武装 东北抗日联军第一军[N].救国时报,1937-09-18.

[23]林维.东北抗日联军第二军 在与日寇血战中发展和巩固起来[N].救国时报,1937-09-18.

后 记
Postscript

　　2015 年 7 月，习近平总书记在吉林考察工作时强调：
"吉林有着光荣的革命历史。九一八事变发生后，东北人民
率先举起抗日旗帜，在极端艰苦的条件下浴血奋战，谱写
了爱国主义的英雄壮歌。吉林是这一战场的重要组成部分，
杨靖宇等抗日联军英烈就牺牲在这里……这个革命历史是
弘扬社会主义核心价值观、开展革命传统教育和爱国主义
教育的生动教材，也是党的建设的宝贵资源……要把抗联
的历史发掘好、研究好、宣传好，组织好相关纪念活动，
为加强党的建设和推进改革发展稳定凝聚正能量。"习近平
总书记的重要指示为吉林省宣传东北抗联的历史、弘扬东
北抗联精神确定了明确的方向。吉林省委贯彻落实习近平
总书记的重要指示精神，确定了吉林省具有标志性的红色
文化资源，即"三地三摇篮"，除进行广泛宣传外，还组织
专家学者撰写"三地三摇篮"丛书。

撰写《东北抗日联军创建地》一书，既是党史工作者充分发挥史学"经世致用"的功能、党史"资政育人"作用的责任，又是为新时代巩固党史学习教育成果、振兴东北老工业基地应该承担的任务。

本书是集体智慧的结晶，吉林大学马克思主义学院的博士和博士后刘静涵、刘昱、曾梦晴、闫祎宁、王丽君、李明飞、贺建军参加了撰写和校对工作。全书由刘信君统稿。

由于我们水平有限，错漏之处在所难免，希望专家学者不吝赐教。

刘信君

2023 年 1 月 10 日